U0615217

中国商业银行
变革与转型

——经济市场化中商业银行的作用与可持续发展

The Reform and Transformation of Chinese Commercial Banks

——The Role and Sustainable Development of Commercial Banks
in Process of Economic Marketization

刘 鹏 著

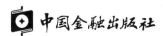

中国金融出版社

责任编辑：陈　翎
责任校对：李俊英
责任印制：丁淮宾

图书在版编目（CIP）数据

中国商业银行变革与转型（Zhongguo Shangye Yinhang Biange yu Zhuanxing）：经济市场化中商业银行的作用与可持续发展/刘鹏著.—北京：中国金融出版社，2014.12

ISBN 978 - 7 - 5049 - 7708 - 3

Ⅰ．①中…　Ⅱ．①刘…　Ⅲ．①商业银行—银行发展—研究—中国　Ⅳ．①F832.33

中国版本图书馆CIP数据核字（2014）第254272号

出版
发行　**中国金融出版社**
社址　北京市丰台区益泽路2号
市场开发部　（010）63266347，63805472，63439533（传真）
网 上 书 店　http://www.chinafph.com
　　　　　　（010）63286832，63365686（传真）
读者服务部　（010）66070833，62568380
邮编　100071
经销　新华书店
印刷　保利达印务有限公司
尺寸　169毫米×239毫米
印张　21
字数　320千
版次　2014年12月第1版
印次　2014年12月第1次印刷
定价　46.00元
ISBN 978 - 7 - 5049 - 7708 - 3/F.7268
如出现印装错误本社负责调换　联系电话（010）63263947

前　言

2005—2008年，我在中国人民大学财政金融学院金融学专业攻读博士研究生，选择了中国国有商业银行改革的有关问题进行研究，并完成了博士论文。当时正值我国新一轮银行业改革如火如荼地进行，四大国有商业银行进行股份制改革，股份制商业银行、城市商业银行以及农村金融机构也在改革中得到快速发展壮大，中国银行业进入了一个新的发展时期。但近年来，正如中国经济一样，商业银行经历了快速发展后问题和风险开始暴露，也正如中国经济一样，商业银行的进一步改革和转型问题也必须提上日程。因此，在博士学习期间研究的基础上，我又开始在工作之余关注和研究我国商业银行的进一步改革和转型问题。如果说之前的商业银行改革是为了实现发展、做大做强，那么当前这一轮改革则应是建立一个市场化的自我可持续发展的制度和机制，做成"百年老店"，这依然如中国经济一样。

回顾我国商业银行改革开放以来的发展历程，其与我国整个经济市场化的进程息息相关，与中国的经济渐进改革和经济发展有着千丝万缕而又密不可分的联系，有着独特的演进逻辑，需要放到经济的整个市场化进程中去审视和评判，甚至在某些进程区间需要在主流经济学和金融学理论框架之外来梳理和解读。从我国银行业的发展历程看，通常可分为三个阶段：现代商业银行体系初步建立（1979—1993年）、商业化改革与发展（1994—2002年）、商业银行市场化改革与发展（2003年至今）。在每个阶段，商业银行都有着自己的特点，发挥着自身的作用。

第一阶段正是中国经济转轨的重要阶段，更重要的是，在这一时期，逐步恢复和发展的银行体系（主要是国有银行）在经济转轨中发挥了重要的金融支持作用。改革开放之初，百废待兴，中国经济面临的最大挑战是如何实现从计划经济向市场经济的过渡和转轨，这可以说是世界性的难题，很多国家在转轨中迷失方向，以失败告终，付出了惨重的代价。在中国的经济转轨中，如何动员和支配社会资源，提高经济效率，保持社会公平，同样是政府面临的重大挑战。众所周知，我国选择了渐进改革的道路，以体制外增量改革来带动经济转轨和发展，但这并不是问题的关键。改革开放后，中国经济发生了两个重要变化：一方面，随着市场化改革的深入，非国有经济迅速增长，工业总产值中非国有经济所占比重从1978年的22.4%上升到1997年的74.5%，由此经济中产生了可观的"金融剩余"，由于当时是银行占据绝对地位且主要是国有银行，"金融剩余"绝大部分都进入了国有银行；另一方面，国有企业状况日渐恶化，在国民经济中所占的比重迅速下降，同时由于税收体制改革没有跟上，导致国家汲取财政能力（不包括债务收入的财政收入占GNP的比重）从1978年的31.2%下降到1996年的10.7%。事实上，中国财政状况的恶化与其他转轨经济国家一样，是渐进改革和经济市场化过程中的必然现象。但在渐进转轨过程中，国有企业改革和经济发展都需要大量资金支持。在这种情况下，国家加强了对金融业（主要是国有银行）的控制，促使其承担政策性负担，行使财政职能，国家汲取金融能力的上升替代了国家汲取财政能力的下降，国有银行在其中扮演了重要角色。这体现为：在动员资源过程中，金融业替代税收功能；在资源配置过程中，金融业替代财政功能。在这种制度安排下，国家、国有银行与国有企业结成了准内部组织关系，使国家能够有效地通过控制国有银行实现对国有企业信贷和资源配置的控制，节约了交易成本，为经济发展在一定时期起到了极大的推动作用，保证了改革的顺利进行。

尽管当时的国有银行与现代商业银行制度相差甚远，但这种制度安排的作用是非常有效和重要的。试想如果当时国有银行按照市场和效率原则，那么财政能力的下降将得不到弥补，亏损的国有企业得不到贷款支持，后果可能是灾难性的，这也正是一些转轨失败国家发生的故事。而中国在改革开放初期财政状况恶化的情况下保持了价格稳定和快速的经济增长，被世界称为"中国奇迹"，甚至是"中国之谜"。因此，这一时期国家不会放弃对国有银行的控制，也不能放弃控制。但与此同时，国家也推动了银行业的增量改革，股份制商业银行、城市信用社、外资银行得到一定的发展。

当然，这种渐进转轨中内化的成本必然会集中体现，随着改革的深入，这种成本体现为巨额不良资产。为此，国家自1994年开始推行国有银行商业化改革，直至2002年告一段落，一方面为了改善国有银行的状况，另一方面为加入世界贸易组织积极准备。无论是1994—1997年从国家专业银行到国有独资商业银行改革阶段，还是

1998—2002年进行的补充资本金和剥离不良资产，都是为了改善国有银行的状况，将其转变为现代商业银行。但这一当时被寄予厚望的改革却遭受了严重挫折，陷入了困境，国有银行的状况很快又再度恶化。经过认真反思，各方逐渐认识到只是技术层面的修修补补无法从根本上切断不良贷款产生的原有机制。更进一步讲，由于国家依然对国有商业银行保持控制，商业化改革无法解决政策性负担及由此产生的软预算约束问题。可喜的是，增量改革进展较快，这一时期股份制商业银行得到了较快发展，城市商业银行开始组建，对外资银行也进一步开放。

正是因为经历了国有银行商业化改革的挫折，国家下决心从体制机制上解决国有银行的问题。2003年开始，以国有商业银行股份制改革为标志的银行业全面市场化改革拉开序幕。在当时确定股份制改革的方式之前，有关国有商业银行改革方式的观点各不相同，争论也比较尖锐，即使直到近年来也还有人对股份制改革的方式保留质疑。这并非没有道理。关于产权结构与银行绩效的关系，无论从理论上分析，还是实证研究都无法得出产权结构与银行绩效直接相关的结论，而良好的治理结构对于提高银行绩效的作用基本取得了共识。因此，从理论上讲，可以在不改变国有产权的情况下，构建起科学合理的治理结构，股份制改革并不是国有商业银行改革的必然选择，我们也无法得出股份制改革一定可以提高国有商业银行绩效的结论。

但事实上，股份制改革作为市场化改革的一种方式，对中国国有商业银行改革来说即使不是最优，也是一种次优的选择，有其合理的逻辑。在21世纪初，经过1994年分税制改革后我国财政能力尤其是中央财政能力有了大幅提升，国有企业改革也取得初步成效，国有商业银行的角色已经从原来的为渐进转轨提供金融支持逐渐转变为在经济市场化中发挥现代金融中介的职能。而此时由于国有商业银行的糟糕状况，国家控制国有商业银行的成本大幅上升，开始转为效率偏好。在单一国有产权安排下，国家是以其声誉这一无形资产为国有商业银行提供了隐性担保，事实上充当了国有商业银行的资本金。居民对国家的信任转化为对国有商业银行的信任，储户不会产生存款的信心危机，国有商业银行也就根本不存在破产倒闭之虞。从理论上讲，国家可以不进行任何改革，一直维系国家声誉充当资本金的方式，国有商业银行也可以一直运转和发展下去。但问题在于，金融开放条件下，国际规则是不会考虑国家声誉充当资本金这种特殊安排的，而只可能考察可实际测量的真实资本、不良贷款等。由于声誉资本具有不可分割性，无法部分退出，国家采取了核销、剥离、注资等措施，以真实资本置换声誉资本，通过提高资本充足率，降低不良贷款率，提升财务状况。由于真实资本是可以分割的，在为国有商业银行注入真实资本的同时，国家积极推进国有商业银行的股份制改造和公开上市，吸收民间、国外等其他资本入股，通过国有商业银行资本金的分散化拆分国家承担的风险，同时国有资本逐渐收缩份额，实现国家渐进退出，国有商业银行也逐步过渡为一般意义上的股份制商业银行。更进一步看，2003年开始的商业银行市场化改革与以前主要是增量改革不同，是一种存量调整（对国有商业银行进行制度性的改革）和增量改革（通过发展其他银行业机构优化银行业结构，强化市场竞争）齐头并进的方式。

2003年以来，随着市场化改革的推进，我国商业银行实现了快速发展，资产规模、资本充足率、不良率、盈利能力等各项指标持续向好，甚至可以与国际先进商业银行媲美。2013年末，银行业金融机构总资产是2003年末的5倍多，商业银行不良贷款率仅为1%，资本利润率达到19.2%，资本充足率为12.2%。同时，2001年12月中国加入世界贸易组织后，经济开始进入一个上升周期，经济增长几乎都在10%以上。但对于商业银行的良好表现，我们应该有一个客观和理性的分析。客观地说，市场化改革确实给我国商业银行带来了显著的变化，一方面财务重组实现了短期效益的提升，另一方面商业银行的行为模式也逐渐转变为效率偏好和规模竞争，开始遵循市场化和商业化的经营模式和行为。某种程度上可以说商业银行的良好表现正是改革红利的释放。但也应该看到，我国商业银行还是一种粗放式的发展模式，主要依靠利差收入，利息净收入占营业收入的比重普遍在70%~80%，有的甚至超过90%。而2002年以来我国经济的快速增长带动了信贷规模的迅速增加，商业银行通过做大信贷资产规模这种"量"的方式实现了快速扩张和盈利。但无可否认，商业银行也确实发挥了重要作用。在我国出口和投资驱动经济高速增长的这一时期，高速增长的出口和投资需要大量的资金支持，而市场化改革后的商业银行正好具备了条件，提供了信贷支持，同时也实现了自身的规模扩张和快速发展。

然而，粗放式的发展模式毕竟不是可持续发展之道。自2011年以来，商业银行利润增速开始下滑，不良贷款出现双升，被快速发展所掩盖的问题和风险开始凸显。治理结构存在缺陷、同质化、发展目标异化和服务不足等问题开始突出，不良贷款上升引起的风险暴露、地方融资平台贷款的潜在风险、房地产贷款风险、影子银行与表外业务风险、流动性风险等开始暴露。同时，国内外经济金融环境的变化、利率市场化、监管趋严、金融脱媒和互联网金融等给商业银行的发展也带来了压力与挑战。更严重的是，金融发展与实体经济出现了背离，金融空转和脱离实体经济问题开始凸显，系统性风险开始积聚。

从金融发展史看，商业银行与实体经济的关系是唇齿相依，银行发展的根本动力是实体经济的投融资需求和相关服务需求，基本功能是优化资金资源配置，即吸收社会闲散资金并通过贷款将其转化为投资，进而促进经济增长、优化经济结构。只有实体经济的发展基础牢固，金融业的发展方可持久稳健；缺乏实体经济支撑的金融业非理性扩张，可能会使金融业一时兴旺发达，但从长期来看则会贻害无穷。金融业的发展需以实体经济发展为基础，始终应辅助或服务于实体经济，在促进经济发展中获得自身的健康发展。反过来，实体经济的转型与发展，也需要银行业的配合、支持才能得以推动和完成。

近年来，我国已进入全面改革的深水区，经济结构调整和转型升级的压力很大，金融体系的改革也面临很多挑战。同时，我国经济总体上还处于新型工业化、信息化、城镇化和农业现代化同步推进的发展阶段，仍具有较大的增长潜力，经济转型升级和结构调整也孕育着业务新空间，银行业面临着新的机遇和业务增长点，关键是如何做好商业银行的转型和进一步改革，以实现可持续发展。党的十八届三中全会审议通过了《中共中央关于全面深化改革若干重大问题的决定》，中国未来10年全面深化经济改革掀开新篇章。其中"要使市场在资源配置中起决定性作用和更好发挥政府作用"进一步明确了市场化改革的方向。在"新常态"和全面深化改革的背景下，应更好地把握商业银行与实体经济的关系，做好顶层设计，找准定位，推进商业银行新一轮的改革和转型。一方面，应做好利率市场化等市场基础设施的建设和改革，并进一步完善监管机制，通过差异化监管和准入开放，优化银行业组织体系，推动银行业的多层次和差异化发展，促进市场竞争，为商业银行转型提供良好的制度环境和市场化机制，发挥好外部推动力量；另一方面，商业银行自身要主动适应外部条件和环境的变化，积极进行治理体系改革，发挥好金融支持和服务实体经济改革发展的作用，同时实现自身的可持续发展。

应该说，我国商业银行已进入了第四个改革和发展阶段，即：市场经济中现代商业银行的转型与发展阶段（2014年至今）。

刘　鹏
2014年12月

目 录

第一章　我国商业银行改革与发展历程回顾[①]

1978年改革开放以前，中国的经济管理体制是以产品分配为主的计划体制，国家财政实行统收统支。相应地，中国的银行体系也是与计划经济体系相适应的"大一统"的管理体制，中国人民银行一统天下。在当时的计划经济体制下，一切以计划为中心，物随计划走，钱随物资流。银行只是被动的资金提供者或分配者，是指令性计划或行政的附属产物。

1978年12月，党的十一届三中全会召开，将党和国家的工作重心转移到经济建设上来，并作出了改革开放的重大决策，从而开创了我国社会主义事业发展的新时期。这是新中国成立以来的伟大转折，在这一特殊历史背景下，我国金融体制改革首先从金融体系的构建逐步展开，商业银行的变革历程就此掀开。

---

① 按照中国银监会的释义，我国商业银行包括大型商业银行、股份制商业银行、城市商业银行、农村商业银行和外资银行。本章主要对大型商业银行、股份制商业银行、城市商业银行的变革和发展过程进行回顾，对外资银行和邮政储蓄银行也有所涉及。

第一节 现代商业银行体系初步建立（1979—1993年）

一、专业银行的恢复与组建

从1979年3月13日中国农业银行恢复到1984年1月1日中国工商银行分设成立，中国人民银行"大一统"的银行体系被逐步打破，中国工商银行、中国农业银行、中国银行、中国人民建设银行①四大国家专业银行构成的现代商业银行体系开始形成。

（一）中国农业银行恢复

1979年3月，根据党的十一届三中全会经济体制改革的决定，为适应农村经济改革发展的需要，国家恢复建立了中国农业银行，作为国务院的一个直属机构，由中国人民银行代管。主要任务是统一管理支农资金，集中办理农村信贷，领导农村信用社，发展农村金融事业。

1979年3月13日，中国农业银行正式恢复建立，并于3月14日挂牌办公，各省、自治区和直辖市也在1979年内陆续建立了分支机构。各分支机构在业务上以总行领导为主，在党的工作和思想政治工作方面以地方领导为主。农村信用社、农村营业所划归农业银行领导。这是农业银行在1965年第三次合并于中国人民银行后的再次恢复。农业银行恢复以后，形成了由农业银行统一管理、农业银行与农村信用社分工协作的农村金融体制。

---

① 1996年3月26日更名为中国建设银行。

专栏1.1　改革开放前中国农业银行的"三起三落"

1. 第一次成立与撤销。1951年7月，经中央人民政府政务院批复，农业合作银行正式成立，这就是中国农业银行的前身。

农业合作银行成立后，在人民银行的统一领导下，积极发挥其职能作用，支援和促进农村经济和农业互助合作运动按照党和国家的方针政策健康发展。此时农业合作银行未设分支机构，基层的农村金融工作仍由人民银行办理。随着我国进入"组织制度建设"阶段，按照中共中央1951年12月发出的《关于实行精兵简政，增产节约，反对贪污、反对浪费和反对官僚主义的决定》精神，中国人民银行总行精简机构，于1952年7月撤销农业合作银行，农村金融工作归中国人民银行统一领导和管理。

2. 第二次成立与撤销。1953年中共中央《关于发展农业生产合作化的决议》发布以后，农业合作化运动在各地迅速发展起来。为了进一步帮助组织全国四亿多农民，不断增加生产设备，扩大再生产，逐步完成社会主义改造，急需建立一个专门办理国家对农业的投资和农业的长期放款的农业银行。1955年3月，经国务院批复同意，中国农业银行成立。

农业银行第二次建立后，积极开拓极贫户贷款、国营农业贷款、农田水利贷款、贫农合作基金贷款等农村金融业务，为稳定生产、促进农业经济发展作出了积极贡献。但由于在新中国成立后很长一段时期，人民银行同时履行了中央银行和商业银行的职能，农业银行与人民银行在业务运行中存在职能交叉、关系不顺的问题。而且两行分别设立，需大量增加机构和干部，增加基本建设和费用开支。因此，1957年4月国务院决定，将农业银行的各级机构同人民银行合并，农业银行的名义即予撤销。

3. 第三次建立与撤销。"大跃进"之后，国家确定1962—1964年为贯彻大办农业、大办粮食方针和"调整、巩固、充实、提高"八字方针的国民经济调整时期。为加强农业资金的统一管理和提高农业资金的使用效益，国家决定恢复成立中国农业银行。1963年11月全国人民代表大会常务委员会第106次会议通过决议，"批准设立中国农业银行，作为国务院的直属机构"。1963年11月12日，中国农业银行总行在北京正式成立。

农业银行成立后不久即对支农资金进行了全面安排，同时建立贫下中农无息专项贷款，对农贷资金管理实行基金制，接办投资拨款监督工作，全面清理1961年以前的农业贷款。同时，农业银行还贯彻执行和制定了若干农村金融规章制度，帮助生产队建立耕畜和农具折旧制度，并对信用社的相关工作进行部署整顿和打击高利贷。但是，由于中国人民银行和中国农业银行在农村基层机构设置上存在矛盾，1965年11月，农业银行再次和人民银行合并。

（资料来源：中国农业银行网站www.abchina.com.）

（二）中国银行分设

1979年3月，国务院同意并批转中国人民银行《关于改革中国银行体制的请示报告》，提出：随着中国对外贸易和国际交往的不断发展，银行的国际结算任务日益繁重，为了更好地发挥中国银行在新时期的职能作用，有必要适当扩大中国银行的权限，并在体制上进行改革。

改革的内容有四个方面：第一，成立国家外汇管理总局，将中国银行从中国人民银行分设出来，仍称中国银行。中国银行、国家外汇管理总局直属国务院领导，由中国人民银行代管，对外两块牌子，内部为一个机构。第二，中国银行总管理处改为中国银行总行，业务量大的国内省、自治区、直辖市口岸设外汇管理分局、中国银行分行。第三，中国银行总行保留董事会和监事会机构，由政府确定董事长和副董事长若干人。第四，国家外汇管理总局、分局，中国银行总行、分行被授权管理国家外汇，在这一点上，具有国家机关性质。但中国银行的绝大部分业务属于企业性质，因此，各级机构一律按企业管理，实行独立核算，所有中国银行海外机构每年的盈利，留存总行作为营运资金。

1982年8月，根据全国人大常委会的决议和国务院的决定，国家外汇管理总局改为国家外汇管理局，划归中国人民银行直接领导，中国银行仍为国务院直属机构，由中国人民银行代管。对此，国务院于1982年8月31日发出的《关于中国银行地位问题的通知》指出，中国银行是社会主义国营企业，是中华人民共和国的国家外汇专业银行，它的任务是：组织、运用、积累和管理外汇资金，经营一切外汇业务，从事国际金融活动，为社会主义现代化建设服务。中国银行除经营本身业务外，还可以根据国家的授权和委托，代表国家办理信贷业务。

（三）中国人民建设银行分设

1954年10月中国人民建设银行成立后，一直是隶属于财政部的司局级单位，在财政部的领导下，承担保证基本建设资金及时供应和合理使用的管理工作，但撤撤并并，并没有真正发挥银行的职能和作用。

1978年，国务院批准中国人民建设银行为国务院直属单位，并在全国设立分支机构，以加强对基本建设资金的拨款和监督。1979年8月，国务院决定中国人民建设银行从财政部分离，成为一家独立的银行。当时建设银行受财政部委托，仍代理行使基本建设财务管理的财政职能。1983年1月，建设银行改为相当于国务院直属局级的金融组织。1985年11月，中国人民建设银行的信贷计划纳入中国人民银行的信贷体系，在信贷业务上受中国人民银行的领导和监督。

（四）中国工商银行组建

1982年7月14日，国务院批转中国人民银行《关于人民银行的中央银行职能及其与专业银行的关系问题请示》，对中国人民银行行使中央银行的职能和任务做了规定。中国农业银行、中国银行和中国人民建设银行为局级单位，各专业银行总行业务上受中国人民银行总行的领导。

1983年9月17日，国务院发布了《关于中国人民银行专门行使中央银行职能的决定》，明确中国人民银行是国务院领导和管理全国金融事业的国家机关，专司中央银行职能，不对企业和个人办理信贷业务，集中力量研究和做好全国金融的宏观决策，加强信贷资金管理，保持货币稳定。同时，又决定设立中国工商银行，作为国务院直属局级经济实体，承担原来由中国人民银行办理的工商信贷和储蓄业务。

1984年1月1日，中国工商银行正式成立，承担了过去由中国人民银行办理的金融经营业务。工商银行的性质是主管城市金融的专业银行。根据国务院的决定，1984年起自上而下成立工商银行及其分支机构，但在当年仍与中国人民银行同属一个领导班子，合署办公，账务虽然分开，资金仍然统一调度。到1985年1月，工商银行正式分离出去，人民银行才真正脱离具体信贷和储蓄业务，行使中央银行的职能。

需要提及的是，这一时期还成立了另外一家重要的银行机构——中国投资银行。该银行于1981年12月成立，办理世界银行和亚洲开发银行等国际金融机构对我国的转贷款业务，并通过其他途径和方式向国外筹集建设资金，对中国企业提供外汇和人民币投资信贷。1994年，该行转制成为中国人民建设银行附属的全国性商业银行。1998年12月，中国投资银行并入1994年组建的国家开发银行，其商业性业务从中剥离，连同其137个同城营业网点由1992年成立的中国光大银行接收。

至此，我国中央银行体制开始建立，由工行、农行、中行和建行组成的国家专业银行体系开始形成。这一阶段改革的最大意义在于实现了国家专业银行与中央银行的分立，打破了"大一统"的银行体系，实现了国有银行的专业化经营。但另一方面，国家专业银行仍然实行行政性的管理体制。尽管银行一定程度上拥有了自行融通和运作信贷资金的权力，但这一"权力"的行使只能在国家下达的信贷计划这一"笼子"里行使，是否遵守和完成国家下达的信贷计划，仍然是考察评价银行和银行管理者的关键。

二、多元化发展

（一）国家专业银行的专业经营与企业化改革

专业银行体系恢复和建立后，银行业务有了较大发展，特别是经营领域明显扩大。1979年以前，银行贷款仅限于对工商业企业、建筑施工企业开展临时性、季节性的超定额流动资金贷款，企业更新设备和技术改造所需资金均由财政部门无偿拨款解决。随着银行信用在筹集和分配资金方面的主渠道作用日益扩大，国务院决定从1981年起，凡是实行独立核算、有还款能力的企业单位，进行基本建设所需投资，除尽量利用企业自有资金外，一律改由银行贷款，即"拨改贷"，银行贷款扩展到固定资产投资领域。

从1983年6月起，国营企业的流动资金由原来的财政、银行两个部门共同管理，改为由银行统一管理，专业银行成为企业资金来源的主渠道。1983年，我国实行"利改税"，对国有商业银行征收55%的企业所得税，税后利润的一部分按照国家核定的留利水平留给专业银行。在拓展人民币业务的同时，专业银行还不断改进和扩大外汇贷款的种类和范围。

实际上，恢复农行、中行和建行，以及分设工行，并不是按照商业银行的思路进行的，而是按照计划经济的行业管理思想进行的。四大专业银行分别在工商企业流动资金、农村、外汇和基本建设四大领域占垄断地位，并且业务严格划分。在这一阶段，不存在商业银行的理念和经营思想，只是为了进一步用好用活国家资金，以便更好地发展国民经济。专业银行分设之初，除交叉办理储蓄业务外，主要办理国务院确定的各自的专业业务，不能相互交叉。随着国民经济的发展和经济管理体制改革的深入，提出了"一业为主，适当交叉"的方针，各专业银行的业务开始有所交叉，并陆续开办信托投资、房地产融资、有价证券委托发行和代理转让以及外汇等业务，开展了在金融领域的业务竞争。

党的十二届三中全会之后，中国经济体制改革开始转入城市，国营企业改革成为经济改革的重要内容。从这一时期起，专业银行的企业化改革问题开始成为金融界讨论的焦点。专业银行的企业化改革主要包括以下几个方面：

信贷资金管理体制改革。1985年，中国人民银行进行了信贷资金管理体制改革，从1980年实行的"统一计划、分级管理、存贷挂钩、差额控制"改为"统一计划、划分资金、实贷实存、相互融通"政策，其实质是把中央银行与专业银行之间的资金往来由计划分配改为信贷关系，初步解决了专业银行在信贷资金上吃中央银行"大锅饭"的问题，迫使专业银行逐步做到资金自求平衡，也使它们有了更多的信贷经营权。进入20世纪90年代以后，各专业银行进行了贷款限额下资产负债比例管理和信贷资产风险管理试点，开始实施审贷分离、依法管贷以及指标考核、评比、稽核等一系列商业银行信贷资金管理办法，进一步走向商业银行的规范经营。

打破"大锅饭"和"铁交椅"。从1984—1993年，国家专业银行企业化改革的一个重要方面，就是由机关式管理方式向企业化管理方式过渡，目的是在各种外部条件和内部管理体制基本不变的前提下，全面推行责、权、利相结合的企业化管理改革，打破"大锅饭"和"铁交椅"，调动基层银行的积极性，提高金融系统活力。

推动独立经营、自负盈亏。1987年，专业银行核定"三率"，即成本率、综合费用率、利润留成与增补信贷基金或保险周转金的比率；下放"六权"，即业务经营自主权、信贷资金调配权、内部机构设置权、留成利润支配权、中层干部任免及职工招聘与奖励权。

承包经营责任制试点。20世纪80年代中期到90年代初，国营企业改革的主要方式是经营承包责任制，把农村联产承包责任制的经验推广到城市。从1985年到1988年，进行企业化改革试点的各家专业银行也进行了分支机构特别是基层机构的承包经营责任制试点。随着国营企业实行承包制弊端的逐步暴露，1993年以后，国营企业改革逐步转向建立"产权清晰、权责明确、政企分开、管理科学"的现代企业制度，专业银行的企业化经营也不再继续推进承包制，不再强调给分支机构特别是基层机构放权让利，而是强调要强化统一法人的制度，改革的方向转为建设现代商业银行。

（二）重组和新建股份制商业银行

1986年以后，中国金融改革进入新的历史阶段，金融市场开始逐步形成并发展起来，银行体系也在积极探索打破国有专业银行的垄断，向股权结构的多样化发展。为此，国家决定采取体制外引导的方式建立一批新型的、小规模的、真正的商业银行，为我国金融市场引入竞争机制，促进金融业整体实力和服务水平的提高。这些银行没有历史包袱，不承担政策性任务，是新型的股份制商业银行。

1986年7月，国务院发布了《关于重新组建交通银行的通知》，同意重新组建1908年成立、1958年停办的交通银行，我国股份制商业银行的改革和发展拉开了序幕。1987年4月1日，交通银行总管理处由北京迁往上海，标志着交通银行正式成立。作为我国第一家全国性股份制商业银行，交通银行在中国金融业改革发展史上实现了五个第一：第一家资本来源和产权形式实行股份制的商业银行；第一家按市场原则和成本效益原则设置机构的商业银行；第一家打破金融行业业务范围垄断，将竞争机制引入金融领域的商业银行；第一家引进资产负债比例管理，并以此规范业务运作，防范经营风险的商业银行；第一家建立双向选择的新型银企关系的商业银行。交通银行改革发展的实践，对中国金融改革起到了积极的催化、推动和示范作用。

1986年，招商银行获得中国人民银行批准，于1987年4月8日正式对外营业。招商银行原系蛇口招商局附属银行，于1989年充实资本，扩大股本，修改章程，成为股份制商业银行。

1987年4月，由中国国际信托投资公司全资设立的商业银行——中信实业银行成立。

1987年5月至6月，在吸纳深圳特区6个信用社资金的基础上，成立深圳发展银行，并向社会公开招股。1987年12月，深圳发展银行正式营业。

1987年10月29日，烟台住房储蓄银行经中国人民银行批准成立，12月1日正式对外营业，最初是专门经营房地产信贷、结算业务的股份制商业银行，后来逐渐演变为一般性商业银行。2003年8月1日，烟台住房储蓄银行改制更名为恒丰银行。

1987年12月8日，蚌埠住房储蓄银行成立，最初是专门经营房地产信贷、结算业务的股份制商业银行，后来逐渐演变为一般性商业银行。2000年，蚌埠住房储蓄银行与当地城市信用社合并，成立了蚌埠市商业银行，后来重组成为徽商银行的一个分行。

1988年6月，在福建省福兴财务公司的基础上组建成立福建兴业银行。同年8月26日，福建兴业银行在福州对外正式营业。

1988年6月，广东发展银行成立，同年9月8日正式对外营业。

1992年8月18日，中国光大银行成立，为全国性商业银行。光大银行原系中国光大（集团）总公司全资附属银行，1996年光大银行改组为有130家国内企事业单位及亚洲开发银行参股、中国光大（集团）总公司控股51%的股份制商业银行。

1992年10月，华夏银行在北京成立，为全国性商业银行。华夏银行最初是首都钢铁总公司投资的全国性商业银行，1995年，华夏银行按照股份公司的形式进行了改制。

1993年1月9日，上海浦东发展银行正式开业，其前期股东为江、浙、沪等地方财政和包括国内知名大集团、大公司在内的数百家企业，主要是为地方经济发展和建设上海金融中心服务的区域性股份制商业银行。

1995年8月18日，海南发展银行正式开业。由于该行是在海南省5家经营状况较差的信托投资公司的基础上组建而成，成立不久又兼并了28家高风险信用社，开业不久经营就陷入了困境，1998年6月，由于严重资不抵债和面临支付危机而被行政关闭。

1996年1月12日，中国民生银行正式成立，是中国首家主要由民营企业投资的全国性股份制商业银行。

20世纪80年代末到90年代中期，是股份制商业银行发展的创业阶段。这一时期，股份制商业银行资产规模快速扩张，经济效益明显增长，逐步成为中国金融市场一支不可忽视的力量。股份制商业银行对于我国体制转轨时期经济、金融的改革与发展，特别是在打破市场的条块分割、推动区域市场的形成和发展、推动银行竞争性市场的形成、促进金融创新和银行服务水准的提高等方面发挥了积极作用。

表1-1　　　　我国股份制商业银行设立情况表（1986—1996年）

设立银行	设立时间	总行所在地	设立起因
交通银行	1986年	上海	实施上海经济发展战略，把上海建设成为全国经济、金融中心
招商银行	1987年	深圳	促进地区经济发展，并深入参与国际经济循环服务
深圳发展银行	1987年	深圳	
广东发展银行	1988年	广州	
福建兴业银行	1988年	福州	
海南发展银行	1995年	海口	
中信实业银行	1987年	北京	尝试产业资本和金融资本的深层融合，打破传统资金管理模式和融资渠道的制约
中国光大银行	1992年	北京	
华夏银行	1992年	北京	

续表

设立银行	设立时间	总行所在地	设立起因
上海浦东发展银行	1993年	上海	开发浦东，振兴上海，把上海尽早建成国际经济、金融、贸易中心城市之一
中国民生银行①	1996年	北京	打破金融领域的国有垄断，允许民营资本进入银行业
烟台住房储蓄银行	1987年	烟台	专门经营房地产信贷、结算业务
蚌埠住房储蓄银行	1987年	蚌埠	

资料来源：中国人民银行. 中国共产党领导下的金融发展简史. 中国金融出版社；刘明康. 中国银行业改革开放30年. 中国金融出版社.

（三）城市信用合作社的建立和发展

在股份制商业银行蓬勃发展的同时，城市信用合作社也在全国范围内大规模建立。1979年，河南省漯河县城市信用合作社成立，这是改革开放后建立的第一家城市信用合作社。此后，到1984年全国陆续成立了多家城市信用合作社。这一时期的城市信用合作社一般由各国家专业银行组建，依附于国家专业银行。

1986年以前，全国城市信用合作社数量约为1300家，总资产约为30亿元。从1986年开始，城市信用合作社有了快速发展。1986年1月，国务院下发《银行管理暂行条例》，明确城市信用合作社的地位为群众性的合作金融组织。同年6月，中国人民银行下发《城市信用合作社管理暂行规定》，对城市信用合作社的性质、服务范围、设立条件等做了规定。20世纪80年代中期开始，城市信用合作社设立的速度加快，当时主要设立在地级以上的大中城市，但有一些地方在县（市）也设立了城市信用合作社。这一时期，城市信用合作社机构设置不规范、经营管理不规范的问题较为突出。为了加强管理，1988年8月，中国人民银行颁布了《城市信用合作社管理规定》，10月又就有关问题做了7点补充通知，并于1989年上半年组织了对城市信用合作社的清理整顿工作。清理整顿工

---

① 尽管本部分主要讨论1979—1993年的情况，但为了对股份制商业银行设立情况有一个整体的介绍，1996年设立的中国民生银行也放在本部分说明。

作结束后，随着中国经济进入高速发展时期，各地申办城市信用合作社的要求非常强烈，城市信用合作社的数量急剧增长，1993年末，全国城市信用合作社数量接近4800家。

（四）外资银行的设立和发展

除股份制商业银行和城市信用社之外，这一时期也有很多新的金融机构设立，主要是邮政储蓄、财务公司以及大量的信托投资公司。这里主要对外资银行进行简要介绍。

在推进银行业改革的同时，随着中国经济逐步向外向型发展，银行业也加快了对外开放的步伐，从经济特区到沿海开放城市，从非营业性机构到营业性机构。1979年，中国人民银行批准日本输出入银行在北京设立代表处，拉开了外资银行进入中国金融市场的序幕。1981年，南洋商业银行在深圳设立分行，成为改革开放以来外资银行在中国设立的第一家营业性机构。1979—1981年，共允许31家外国金融机构在中国设立代表处。1981年7月，批准外国金融机构在深圳等5个经济特区设立营业性机构。1983年和1985年，先后颁布了《中国人民银行关于侨资、外资金融机构在中国设立常驻代表机构的管理办法》和《中华人民共和国经济特区外资银行、中外合作银行管理条例》。从1985年到1992年，外资银行开始大规模进入中国。1985年8月，中国首家中外合资银行——厦门国际银行成立。1990年9月，中国人民银行颁布了《上海外资金融机构、中外合资金融机构管理办法》。截至1991年底，近30个国家（地区）的120家外资银行在沿海开放城市和经济特区开设了217家代表机构；在深圳、厦门、珠海、海南、汕头经济特区和上海等地先后开设了外资银行分行（包括外国银行，港、澳、台地区银行设立的分行）41家、财务公司3家、中外合资银行1家，共计45家。1992年，经国务院批准，允许外资金融机构在大连、天津、青岛、南京、宁波、福州和广州7个城市设立营业性机构。1992年，中国人民银行共批准外资金融机构在我国境内新设分支机构25家，代表处27个。1992年12月，泰国资本的泰华国际银行总部在广东汕头设立，开启了外资金融机构在中国境内设立总部的先河。

第二节 商业化改革与发展（1994—2002年）

党的十四大召开后，1993年12月，国务院在建立社会主义市场经济体制的新形势下，发布《关于金融体制改革的决定》，提出要对金融体制进行全面改革。金融改革的主要内容可以概括为建立"三个体系"、实现"两个真正"：建立在国务院领导下，独立执行货币政策的中央银行宏观调控体系；建立政策性金融与商业性金融分离，以国有商业银行为主体、多种金融机构并存的金融组织体系；建立统一开放、有序竞争、严格管理的金融市场体系。把中国人民银行办成真正的中央银行，把专业银行办成真正的商业银行。1993年，国家计委关于发展第三产业的报告中采用了"商业银行"这一名称，这是第一次在国家正式文件中将国家专业银行称为商业银行。

一、国家专业银行的商业化改革

1994—2002年的国家专业银行的商业化改革可以分为两个阶段：从国家专业银行到国有独资商业银行阶段（1994—1997年）、化解国有独资商业银行的风险阶段（1998—2002年）。

（一）从国家专业银行到国有独资商业银行

1994年，国务院决定设立国家开发银行、中国进出口银行和中国农业发展银行三家政策性银行，实现政策性金融和商业性金融的分离，并要求国家专业银行尽快转变为国有独资商业银行。国务院《关于金融体制改革的决定》正式明确了国家专业银行逐步转变为国有独资商业银行，并确定了四条方向性原则：贯彻执行自主经营、自担风险、自负盈亏、自我约束的经营原则；国有独资商业银行总行要强化集中管理，提高统一调度资金能力，分行之间不能有市场交易行为；各国有独资商业银行总行对本行资产的总流动性及支付能力负全部责任；国有独资商业银行不得投资非金融企业，实行银行业与保险业、信托业、证券业分业经营。

从1994—1997年，国家专业银行商业化改革进展较快，主要体现在三个方面：一是强化统一法人制度；二是逐步建立以资产负债管理为核心的自我约束机制和风险防范机制；三是逐步构筑权责明确的内部治理结构。同时，营业网点的优化和撤并工作也开始启动。1995年颁布实施了《中华人民共和国商业银行法》，将中国工商银行、中国农业银行、中国银行、中国建设银行四家专业银行从法律上定位为国有独资商业银行。

统一法人制度。四大国家专业银行恢复和建立之后，分支机构设置基本上是按照行政区划与行政机构对应设置的。1984年开始企业化改革之后，在以生产经营放权为主的经营责任承包制改革思路下，形成了各国家专业银行的省级分行和计划单列市分行事实上以法人资格经营管理的局面。国家专业银行省级分行和计划单列市分行基本上自主决定经营业务，有时还擅自对外投资，开办业务。国家专业银行向现代商业银行转变，建立单一法人体系、集中资金管理权是基础。1994—1995年，各专业银行相继明确和强化了一级法人的概念，集中了资金管理权和贷款管理权。

实施资产负债管理。经过几年的试点工作，1994年初，中国人民银行下发了《关于对商业银行实行资产负债比例管理的通知》，对国有独资商业银行实行贷款限额控制下的资产负债比例管理。1996年，中国人民银行对国有独资商业银行实行资产负债比例管理基础上的贷款规模管理，再次下达了商业银行资产负债比例管理管控、监测指标和考核办法，并把外币业务、表外项目纳入考核体系，以全面反映银行的资产风险情况。

尝试信用风险管理。在国家专业银行时代，各专业银行并没有风险管理的概念，很少考虑客户的质量问题和贷款的风险问题。在推进资产负债比例管理的同时，国有独资商业银行也开始了信贷风险管理的初步尝试，逐步开始关注贷款的质量问题。例如，1994年，工商银行在修改《中国工商银行贷款风险管理试点办法》的基础上，制定了《中国工商银行资产风险管理办法（试行）》，其中遵循了1988年《巴塞尔资本协议》有关风险权重管理理论和国际银行业有关信用评级、贷款审查的一般准则。

重视内部控制。1995年以后，国有独资商业银行开始逐步构筑激励和约束相结合的内部管理体制，主要是建立贷款约束机构、实现审贷分离制度以及建立和强化稽核机制，规范内部监督结构。

调整机构网点。《关于金融体制改革的决定》要求国有独资商业银行在人、财、物等方面要与保险业、信托业和证券业脱钩。截至1997年，原来附属于国家专业银行的证券公司和信托投资公司等非银行金融机构，都已与原银行脱钩，有的予以撤销。自1995年起，国有独资商业银行根据经济发展需要和效益原则，合理调整基层机构。这一时期，国有独资商业银行也加快了电子化建设的步伐，以加速资金流通、提高网点的服务效率。

（二）化解国有独资商业银行的风险

1993—1997年，是中国从计划经济体制开始向社会主义市场经济体制转变的5年。这一时期中国银行业在快速发展的同时，也积累了巨大的风险。由于作为微观经济主体的国有企业改革在这一时期没有实质性进展，经营出现较大困难，而为其提供大量贷款的国有独资商业银行风险管理不足，巨额不良贷款开始暴露，风险开始显现，1997年亚洲金融危机爆发使这些风险尤其突出。同时，中国加入世界贸易组织的步伐不断加快，防范和化解历史积累风险成为该时期中国经济和金融领域的首要问题。

当时的国有独资商业银行，面临着资本金严重不足、不良贷款比例过高、机构臃肿、盈利能力低下等严重问题，这些问题已经影响到国有独资商业银行的生存与发展，特别是国有独资商业银行的巨额不良贷款问题，已经成为国有独资商业银行健康发展的最大威胁。1997年11月，党中央、国务院召开了新中国成立以来的第一次全国金融工作会议，确定了一系列金融改革和整顿的方针、政策和措施，明确指出国有独资商业银行改革的重要性，提出用3年左右的时间解决中国金融业的风险问题。从1998年到2002年，国家为化解国有独资商业银行风险采取了一系列措施，国有独资商业银行自身也进行了一系列改革。

1. 补充资本金和剥离不良资产。国有独资商业银行由于历史原因，资本金长期不足。截至1997年末，国有独资商业银行总资产87822亿元，净资产只有3062亿元，四家银行的资本充足率都远远低于巴塞尔资本协议的最低要求8%。

资本金不足使得国有独资商业银行抵御风险的能力低下，无法进行下一步的改革，因此，补充资本金是第一步。经中国人民银行和财政部磋商，形成由财政部发行2700亿元特别国债用所筹资金补充四家银行资本金的方案，具体为：中国人民银行将存款准备金率从13%下降到8%，为四家银行释放出大约2700亿元资金，四家银行以这2700亿元资金定向购买财政部发行的2700亿元特别国债，财政部再将这2700亿元作为资本金注入四家银行。1998年3月，该方案由国务院报请全国人大常委会审议并通过，同年6月，四家国有独资商业银行获得2700亿元注资，资本充足率有了较大提高。

按照当时"一逾两呆"的四级分类，1998年末，四家国有独资商业银行的不良贷款率为32.2%①，巨额的不良贷款已成为银行业健康发展的最大威胁。曾经在一段时间内，国外媒体大量报道中国国有独资商业银行巨额不良贷款问题，认为中国的银行在技术上已经破产了。1999年，华融、东方、信达、长城四家资产管理公司成立，分别从四家国有独资商业银行剥离了1.29亿元不良贷款。此后，四家资产管理公司又进行了第二次大规模的不良资产接收工作，两次累计接收国有独资商业银行不良资产2.69万亿元。

2. 加强内部管理和风险控制建设。从1998年1月起，中国人民银行取消了对国有独资商业银行的贷款规模限额控制，国有独资商业银行可以根据资金来源情况自主确定贷款规模，在推行资产负债比例管理和风险管理的基础上，实行"计划指导、自求平衡、比例管理、间接调控"的新管理体制。国有独资商业银行进一步强化统一法人管理，改革内部稽核体制，建立权责明确、激励和约束相结合的内部管理体制；引入国际先进的贷款风险识别和管理理念，推行贷款五级分类试点，将经营效益和资产质量纳入对四家银行管理者的考核，绩效考核开始由行政评价向经济评价转变。

3. 根据市场化原则积极推进机构管理改革。针对分支机构重叠、管理层次多、运行低效的状况，1997年11月召开的全国金融工作会议要求按照"经济、

---

① 我国自1999年逐步推行贷款质量五级分类，若按贷款五级分类，不良贷款率将更高。详见本书第三章第二节。

高效、精简、合理"的原则，积极稳妥、有计划、有步骤地进行国有独资商业银行的分支机构和营业网点的撤并工作。从1998年开始，国有独资商业银行进行机构改革和人员精减，将110多个省（区）一级分行与所在城市二级分行合并，并对县级城市支行按照10%~30%的不同比例进行撤并和调整，并裁减部分人员。到2002年末，四家银行共精简机构约5.5万个，累计精减人员55.62万人。

这一阶段的国有独资商业银行商业化改革是围绕着财务重组、机构精简、改进管理进行的。改革的成效，除银行资产质量和资本充足率显著提高外，银行自身的风险意识也开始加强，盈利状况有所好转。上述改革虽然在一定程度上推进了国有独资商业银行的市场化进程，增强了其抵御风险的能力，但总体上看，并没有从体制层面推动国有独资商业银行的改革，仅仅是治标不治本，金融风险依然存在，甚至新的风险还在出现，刚刚有所好转的状况很快又开始恶化。2003年底，按照贷款五级分类口径统计，四家国有商业银行的不良贷款余额仍高达1.9万亿元，不良率高达20.36%；2003年税前利润-31.6亿元，资产利润率为-0.02%[①]；不良贷款拨备严重不足，资本充足率偏低，银行经营隐藏着巨大的风险。事实证明，国有独资商业银行在财务、机构和管理方面的改革并不能完全弥补体制上的缺陷。也正是因为如此，又有了2003年底开始的国有独资商业银行股份制改革。

二、股份制商业银行快速发展

经过1986—1996年10年的组建和新设，股份制商业银行已成为我国银行业体系中充满活力的新生力量。1994—1997年，股份制商业银行边组建边发展，1997年亚洲金融危机并未影响到股份制商业银行的发展步伐，反而成为各股份制商业银行健全公司治理建设、加强内部管理的良好机遇。1998—2002年，股份制商业银行实现了快速发展，资产规模、盈利水平、资产质量等显著提升，并在管理体制改革、公司治理建设、金融产品和技术创新、风险管理等方面取得了较快进展，竞争力初步体现。

---

① 数据来源：中国银监会。

（一）各项经营指标良好

从资产规模、盈利水平和资产质量等经营指标来看，股份制商业银行在此期间取得了快速发展。

资产规模迅速增长。1998年，全部股份制商业银行资产总额为7511.6亿元，负债总额为7042.9亿元，分别占银行业金融机构境内总额的4.8%和4.76%；到2002年，股份制商业银行资产规模和负债总额分别上升到22454.1亿元和21684.3亿元，占银行业总额的比重也分别提高到9.5%和9.56%。

盈利水平显著提升。股份制商业银行创造的净利润总额由1998年的66.49亿元上升到2003年的89.21亿元，占整个银行业的28%，而且资产、负债的占比只有10%左右，这表明在我国的银行体系中，股份制商业银行的盈利处于较高水平。

资产质量不断向好。1999年末，股份制商业银行"一逾两呆"口径不良贷款率高达20.92%。在此后的4年间下降了14个百分点，2003年已降至6.5%，按照五级分类标准，也降至7.92%，而同期银行业的整体不良率为17.8%。

（二）发展、改革和创新齐头并进

1997年亚洲金融危机发生后，各股份制商业银行认真吸取金融危机中银行业的教训，进行了多项改革和创新，实现了快速健康发展。

继续完善公司治理，理顺管理体制。亚洲金融危机后，商业银行良好的公司治理结构是控制金融风险的基础这一理念已经逐步成为各国共识。中国人民银行于2002年6月4日颁布《股份制商业银行公司治理指引》，督促股份制商业银行建立良好的公司治理结构，形成科学有效的决策机制、约束机制和激励机制，实现稳健经营和可持续发展。在监管机构的敦促和支持下，各股份制商业银行围绕完善公司治理做了大量工作。各行从修订章程着手，建立风险控制、关联交易、薪酬和提名等董事会下的专门委员会，并引入了独立董事和外部监事制度，逐步规范公司治理结构并提高内部控制的有效性。同时，各股份制商业银行积极谋求公开上市，通过建立外部的市场约束提升公司治理水平。

1998—2002年，先后有浦发银行、民生银行、招商银行等在上海证券交易所上市发行，不仅增强了其资本和资金实力，提高了资本充足率，更有助于完善法人治理结构，增强经营透明度，提高经营管理水平。

机构不断扩张，跨区域经营快速推进。与国有银行相比，股份制商业银行在网络方面是单薄和稚嫩的。成立之初，股份制商业银行大多定位于服务地方经济，发展模式主要以抢占大中型对公客户为主。随着自身业务的快速膨胀，股份制商业银行在当地的市场份额渐趋稳定，增长潜力受到局限，另外，国民经济的快速增长，使得企业客户呈现出较为明显的集团化发展趋势，要求银行提供越来越多的跨区域金融服务。因此，各股份制商业银行纷纷制定机构扩张战略，加快网点布局速度，以突破瓶颈，实现更快、更好的发展。

金融产品创新加快，信息化建设步伐提速。相比国有商业银行，股份制商业银行虽然规模小、实力弱，但体制灵活、创新能力强，股份制商业银行能够迅速壮大、快速发展，金融产品创新起到了至关重要的作用。各股份制商业银行不仅在存款、贷款、结算等传统银行业务领域实现了业务多样化和产品多元化，而且资产管理、理财顾问、银行卡、金融衍生品交易等新金融产品的创新和发展也非常迅速。产品创新离不开先进信息系统的支持，股份制商业银行快速发展的时期，也是信息化建设的大提速时期。经过几年的努力，各股份制商业银行基本实现了业务处理、客户关系管理、资产负债管理、财务管理、风险管理、决策信息支持等一整套管理支持系统的信息化。

不断强化风险管理，不良率持续降低。股份制商业银行成立初期，在风险管理和市场拓展之间，往往更偏重市场拓展，贷款审批管理上比较放松，主要精力集中在业务拓展上。这种重市场拓展、轻风险管理发展模式的弊端逐渐显现，贷款风险不断加大。亚洲金融危机爆发后，由于国内经济环境有所恶化等原因，股份制商业银行的贷款质量问题开始暴露，不良贷款逐年上升，并于1999年达到顶峰。为有效化解风险，各股份制商业银行从文化、体制、技术等方面采取有力措施，不断强化风险管理。在多方面措施的共同作用下，各股份制商业银行的不良贷款率在1999年达到峰值后开始稳步下降，到2002年底已经下降近14个百分点，不良贷款余额在2001年走到最高后也出现了稳步回落的趋势。

三、城市商业银行的建立和发展

城市商业银行是在城市信用合作社的基础上组建和发展起来的，是在我国特殊历史条件下形成的，是中央金融主管部门整肃城市信用合作社、化解地方金融风险的产物。

（一）清理整顿城市信用合作社

随着城市信用合作社的快速发展，相当一部分城市信用合作社在经营活动中，背离了合作制原则和为广大中小企业及居民服务的宗旨，擅自扩大业务范围，管理不规范，经营水平低下，不良资产比例高，抵御风险能力差，形成了相当大的金融风险。因此，必须进行彻底的整顿和规范。

1998年10月25日，国务院办公厅转发《中国人民银行整顿城市信用合作社工作方案》，人民银行开始了对城市信用合作社长达5年的清理整顿。工作方案为城市信用合作社规范改造指出了方向：必须逐步将仍然带有商业银行性质的城市信用合作社，规范改造为真正的合作金融机构，使其成为社区内居民个人、企业单位入股，实行民主管理、社员监督，主要为社员提供金融服务，依法经营、自负盈亏、自我积累、自我约束、互助互利的合作金融组织。

1998年，中国人民银行在全国范围内开展了整顿城市信用合作社的工作。截至2002年9月底，全国共通过各种方式处置城市信用合作社2770余家，使处于营运状态的城市信用合作社由1998年底的3300家下降到520家。其中，更名改制为农村信用社1574家，商业银行收购（收回）238家，通过组建城市商业银行吸收249家，通过合并重组使城市信用合作社减少217家，停业整顿501家。总体上看，经过大规模的清理整顿，城市信用合作社的高风险状况已基本得到有效控制，开始进入正常发展轨道。

（二）组建城市合作银行

城市合作银行是在城市信用合作社的基础上建立的。其主要任务是为中小企业和发展地区经济服务。1995年3月14~16日，中国人民银行设立的城市合作银行领导小组在北京召开试点城市座谈会，决定在合并重组城市信用合作社的基础上，通过吸收地方财政、企业资金的方式试办城市合作银行，同时部署了北京、上海、天津、深圳、石家庄5个试点城市的城市合作银行的组建工作。1995年7月，中国第一家地方性股份制银行机构——深圳城市合作银行正式开业。1995年9月，国务院下发了《国务院关于组建城市合作银行的通知》，此后，城市合作银行分三批进行组建。到1997年末，全国已有70多家城市合作银行开业。1998年，城市合作银行全部改名为城市商业银行。

（三）城市商业银行的风险化解与发展

由于城市商业银行承接了原城市信用合作社累积的一些金融风险，使新组建的城商行在开业之初即背上了沉重的历史包袱。同时，由于城商行组建条件不同，发展理念、管理体制、经营状况也各有不同，各行的管理模式和经营机制差别较大，导致了整个系统状况和标准存在明显差异，并且一部分城商行积累的风险逐步显现。在防范和化解金融风险的大背景下，对城商行加强监管、防范和化解城商行的风险也是1998—2000年的监管重点。

这一时期，中国人民银行对城商行的监管特点是确立模式、建立体制。根据1997年11月全国金融工作会议精神，人民银行及时调整了对城商行的监管思路，确定了监管工作的重点。一是根据城商行经营的实际情况，确立了分级监管的原则，由人民银行各分行对城商行实施法人监管。二是调整了城商行监管的指导思想，确立了"巩固、改革、整顿、扶持"的监管原则。三是根据城商行的发展状况，及时建立完善了对城商行的非现场监管体系和现场监管的工作程序和方法，有力地加强了对城商行的非现场和现场监管。

2000年城商行发展出现转机，存贷款稳步增长，不良贷款率有所下降，利润大幅增加，总体业务经营走出了低谷，年内也没有发生过挤兑风波[①]，城商行的风险问题得到有效遏制。截至2000年末，全国共成立城商行99家，合计资产总额7004.30亿元。

---

① 1998年下半年，有3家城商行相继出现不同程度的挤兑风波，个别地方局部挤提也有发生。

2001年，全国城商行已经形成良性发展局面。截至2001年末，全国城商行共计108家，合计资产总额8817.7亿元，占全国商业银行市场份额的5.14%。但是，城商行的发展仍然存在一些问题：一是两极分化形势更加明显，优劣行之间差距进一步拉大；二是机构臃肿，人员素质不高，业务开发能力差，管理能力弱；三是公司治理结构不完善。

2002年，人民银行加强了对城商行公司治理、内部控制、资产质量、资本充足率、高级管理人员行为规范等方面的监管，采取一系列措施有效化解和处置风险，并制定下发了《城市商业银行贷款五级分类实施意见》。

经过几年的努力，城商行的总体经营状况发生了明显好转，相当一部分城商行走上了正常发展的良性轨道。到2002年末，111家城商行不良贷款比率为17.7%，比年初下降6.33个百分点。但部分城商行的发展仍面临很大的困难，仍需进一步化解风险、推进改革和加强监管。

四、对外资银行进一步开放

1994年，《外资金融机构管理条例》颁布并实施，外资银行经营地域进一步扩大，开始从沿海走向内地；1996年，中国人民银行对外资银行设立机构取消了地域限制，从1996年开始，允许外资银行在上海试点经营人民币业务。截至1997年底，中国内地共有外资营业性金融机构173家。其中，外资银行分行142家，中外合资银行7家，外资独资银行5家，外资财务公司7家。外资银行在中国内地资产额占中国金融机构总资产的比重达到2.7%，占中国金融机构外汇总资产的比重达到16.2%。

1999年之后，对外资银行的开放进一步放宽，对外资银行开放人民币业务的步伐加快。1999年1月27日，中国人民银行宣布，取消外资银行的区域限制，外资银行可以在中国所有中心城市设立营业性分支机构，对外资银行的开放进入新阶段。中国加入世界贸易组织之后，对外资银行的开放按照加入世界贸易组织的承诺如期展开。

截至2001年末，外资银行营业性机构共计190家，其中，外资银行分行158家，下设支行6家；当地注册金融机构19家，下设分行7家；在华外资银行代表处214家。

第三节　商业银行的市场化改革与发展（2003年至今）

一、大型商业银行的改革和发展

（一）国有独资商业银行股份制改革

2002年，中央召开第二次全国金融工作会议，明确国有商业银行改革是中国金融业改革的重中之重，改革方向是按照现代金融企业制度的要求进行股份制改造，确定了"财务重组—公司治理改革—资本市场上市"三个改革步骤，力求把国有银行改造成为资本充足、内控严密、运营安全、服务和效益良好并且具有国际竞争力的现代化股份制商业银行。这是一种更加彻底的改革方式：首先，动用国家资源对国有商业银行进行财务重组，彻底消化历史包袱；其次，按照《公司法》和《商业银行法》的规定，把国有独资商业银行改组为股份有限公司；再次，引进境内外合格机构投资者（包括战略投资者和财务投资者），促进国有商业银行建立良好的公司治理和内控机制；最后再公开上市，成为公众持股公司，接受市场监督。事实证明，通过按市场化原则在体制和机制上进行彻底改革，国有商业银行发生了脱胎换骨式的变化。

1. 财务重组。财务重组即在国家政策的扶持下消化历史包袱，改善财务状况，具体包括注资、发行次级债以补充资本金，处置不良贷款以降低不良贷款率两个方面。

首先，通过动用国有商业银行资本金、准备金及当年利润等财务资源核销不良贷款；同时向资产管理公司通过公开竞标出售划转不良资产1.1万亿元，即所谓的第二次"剥离"。其次，国家通过动用外汇储备以及财政注资、发行次级债等方式增加国有商业银行资本金。2003年12月30日，中央政府通过中央汇金公司分别给予中国建设银行和中国银行225亿美元的注资，工商银行于2005年4月接受中央汇金公司150亿美元注资，财政部则保留其原来在工商银行的资本金1240亿元。另外，三家银行相继通过发行次级债来增加附属资本，建设银行

2004年下半年发行了一系列总面值人民币400亿元的次级债券,中国银行于2004年和2005年发行600亿元人民币的一系列次级债券,工商银行于2005年发行了350亿元人民币的次级债券。通过财务重组,实行股份制改造的三家国有商业银行资本充足率均超过8%,达到监管要求。另外,通过核销和出售不良贷款,三家国有商业银行的不良贷款率均有不同程度的下降,均保持在5%以下。最后,成立股份制公司。2004年8月,中国银行采取由中央汇金公司独家发起的方式整体改造成中国银行股份有限公司。2004年9月,建设银行以分立重组的方式设立中国建银投资有限责任公司和中国建设银行股份有限公司。2005年10月,工商银行改制成为中国工商银行股份有限公司,由中央汇金公司和财政部分别持有其50%的股权。

最后进行股份制改革的中国农业银行,单独进行了财务重组。2008年10月29日,中央汇金公司向农业银行注入1300亿元人民币等值外汇资产(折合190.29亿美元),作为汇金公司在股份公司的资本金。2008年11月末,农业银行不良资产剥离工作基本结束,共剥离经审计确认的不良资产8155亿元,到2008年底,农业银行不良贷款率由原来的23.5%降至4.3%,资本充足率达到9.41%。2009年1月,农业银行股份有限公司成立,中央汇金公司和财政部分别持有其50%的股权。

2. 建立公司治理架构。公司治理改革是国有商业银行股份制改造的核心和关键。良好的公司治理是国有商业银行股份制改造的目标,也是形成现代金融企业竞争力的核心因素。从不良资产剥离、国家注资到成立股份制商业银行都是国家运用行政手段为银行最终建立完善的公司治理创造的先决条件。然而,建立完善的公司治理是一项长期的、艰巨的工作,需要商业银行自身在经营理念、管理流程、人员素质、企业文化等多方面的提高。

在股份制改造的过程中,股改银行按照现代企业制度的要求搭建了公司治理的组织架构,即建立了股东大会、董事会、监事会、高级管理层及董事会下专业委员会的组织管理体系。四家银行均引入了国内外知名专家学者和银行家作为外部独立董事和高管人员,有力提升了银行公司治理和经营管理的专业化水平。

　　为了完善公司治理，股改银行均对内部各项制度改革提出了具体目标。在经营管理与决策方面，建立科学的决策体系、内部控制机制和风险管理体制，实行经济资本管理，实施机构扁平化和业务垂直化管理，提高管理效率和对市场的反应速度。在人力资源方面，建立市场化人力资源管理体制和有效的激励约束机制，取消机关化的行政级别和干部管理制度。在透明度建设方面，按照现代金融企业和上市银行的标准，实施审慎的财务和会计政策，严格信息披露制度，发挥市场对经营管理的监督约束作用。

　　为了指导各股改银行加强公司治理建设，中国银监会于2004年发布《关于中国银行、中国建设银行公司治理改革与监管指引》，提出了国有商业银行公司治理和内部机制改革的十项要求。在此基础之上，2006年4月，中国银监会又参考国际最佳做法和先进银行的平均水平，出台了《国有商业银行公司治理及相关监管指引》，对国有商业银行股份制改革按照三大类七项指标进行评估，具体包括经营绩效类、资产质量类和审慎经营类。经营绩效类指标包括总资产净回报率、股本净回报率、成本收入比；资产质量类指标为不良贷款率；审慎经营类指标包括资本充足率、大额风险集中度和不良贷款拨备覆盖率。至此，中国银监会建立起了对改革工作的持续监测和评估机制，跟踪改革进程、经营绩效和资产质量，严格考核进展程度。

　　3. 引进战略投资者。引进境外战略投资者是国有商业银行股份制改造过程中的重要举措。从2004年汇丰银行入股交行以来，股改银行根据长期持股、竞争回避、优化治理、业务合作等指导原则，分别根据自身的需求选择了不同的国际金融机构作为战略投资者，并有序展开了与战略投资者的合作。

　　股改银行引进战略投资者不是以引进资金为主要目的，而是着眼于从根本上改变以往国有银行产权结构国有独资的单一性，着眼于引进先进的经营理念、管理经验和技术，帮助银行加强公司治理、完善风险管理和内控机制，提高产品创新能力和盈利能力，增强核心竞争力。换句话说，引进境外战略投资者是以引资为纽带，主要目的是为了"引制"、"引智"和"引技"。其中，"引制"是最为重要的，这项举措把银行置于战略投资者的监督之下，从而促进整个银行运作机制的改变。

2005年3月，中国银监会"公司治理改革"课题组提出中国银行业引进战略投资者应当坚持的四项原则：一是长期持股原则，战略投资者持股期至少是银行上市后的2~3年；二是优化治理原则，战略投资者应带来先进的公司治理经验；三是业务合作原则，战略投资者能够与银行合作，带来管理经验和技术；四是竞争回避原则，鉴于业务合作难免会涉及部分商业机密，因此战略投资者在相关领域与银行不存在直接竞争。在交通银行、中国银行、建设银行相继上市后，中国银监会根据各行上市的实践情况及时做出总结，在2006年5月16日发布的《国有商业银行公司治理及相关监管指引》中对战略投资者的问题制定出了新的五个原则：第一，战略投资者的持股比例原则上不低于5%；第二，从交割之日起，战略投资者的股权持有期应当在3年以上；第三，战略投资者原则上应当向银行派出董事，同时鼓励有经验的战略投资者派出高级管理人才，直接传播管理经验；第四，战略投资者应当有丰富的金融业管理背景，同时要有成熟的金融业管理经验、技术和良好的合作意愿；第五，商业银行性质的战略投资者，投资国有商业银行不宜超过2家。

表1-2　　工行、中行、建行三家银行上市前各行股东持股比例

单位：%

银行	参股机构	参股比例
工商银行	财政部	43.2796
	中央汇金公司	43.2796
	高盛集团	5.7506
	社保基金理事会	4.9996
	安联集团	2.2452
	美国运通	0.4454
中国银行	中央汇金公司	79.897
	RBS China	9.61
	亚洲金融	4.80
	社保基金理事会	3.91
	瑞士银行	1.55
	亚洲开发银行	0.23

银行	参股机构	参股比例
建设银行	中央汇金公司	71.127
	中国建投	10.653
	美国银行	9.001
	亚洲金融	5.100
	上海宝钢	1.545
	国家电网	1.545
	长江电力	1.030

资料来源：各行年报和招股说明书。

美国银行和亚洲金融（新加坡淡马锡控股子公司）分别购买了建设银行9％和5.1％的股份。中国银行与苏格兰皇家银行、瑞士银行、亚洲开发银行、亚洲金融等投资者签订了战略投资和合作协议，四家境外投资者持有中国银行约16.19％的股份。工商银行分别与高盛集团、安联集团和美国运通公司顺利完成资金交割，三家境外战略投资者股权比例总计为8.44％。农业银行则并没有在上市前引入境外战略投资者，而是采取了A+H股首次公开发行战略配售的方式。

同时，中外资银行的合作进一步提升了国有商业银行的产品创新能力。例如，工商银行与高盛集团、德国安联集团联合开发了多款理财产品和保险产品。中国银行与苏格兰皇家银行在信用卡、银团贷款等业务领域的合作已取得实效，与其他战略投资者在小企业融资等领域的合作也取得积极进展。建设银行与美国银行在零售业务等多个领域的20个项目上展开合作，并联合推出自动取款机（ATM）免费取现和直联汇款等业务。银行业创新能力的增强及创新产品的应用，改善了银行机构的收入结构、客户结构和资产负债结构，提高了金融服务水平，推动了银行市场竞争力和可持续发展能力的不断提高。

4. 境内外公开上市。上市是巩固改革成果和增进市场约束的重要手段。股改银行在确保国家绝对控股地位的前提下，通过境内外资本市场上市，不仅可以使国有商业银行扩大融资渠道，增强资本金实力，更重要的是，通过市场约束的力量促使上市银行增加透明度，改善公司治理，提高经营业绩。建设银行于2005年

10月27日在香港联交所挂牌交易；中国银行的股票上市启用"A+H计划"，是首家A+H股上市银行，其H股于2006年6月1日在香港联合交易所挂牌交易，A股于2006年7月5日在上海证券交易所上市交易；2006年10月27日中国工商银行A股和H股同时同步挂牌上海证券交易所和香港联交所；2010年7月，农业银行成功完成境内外发行，以221亿美元的融资规模，成为有史以来全球融资规模最大的IPO。至此，实行股份制改革的四家国有商业银行全部完成了资本市场上市。

（二）五家大型商业银行的快速发展：一组数据

另外，作为首家成立的股份制银行，交通银行这一时期也进行了财务重组、引进战略投资者、公开上市等一系列改革。2003年末，交通银行的五级分类不良资产总额高达694亿元，不良贷款率为13.31%，而股东权益只有406亿元。2004年6月，国务院批准交通银行深化股份制改革的整体方案。首先，进行了增资扩股：通过定向募集增资131亿元；向汇金公司发售股份募集30亿元；向社保基金理事会发售股份募集100亿元；向其他股东发售股份募集11亿元；随后，成功发行120亿元次级债务。这些措施完成后，交通银行的资本充足率为7.48%。其次，通过向信贷资产管理公司出售不良贷款和集中核销不良贷款，交通银行不良贷款余额降为198亿元，不良贷款率为3.43%。2004年8月，交通银行引入汇丰银行作为战略投资者，汇丰银行入股后，交通银行的资本充足率达到11.62%。2005年6月23日，作为首家登陆海外资本市场的内地银行，交通银行在香港联交所上市。

随着工行、农行、中行、建行四家国有独资商业银行完成股份制改造，以及交通银行的进一步深化股份制改革，工行、农行、中行、建行、交行并称我国的五家大型商业银行。完成改革后，五家大型银行逐步建立和完善治理结构，业绩显著改善。主要表现为盈利能力提高、资本实力增强、不良贷款大幅双降。随着经营业绩的提高，五家大型商业银行也获得国际认可，并积极实施"走出去"战略。截至2013年末，五家大型商业银行的总资产达到656005亿元，占我国银行业总资产的43.3%，是五家银行2003年总资产的四倍多。五家大型商业银行2005年以来的主要情况详见表1-3、表1-4和表1-5。

表1-3 大型商业银行资本情况表（2005—2013年）

单位：%

银行	项目/年份	2005	2006	2007	2008	2009	2010	2011	2012	2013
工商银行	核心资本充足率	8.11	12.23	10.99	10.75	9.90	9.97	10.07	10.62	10.57
	资本充足率	9.89	14.05	13.09	13.06	12.36	12.27	13.17	13.66	13.12
农业银行	核心资本充足率	N.A	N.A	N.A	8.04	7.74	9.75	9.50	9.67	9.25
	资本充足率	N.A	N.A	N.A	9.41	10.07	11.59	11.94	12.61	11.86
中国银行	核心资本充足率	8.08	11.44	10.67	10.81	9.07	10.09	10.07	10.54	9.69
	资本充足率	10.42	13.59	13.34	13.43	11.14	12.58	12.97	13.63	12.46
建设银行	核心资本充足率	11.08	9.92	10.37	10.17	9.31	10.40	10.97	11.32	10.75
	资本充足率	13.59	12.11	12.58	12.16	11.70	12.68	13.68	14.32	13.34
交通银行	核心资本充足率	8.78	8.52	10.27	9.54	8.15	9.37	9.27	11.24	9.76
	资本充足率	11.20	10.83	14.44	13.47	12.00	12.36	12.44	14.07	12.08

注：2013年数据为根据2013年1月1日新实施的《商业银行资本管理办法（试行）》计算。
资料来源：各行年报。

表1-4 大型商业银行盈利情况表（2005—2013年）

单位：亿元，%

银行	项目/年份	2005	2006	2007	2008	2009	2010	2011	2012	2013
工商银行	税后利润	378.69	494.36	819.90	1111.5	1293.50	1660.25	2084.45	2386.91	2629.65
	资产回报率	0.66	0.71	1.01	1.21	1.20	1.32	1.44	1.45	1.44
	资本回报率	N.A	15.37	16.15	19.39	20.14	22.79	23.44	23.02	21.92
农业银行	税后利润	10.44	58.07	473.87	514.53	650.02	949.07	1219.56	1451.31	1662.11
	资产回报率	N.A	N.A	0.88	0.84	0.82	0.99	1.11	1.16	1.20
	资本回报率	N.A	N.A	N.A	17.72	20.53	22.49	20.46	20.74	20.89
中国银行	税后利润	317.92	480.58	620.36	650.7	853.49	1096.91	1303.19	1455.22	1637.41
	资产回报率	0.71	0.95	1.09	1.0	1.09	1.14	1.17	1.19	1.23
	资本回报率	12.89	14.19	14.22	13.72	16.42	18.87	18.27	18.10	18.04
建设银行	税后利润	470.96	463.22	691.42	926.4	1068.36	1350.31	1694.39	1936.02	2151.22
	资产回报率	0.92	0.92	1.15	1.31	1.24	1.32	1.47	1.47	1.47
	资本回报率	17.99	15.00	19.50	20.68	20.87	22.61	22.51	21.98	21.23
交通银行	税后利润	95.09	125.45	205.13	284.2	300.75	390.42	507.35	583.73	622.95
	资产回报率	0.74	0.80	1.07	1.19	1.01	1.08	1.19	1.18	1.11
	资本回报率	14.66	14.42	17.17	20.86	19.26	20.08	20.49	18.43	15.49

资料来源：各行年报。

表1-5　　　　大型商业银行不良贷款率情况表（2005—2013年）

单位：%

年份	2005	2006	2007	2008	2009	2010	2011	2012	2013
工商银行	4.69	3.79	2.74	2.29	1.54	1.08	0.94	0.85	0.94
农业银行	26.17	23.43	23.57	4.32	2.91	2.03	1.55	1.33	1.22
中国银行	4.62	4.04	3.12	2.65	1.52	1.10	1.00	0.95	0.96
建设银行	3.84	3.29	2.60	2.21	1.50	1.14	1.09	0.99	0.99
交通银行	2.80	2.54	2.05	1.92	1.36	1.12	0.86	0.92	1.05

资料来源：各行年报。

二、中小商业银行[①]的改革和发展

2003年以来，股份制商业银行进入一个新的黄金发展时期，这一阶段股份制商业银行的壮大不仅表现为规模、市场占比和数量的提高，在中国银行业中的比重也不断增加，已经成为中国银行业一支举足轻重的力量，竞争力基本形成。股份制商业银行通过引进合格的机构投资者，进一步深化改革，健全公司治理结构，加强内部管理。同时，注重技术的引进、智力的引进和机制的引进。通过引进机构投资者，股份制商业银行不仅达到了补充资本的目的，更重要的是优化了股权结构，提高了银行的国内外声誉，也提升了国际投资者对我国股份制商业银行市场价值的认可，实现了我国股份制商业银行股权价值的整体提升。截至2013年末，我国共有12家股份制商业银行，包括中信银行、中国光大银行、华夏银行、广发银行、平安银行、招商银行、上海浦东发展银行、兴业银行、中国民生银行、恒丰银行、浙商银行和渤海银行。

2003年以来，在各方的共同努力下，城市商业银行通过化解风险和处置历史遗留问题、构建多渠道的资本补充机制、引进机构投资者、开展合作与重组、公开上市、实施跨区域发展等改革和发展举措，实现了快速发展。城市商业银行机构数量不断增加、业务规模稳步增长、公司治理逐步改善、资本实力显著增强，已从风险突出、功能不全、素质不高、基础薄弱的弱势金融主体，转变为经营特色鲜明、经营门类齐全、风险状况显著改善、利润增长良好的商

---

① 根据中国银监会的释义，中小商业银行包括股份制商业银行和城市商业银行。

业银行，成为我国金融体系中具有发展潜力的重要组成部分。截至2013年末，我国共有145家城市商业银行。

（一）资产规模不断扩大

2003年以来，股份制商业银行和城市商业银行的资产规模迅速增长。截至2013年末，股份制商业银行的资产规模达到269361亿元，是2003年的4.1倍，占银行业总资产的比例由2003年的10.7%上升到2013年的17.8%；城市商业银行的资产规模达到151778亿元，是2003年的10.4倍，占银行业总资产的比例由2003年的5.3%上升到2013年的10%。

表1-6　　　　中小商业银行总资产情况表（2003—2013年）

单位：亿元

类别/年份	2003	2004	2005	2006	2007	2008	2009	2010	2011	2012	2013
股份制商业银行	29599	36476	44655	54446	72742	88337	118181	149037	183794	235271	269361
城市商业银行	14622	17056	20367	25938	33405	41320	56800	78526	99845	123469	151778

注：2003—2006年为境内合计，2007—2013年为法人合计。
资料来源：中国银监会年报。

（二）盈利能力不断增强

2003年以来，中小商业银行的利润大幅增长。截至2013年末，股份制商业银行的税后利润达到2945.4亿元，城市商业银行的税后利润达到1641.4亿元。

表1-7　　　　中小商业银行盈利情况表（2003—2013年）

单位：亿元

类别/年份	2003	2004	2005	2006	2007	2008	2009	2010	2011	2012	2013
股份制商业银行	146.5	175.9	289.0	434.2	564.4	841.4	925.0	1358.0	2005.0	2526.3	2945.4
城市商业银行	54.2	87.4	120.7	180.9	248.1	407.9	496.5	769.8	1080.9	1367.6	1641.4

注：2003—2006年为税前利润，2007—2013年为税后利润。
资料来源：中国银监会年报。

（三）资产质量稳步向好

股份制商业银行普遍成立较晚，市场化程度较高，在控制不良贷款方面卓有成效，资产质量大多保持较高水平，整体不良贷款率在中资银行系统内最低，2013年末为0.9%。

在监管部门的推进和地方政府的支持下，城市商业银行充分依靠自身的能力和地方经济资源，通过资产置换、增资扩股、债务重组、收购兼并、自我消化等方式处理了大量不良资产。城市商业银行的不良贷款率从1998年末最高峰的34.32%下降到2013年末的0.9%。

表1-8　　　商业银行不良贷款率分机构情况表（2007—2013年）

单位：%

类别/年份	2007	2008	2009	2010	2011	2012	2013
大型商业银行	8.0	2.8	1.8	1.3	1.1	1.0	1.0
股份制商业银行	2.1	1.3	1.0	0.7	0.6	0.7	0.9
城市商业银行	3.0	2.3	1.3	0.9	0.8	0.8	0.9
农村商业银行	4.0	3.9	2.8	1.9	1.6	1.8	1.7
外资银行	0.5	0.8	0.9	0.5	0.4	0.5	0.5

资料来源：中国银监会年报。

（四）资本充足率稳步提高

2006年是我国商业银行资本充足率达标的大限之年，为达到商业银行资本充足率不低于8%、核心资本充足率不低于4%这一标准，股份制商业银行和城市商业银行开源节流，一方面通过强化资本管理，另一方面通过股改上市、增发、发行债券、引入机构投资者等方式加强资本补充，资本充足率稳步提高。截至2008年9月末，股份制商业银行资本充足率已全部达标；2008年末，城市商业银行资本充足率平均为13.11%，全部达到并超过8%。

三、其他几类机构

（一）外资银行

2001年12月11日，我国正式加入世界贸易组织。加入世界贸易组织后，我国银行业按照有关承诺逐步实施开放政策，具体包括以下几个方面：一是履行承诺开放与自主开放相结合，不断提高开放水平；二是对外开放和国内改革相结合，促进银行业改革不断深化；三是发展传统业务与开放新型业务相结合，促进银行业金融创新；四是"引进来"和"走出去"相结合，促进中资银行全面发展；五是兑现加入世界贸易组织承诺与合理运用其规则相结合，维护中国银行业稳健运营。

我国加入世界贸易组织后的五年过渡期内，银行业加快对外开放。加入时，我国银行业向外资银行开放了对所有客户的外汇业务；逐步将外资银行经营人民币业务的地域从加入时的上海、深圳、天津、大连四个城市扩大到全国所有地区，部分城市开放的时间比承诺的时间甚至提前了一年；逐步将外资银行人民币业务的客户对象从外资企业和外国人扩大到中国企业和中国居民。同时，逐步放松对外资银行在华经营的限制，取消外资银行人民币负债不得超过外汇负债50%的规定；放宽对外资银行在境内吸收外汇存款的比例限制；取消对外资银行经营人民币业务的地域和客户限制，取消对外资银行在华经营的非审慎性限制，在承诺的基础上，逐步给予外资银行以国民待遇。截至2006年末，22个国家和地区的74家外资银行在中国的25个城市设立了200家分行和14家外资法人机构，41个国家和地区的186家银行在中国24个城市开设了242家代表处。

2006年末，根据新颁布的《外资银行管理条例》，中国银监会对外资银行在华发展实行分行与法人双轨并行、法人银行导向政策。法人银行导向政策在允许外资银行自主选择在华商业存在形态的前提下，鼓励机构网点多、存款业务规模较大并准备发展人民币零售业务的外资银行分行转制为我国注册的法人银行，不强制要求外资银行分行法人化。转制后，外资法人银行的市场准入条件及审慎监管标准将与中资银行保持一致。

近年来，外资银行不断加大对中国市场的开拓力度，加大了资金和人员等各方面的资源投入力度，在华服务网络稳步增加，业务规模逐步扩大，与中资银行的合作日益深化。截至2013年末，我国共有42家外资法人金融机构，在华外资银行总资产为25628亿元，是2003年（4160亿元）的6.2倍；不良贷款率维持在0.5%的较低水平。

（二）邮政储蓄银行

2006年12月31日，经国务院同意，中国银监会正式批准成立中国邮政储蓄银行，2007年3月20日，中国邮政储蓄银行总行在北京正式挂牌营业，注册资本金为200亿元，全部由邮政集团公司出资。邮政储蓄银行的成立，是我国银行业改革取得的又一项新的重要成果，标志着我国邮政储蓄管理体制从此进入了一个依法、规范、有序的经营管理轨道，我国银行业又增添了一家有自己特色定位的大型商业银行。

我国邮政储蓄业务于1986年开始恢复办理。设立邮政储蓄银行，实现邮政与邮政储蓄分业经营，是深化我国金融体制改革和邮政体制改革的必然要求，也是规范邮政储蓄经营和发展、防范金融风险的迫切需要。根据国务院的方案，邮政储蓄银行的定位是继续依托邮政网络优势、立足"三农"、面向社区服务的零售商业银行。邮政储蓄银行成立后，改革的重点开始转向推进公司治理建设和分支机构组建工作。组建后的邮政储蓄银行网络成为沟通和连接我国城乡经济社会、全国覆盖面最广的个人金融服务网络。

邮政储蓄银行成立后，与其他银行一样，在机构、业务和高管人员等方面依法纳入银行监管体系，根据相同的监管理念和持续监管思路，对邮政储蓄银行实行以资本充足率为核心的审慎监管，建立健全邮政储蓄银行以资本为核心的约束机制，督促其加强内部风险管理，重点对邮政储蓄资金运用环节的信用风险、市场风险以及基层操作风险实施监管，加大案件治理力度，将邮政储蓄银行建成一个资本充足、内控严密、营运安全、竞争力强的现代商业银行。

第四节　小　结

本章我们全面回顾了改革开放以来我国商业银行的发展历程。从中可以看出，随着我国改革开放的进展和经济市场化的深入，我国从中国人民银行"大一统"的银行体系，逐渐变革为中国人民银行独立行使中央银行职能、各种类型的商业银行全面改革和发展的银行体系。我国商业银行的变革和发展不仅是与经济市场化改革的进程相适应，而且也为经济转轨和改革发挥了重要作用，甚至付出了代价（如20世纪90年代末的巨额不良资产），也因此出现了各个阶段的商业银行改革。因此，对于商业银行的变革和转型问题，既要关注其自身改革和发展的逻辑，也要关注其在不同时期发挥的作用以及当时的经济和制度环境。在以后篇幅中，本书将结合我国商业银行变革和发展的几个阶段，探究我国商业银行变革和转型的逻辑及其可持续发展问题。

第二章 渐进转轨中的金融支持与国有银行制度

上一章，我们回顾了我国商业银行的改革和发展历程，从本章开始，将进入关于我国商业银行变革和转型的逻辑分析。本章主要分析1985—1998年国有银行的情况，所用数据也基本上是这一期间的数据。这段时间可以认为是中国经济市场化的转轨阶段，也是我国现代商业银行体系初步建立，并逐步转向多元化、商业化改革和发展的阶段。这一时期，我国的商业银行（主要是国有银行）在经济转轨中发挥了重要作用。国有银行作为一种制度安排，无论是国家专业银行的分设和发展，还是逐步过渡到国有独资商业银行，都在我国银行体系中牢牢占据主导地位。对于中国的国有银行来说，其存在、发展和改革必然与相应的需求和国家的制度选择相适应。

在我国的经济转轨中，如何动员和支配社会资源，提高经济效率，保持社会公平，是政府面临的重要挑战。当时的情况是，改革开放以来，由于国家财政能力的下降，国家加强了对金融业（主要是国有银行）的控制，促使其行使财政职能，国家汲取金融能力的上升替代了国家汲取财政能力的下降，国有银行在其中扮演了重要角色。这体现为：在动员资源过程中，金融业替代税收功能；在资源配置过程中，金融业替代财政功能（周立，2003）。这正是这一阶段国有银行变革和发展的逻辑。1998年后，随着财政能力尤其是中央财政能力的增强，国有银行也由金融支持角色转变为国家的难题，1998年后也正是国有银行大刀阔斧改革的阶段。1998年后的情况将会在后面的篇幅进行分析。

第一节　国有银行制度

随着现代商业银行体系的发展，基于不同国家的银行制度表现出了较大的现实差异，通常来说，按业务结构，可以分为分离式银行制度和全能式银行制度；按产权制度，可以分为私人银行制度和国有银行制度。

一、国有银行制度简介

国有银行制度与私人银行制度相对应。私人银行制度是指银行产权归私人所有的性质，如果考虑到产权结构的因素，私人银行包括独资银行和股份制银行两种产权制度。独资银行是指银行财产归一个人或若干人所有，他（们）直接支配、管理、经营银行财产，占有全部收益并承担无限偿清责任。从企业的角度来看，独资银行可以划分为单人业主制和合伙制两种。股份制银行是指通过股份公司形式组建的银行，股份制银行的资本来源于众多的产权主体，银行规模较大，所有者承担有限责任。股份制商业银行的产权制度安排具有如下基本特征：（1）商业银行产权可以通过市场交易进行转让；（2）商业银行的产权结构是多元化的，不是单一的。世界上大多数国家的法律规定商业银行必须以股份制形式存在。

国有银行制度是指，与银行产权为国家所有相适应而建立起来的一整套制度体系。国有银行包括国有独资银行和国有股份制银行。国有独资银行的股权全部由政府控制，如我国股份制改革前的工商银行、农业银行、建设银行和中国银行，国家持有100％的股权。国有股份制银行包括国有控股银行和国有参股银行。国有控股银行绝大部分股权由政府控制，如1986年以前法国的巴黎国民银行、里昂信贷银行和兴业银行，三家银行约92％的资本为国家所有，约8％的资本为内部职工所有。目前，我国的工商银行、农业银行、建设银行、中国银行、交通银行、光大银行、中信银行等属于国有控股商业银行，这些银行股权主要由大型国有企业和政府持有，其中也有少部分股权由境外战略投资者持有。在国有参股银行中，国家仅持有少部分股权。如俄罗斯前国有银行的股权，11％为国有企业和其他国有机构持有，79％为私有企业持有，10%为个人持有。我国是国有商业银行比较集中的国家之一，此外，在意大利、法国、韩国等国家的不同历史时期，也出现过不同形式的国有银行。

二、国外国有银行的历史与现状

历史上，无论发达国家还是发展中国家，银行国有制都相当普遍。其理由在于：（1）假设政府是仁慈万能的，银行国有化可以为有利于经济增长的高风险项目融资，为只具有良好社会效益的项目融资；（2）认为银行应该为经济发展作贡献，特别是第二次世界大战后，发展中国家以发展经济学理论为依据，认为银行的国有化可以为国家迅速实现工业化提供廉价资本；（3）出于意识形态方面的考虑，新独立的国家不能允许外国资本控制本国的金融体制，因而实行银行的国有化。结果，第二次世界大战后，银行的国有化水平大幅度提高。即使在20世纪90年代西欧和发展中国家以及转轨国家大规模市场化浪潮之后，国有银行在许多国家的金融体制中还占有相当重要的地位。

在东亚国家以政府主导的经济发展模式下，政府通过直接信贷等手段向优先部门提供优惠贷款，国有银行成为东亚各国金融体系中不可或缺的组成部分（丁志杰、王秀山、白钦先，2002）。在1997年金融危机前的韩国、泰国和印度尼西亚，国有银行的市场份额均超过15%，印度尼西亚不仅存在数目众多的国有商业银行，其市场份额更是高达42%。亚洲金融危机后，各国政府通过注资对银行进行重新资本化，银行体系国有化程度进一步提高。在重组完成后，东亚国家（如韩国）又进行了国有银行的私有化改革，国有银行比重大幅下降。

在西方发达国家，如美国、英国、日本等国的商业银行大多数是私有产权下的股份制商业银行（詹向勇，2002），而在欧洲大陆各国的金融体系中，国有银行曾处于重要地位，但由于20世纪80年代后期经济自由主义思潮的兴起，欧洲大陆出现了国有银行私有化倾向，并在90年代形成潮流。如法国、意大利等国的银行体系实行一定程度的国有化，其中1986年以前法国的国有化程度最高。第二次世界大战之前，法国的商业银行均为私有产权下的股份制银行；第二次世界大战以后，通过1945年12月和1982年2月两次国有化法令，法国将163家商业银行置于国家直接或间接控制下。其中39家商业银行完全国有，其余银行则受这39家银行或其他官方机构所控制，形成了巴黎国民银行、里昂信贷银行、兴业银行、巴黎荷兰银行与东方汇理苏伊士银行五大国有化银行集团。国有化后，国有银行的存放款额在法国全部注册银行的比重大约分别占90%和85%，国有商业银行在金融体系中居于主导地位。但1986年以后法国保守党希拉克政府的政策倾向于将国有商业银行私有化，至1999年底基本实现了原有国有商业银行的私有化。意大利商业银行的国有化程度在西方国家中仅次于法国，国有性质的6家公立银行和3家国民利益银行，总资产占全部商业银行总资产的70%~80%，国有银行在金融体系中也占据主导地位。其他一些国家如俄罗斯等前社会主义国家，原有的银行主要为国有，随着政治经济制度的变动，逐步朝私有化发展。如俄罗斯1992年私有化法实施以前，国内银行业主要由国有的对外经济银行、工业建设银行、农工银行、住宅和社会发展银行、储蓄银行五大专业银行垄断，1992年国家私有化法实施后，国家开始出售国有银行中的国家股份，到1994年，俄罗斯原有国有银行的国有股份比重已下降到11%，而私有企业持有的股份则上升到79%。目前，欧洲大陆除了储蓄银行外，基本上不存在其他类型的国有银行，在德国和奥地利，政府拥有的储蓄银行占银行总资产的比重分别为35%和14%，是最大的国有银行部门（丁志杰、王秀山、白钦先，2002）。研究发现，在欧洲大陆，国有银行与私有银行的效率并没有什么差异，20世纪80年代较少的资本反而使得国有银行的资本利润率高于私有银行，这表明银行国有产权本质上并没有劣势，关键在于能否建立与之相适应的治理结构。

这里以德国为例专门介绍一下储蓄银行。从产权角度看，储蓄银行是国有性质的银行，主要特点如下：（1）储蓄银行是地方公共所有的全资银行，市或乡作为主办者，要对所属的储蓄银行提供资本金并对其债务承担赔偿责任，市或乡是其所属储蓄银行的担保人，承担无限责任，不允许私人资本或机构控股。（2）储蓄银行的内部机构由管理委员会和董事会组成。管理委员会既属于经营方针决策机构，又属于监事机构，仅限于确定经营方针，不得决定具体业务；业务活动是由董事会按照有关法律规定和储蓄银行的管理委员会确定的经营方针进行。管理委员会的主席常常由地方管理机关的代表担任，董事会成员或者要由担保人（即地方自治管理机关）提名，或者要由担保人批准。（3）按各州储蓄银行法的规定体现公益性，行使公共使命和公共任务，如向地方储蓄银行的担保人（即地方自治管理机关）所在地域供应信贷并保障为其供应贷款，向经济薄弱群体、中产阶级和公共机构供应贷款等。因此，德国的储蓄银行承担着多种职能。令人惊讶的是，储蓄银行的效率并不低于私有商业银行（Altunbas Evans、Philip Molyneux，2001），除了严格的依法监管以及依靠政府的无限担保筹资成本较低外，更重要的在于：（1）虽然储蓄银行不是"私人"经济单位，但其运作方式与私有商业银行差别不大，管理委员会和董事会职能分开，相互制衡，银行内部对贷款实行风险分类管理和资本充足率管理；（2）严格限制地方自治管理机关对储蓄银行经营业务的干预，政企分开，两者的权利业务关系依据德国银行法和银行章程的规定，地方政府对储蓄银行决策的影响力仅限于可以指派代表进入管理委员会（即监事机构），任命或批准董事会成员名单，而无权过问具体经营业务；（3）银企关系之间存在预算硬约束机制，储蓄银行面对的公司客户大多为私营企业，只有极小部分为公共企业，无论是前者还是后者，责权利都是明晰的，不存在诸如我国国企亏损之后可不破产、而把负担转嫁给国有银行的问题[①]；（4）储蓄银行是地域性的，没有垄断地位，但必须有经营效益，否则有可能被解散。

[①] 在德国，公共企业出现资金周转问题，由政府提供辅助性资金支持，但不能免除公共企业对银行的债务。

第二节 关于"弱财政"与"强金融"

一、渐进转轨中的财政能力

反映国家财政能力最主要的指标有两个：一是国家财政收入占国民收入的比重；二是中央财政收入占国民收入的比重。前者反映了政府动员的社会资源占总的社会资源的份额，后者反映了中央政府动员的社会资源占总的社会资源的份额。

按照国际通用惯例，我们用不包括债务收入的财政收入占GNP的比重来衡量分税制改革前后国家汲取财政能力的变化（见表2-1和图2-1）。我们可以看到，1978—1996年，国家汲取财政的能力由31.2%下降到10.7%，下降到只有改革开始的1/3，达到改革以来的最低点。不过，1994年开始实行的分税制改革改变了国家汲取财政能力迅速下降的趋势，并在1996年达到谷底后有所回升，2000年回升到了13.9%。但无论怎样，中国渐进改革期间的财政能力明显呈现迅速下降的趋势。

表2-1　　中国政府财政收入占GNP的比重变化（1978—2000年）

单位：%

年份	财政收入（不包括债务收入）占GNP的比重	中央财政收入（不包括债务收入）占GNP的比重
1978	31.2	4.9
1979	26.7	5.7
1980	23.3	6.3
1981	21.3	6.4
1982	20.0	6.5
1983	20.1	8.2
1984	20.5	9.2
1985	20.8	8.6
1986	21.9	7.6
1987	19.5	6.2
1988	16.8	5.2

年份	财政收入（不包括债务收入）占GNP的比重	中央财政收入（不包括债务收入）占GNP的比重
1989	16.7	4.9
1990	16.3	5.3
1991	15.9	4.3
1992	14.7	3.7
1993	13.1	2.8
1994	12.6	6.2
1995	11.2	5.7
1996	10.7	5.5
1997	10.9	5.8
1998	11.6	6.4
1999	12.6	7.3
2000	13.9	7.9

资料来源：周立.改革期间中国国家财政能力和金融能力的变化.财贸经济，2003（4）.

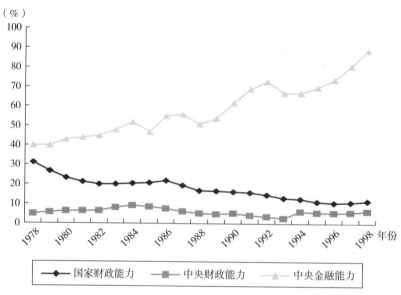

资料来源：作者根据有关数据整理。

图2-1　国家财政能力、中央财政能力和中央金融能力变化（1978—1998年）

中央财政收入占国民收入的比重尽管下降相对较为缓慢，但1984—1996年间也呈较为明显的下降趋势，中央汲取财政的能力由1984年的9.2％下降到1996年的5.5％，与世界上其他国家相比（1995年美国这一比率为19.89％，英国为36.34％，法国为40.61％，印度为13.15％）更是相差甚远。中国的财政已经成为一个名副其实的"弱财政"。

国家汲取财政的能力，尤其是中央汲取财政能力的下降，大大削弱了政府提供公共物品和服务、重新分配收入、进行公共投资和维护社会稳定等基本功能，财政功能严重弱化，中国在渐进转轨中面临严峻挑战。

二、经济货币化与金融剩余

改革开放后，随着以"联产承包"为特征的农村改革以及推行"放权让利"和实行"企业承包责任制"并最终以建立现代企业制度为主要内容和目标的国有企业市场化改革的深入，多种产权形式逐步增加，市场化交易相应增多，作为节约交易成本的最基础手段——货币的应用随之增加。同时，随着市场交易条件的大为改善，农业、城市和工业领域的产出迅速增长，尤其是依靠内源融资自身积累得以迅速成长的非国有经济迅速增长，比如，工业总产值中非国有经济所占比重，1978年为22.4％，1997年达到74.5％（见表2-2）。非国有部门（包括农业）的就业占比也长期保持在80％以上（张杰，1998）。非国有经济的发展使居民手中现金积累和储蓄大为增加，产生了可观的金融剩余[①]。如表2-3所示，全国城乡储蓄存款1978年仅为210.6亿元，1998年增至53407.5亿元。与此同时，国民储蓄结构发生了很大变化，居民、企业、政府三部门储蓄所占比重1979年分别为23.55％、33.65％和42.8％，到1996年则依次为83％、14％和3％，居民储蓄存款占GNP的比重也从1978年的5.81％上升到1996年的56.82％（张杰，1998）。其结果就是随着市场化改革的深入，

---

① 金融剩余是指国家从非国有部门获取的金融资源大于国家给非国有部门注入的金融资源的差额（张杰，1998）。

中国的经济货币化程度迅速加深，M_2/GDP由1978年的31.98％上升到1998年的133.38％（见表2-3），而政府部门储蓄比例的下降恰恰表明了货币化剩余主要流向了居民部门。

表2-2　　　　按经济类型分工业总产值（1978—1997年）

单位：亿元

年份	工业总产值	国有工业	集体工业	城乡个体工业	其他经济类型工业
1978	4237.00	3289.18	947.82	—	—
1980	5154.00	3915.60	1213.36	0.81	24.49
1983	6161.00	4739.40	1663.14	7.50	50.40
1984	7617.30	5262.70	2263.09	14.81	76.70
1985	9716.47	6302.12	3117.19	179.75	117.41
1986	13194.26	6971.12	3751.54	308.54	163.06
1987	13812.99	8250.09	4781.74	502.39	278.77
1988	18224.00	10351.28	6587.49	790.49	495.32
1989	22017.06	12342.91	7858.05	1057.66	758.44
1990	23924.36	13063.75	8522.73	1290.30	1047.56
1991	28248.01	14954.58	10084.75	1609.10	1599.58
1992	37065.71	17824.15	14101.19	2506.80	2633.58
1993	52691.99	22724.67	20213.21	4402.05	5352.06
1994	76909.46	26200.84	31434.04	8853.23	10421.35
1995	91893.74	31219.66	33622.64	11820.57	15230.87
1996	99595.33	28361.08	39232.18	15419.82	16582.25
1997	113732.71	29027.40	43347.17	20376.13	20982.01

资料来源：按《中国统计年鉴》历年数据合成（按当年价格计算）。

表2-3　中国的货币化、通货膨胀、经济增长与储蓄存款（1978—1998年）

单位：亿元，％

年份	M_2/GDP	通货膨胀率	GDP增长	全国城乡储蓄存款（年末余额）
1978	31.98	0.7	11.7	210.6
1979	36.11	2.0	7.6	281.0
1980	40.79	6.0	7.8	399.5

续表

年份	M₂/GDP	通货膨胀率	GDP增长	全国城乡储蓄存款（年末余额）
1981	45.97	2.4	4.5	523.7
1982	48.85	1.9	8.7	675.4
1983	51.62	1.5	10.3	892.5
1984	57.53	2.8	14.7	1214.7
1985	57.84	8.8	13.5	1622.6
1986	65.88	6.0	8.8	2237.6
1987	69.85	7.3	11.6	3073.3
1988	67.68	18.5	11.3	3801.5
1989	70.63	17.8	4.1	5146.9
1990	82.23	2.1	3.8	7034.2
1991	89.91	2.9	9.2	9107.0
1992	95.31	5.4	14.2	11545.4
1993	91.15	13.2	13.5	14762.39
1994	100.92	21.7	12.6	21518.80
1995	105.38	14.8	10.2	29622.25
1996	108.58	6.1	9.7	38520.84
1997	122.20	2.8	8.8	46279.8
1998	133.38	-0.8	7.8	53407.5

资料来源：M₂/GDP、通货膨胀率、GDP增长的1978—1996年数据引自张杰. 中国金融制度的结构与变迁. 山西经济出版社，1998；其余数据为作者根据《中国统计年鉴》按原统计口径计算得出。

在整个渐进改革中，国有银行几乎一直处于垄断地位，居民部门的货币化剩余也几乎没有选择地存入了国有银行。至此，我们可以依照国家汲取财政能力的衡量方法，用国有银行存款占GDP的比重和国有银行贷款占GDP的比重两个指标来衡量国家汲取金融的能力（周立，2003）。如表2-4所示，国家汲取金融的能力在改革开放后一直是在上升的。国有银行存款占GDP的比重由1978年的40％上升到1998年的89％，上升幅度超过1倍；国有银行贷款由1978年的52％上升到1998年的79％，上升幅度超过0.5倍。

图2-1是1978—1998年国家财政能力（用国家财政收入占GNP的比重表示）、中央财政能力（用中央财政收入占GNP的比重表示）和中央金融能力（用国有银行存款占GDP的比重表示）的变化。显而易见，国家财政能力和中央财政能力在改革期间处于明显的下降趋势，而中央金融能力却迅速上升，且国家控制金融资源的规模要远远大于财政收入的规模。由此可见，渐进改革期间中国的国家能力是典型的"弱财政、强金融"。

表2-4　　　　　中国中央金融能力的变化（1978—1998年）

单位：%

年份	国有银行存款/GDP	国有银行贷款/GDP	国有银行存贷总额/GDP
1978	40	52	92
1979	40	51	90
1980	43	55	98
1981	44	58	102
1982	45	58	103
1983	48	59	106
1984	52	65	116
1985	47	66	113
1986	55	77	131
1987	56	76	133
1988	51	70	121
1989	54	73	127
1990	62	79	141
1991	69	83	153
1992	73	82	155
1993	67	76	143
1994	67	69	136
1995	70	67	137
1996	74	68	143
1997	81	76	157
1998	89	79	170

资料来源：周立.改革期间中国国家财政能力和金融能力的变化.财贸经济，2003（4）.

第三节　金融控制与国有银行制度

一、资金需求与金融支持

事实上，中国财政状况的恶化与其他转轨经济国家一样，是渐进改革和经济市场化过程中的必然现象。像所有计划经济国家一样，改革之前中国依靠价格控制和企业的国家所有制从工业部门产生，然后收集巨额的剩余。根据世界标准，工业原材料和农业工资产品的国内价格与最终工业产品相比被维持在低水平上，大多数国有企业由此产生的金融剩余随后就存在国家银行受限制的账户中，成为了事实上的政府收入。但是，随着市场化的开始，这种隐性财政收入体制也开始解体。第一，政府拥有的工业资产的份额开始下降。第二，价格放开和来自国内外的工业竞争会使所有工业企业（无论是国有的还是非国有的）的利润幅度缩小，致使许多曾经获利的国有企业变为亏损。政府从国有企业获取的收入迅速下降，甚至还要为国有企业的亏损埋单以避免其倒闭。

在这种情况下，原来无关紧要的作为国家汲取民间财富的税收制度就变得至关重要。但是，中国的税收制度虽然屡经改革，却仍然没有建立起收集民间财富的有效途径，尤其是在改革以来国民收入向个人部门大量倾斜的条件下，个人收入所得税的征收机制未能得到相应确立。直至1994年，中国个人所得税在税收总收入中的比重仅为1.5％，而工业国家平均为28％，发展中国家也平均达11％（World Bank，1996b）。

因此，中国财政状况的恶化是渐进转轨中不可避免的现象。但是，在渐进转轨过程中，国有企业改革和经济发展都需要大量资金支持。国家财政能力显然已经力不从心，而金融剩余和国家的金融能力却大幅上升，于是，金融为渐进改革提供了强有力的支持。据测算，在20世纪80年代后期到90年代初，银行注入国有企业的净资产流量高达GDP的7％～8％（张杰，1997）。另外，如表2-5所示，在中国每年新注入的生产与投资资金中，预算资金的份额由1978年的75.7％下降到1996年的15.4％，而国有银行在新注入的资金中所占份额则由24.3％上升到84.6％。

表2-5　中国国有经济生产投资资本中财政与金融份额的变化（1978—1996年）

单位：亿元，%

年份	政府财政资金 （1）	国有银行贷款 （2）	国有银行贷款增额 （3）	总计 （1）/[(1)+(3)]
1978	581.76	1850.00	186.70	75.7
1979	638.77	2039.60	189.60	77.1
1980	536.55	2414.30	374.70	58.9
1981	418.77	2860.20	445.90	48.4
1982	401.80	3180.60	320.40	55.6
1983	474.41	3589.90	409.30	53.7
1984	610.66	4766.10	1176.20	34.2
1985	701.52	5906.60	1139.50	38.1
1986	811.61	7590.80	1685.20	32.5
1987	765.11	9032.50	1441.70	34.7
1988	793.97	10551.30	1518.80	34.3
1989	784.15	12409.30	1858.00	29.7
1990	890.41	15116.40	2707.10	24.8
1991	933.64	18043.95	2927.55	24.2
1992	999.06	21615.50	3571.55	21.9
1993	1340.69	26461.10	4845.60	21.7
1994	1072.18	32441.30	5980.20	15.2
1995	1312.80	39393.60	6952.30	15.9
1996	1459.00	47434.70	8041.10	15.4

资料来源：张杰. 中国金融制度的结构与变迁. 山西经济出版社，1998.

二、渐进转轨中的国家能力

　　尽管不断上升的金融能力为渐进转轨提供了强有力的支持，但这只是表象，根本问题在于，即使非国有企业和居民部门有了大量的金融剩余，为什么一定要存入银行（主要是国有银行）从而致使中国在渐进转轨期间一直保持高储蓄率？为什么国家能够把这些储蓄以某种形式集中起来用于经济产出（尤其是体制内产出）的金融支持？

这当然归因于国家能力因素。由于中国的制度结构是典型的"二重结构"[①]，国家能力因素至关重要，尤其是在经济转轨期间。麦金农（1993）曾认为，要解释东欧产出的下降，应考虑不同于中国的外生的政治和经济环境，它在很大程度上不受单个改革政府的经济控制，除工业化程度与贸易冲击因素外，大多数东欧国家和前苏联共产党的权力在改革过程中急剧衰落，与此相伴随，国家对整个经济的集中政治控制和对国有企业分散的党的监督被严重削弱。尽管渐进转轨中中国的财政能力大为下降，但中国保持了强有力的"暴力潜能"或者说行政控制力。正是由于在中国的改革过程中始终维持着强有力的政府控制，在财政能力迅速下降和税收制度存在局限时，中央政府仍旧对国家银行体系拥有所有权和控制权，可以通过从城市和农村居民户，或者更一般地，从非国有部门借入这些迅速增加的金融剩余，来抵消其迅速恶化的财政地位（麦金农，1993）。基于此，在"弱财政"的情形下，国家仍能保持对传统的软约束国有企业边际内价格的控制，并给予强有力的资金支持。而且，国家强有力的控制也为储蓄本身的形成与积聚创造了必要条件。可以想象，如果不是国家保持了足够的控制力，那么，基于市场化与分权化改革，地方力量和拥有自身"私人收益"的国有银行便会各行其是，利用其逐步获取的信贷支配权把信贷资金投向更符合其自身利益的方向（主要是非国有部门），从而使对国有部门的金融资源供给不足，造成体制内产出的下降（张杰，1998）。

具体来说，国家主要通过几个方面来实现其控制。一是市场准入限制。为了维护国有银行的垄断地位，国家对金融机构的市场准入实行严格的行政审批，包括机构的批准和新业务品种的开办等。同时，对非国有银行在市场参与权、地域范围、参与程度等方面施加政策限制。二是利率管制。利率管制一方

　　[①]　"中国的制度结构相对于其他国家是十分独特的，基本情形可以概括为：发达而富有控制力的上层结构，流动性强且分散化的下层结构，但在上下两层之间却缺乏严密有效且富于协调功能的中间结构。"详见张杰. 中国金融制度的结构与变迁. 山西经济出版社，1998.

面可以降低国有银行和国有企业的资金成本，更重要的是，国家可以通过行政手段使利率（特别是储蓄存款利率）在改革期间保持为正，即使在高通货膨胀年份。事实证明，这对国家实现对金融剩余的控制至关重要。三是投资行为限制。一直以来，国家对投资行为尤其是居民的投资行为一直有着很严格的限制，产生了所谓的"强制储蓄效应，即由于资本市场的不完全性，要么是未能提供有效的金融产品，要么是风险资产不能适配居民的投资需求，导致一部分银行储蓄不能转化为储蓄替代产品，金融资产主要是以银行存款的方式存在"（袁志刚，2005）。

因此，国家有能力也有手段实现对金融剩余的动员和控制，从而为渐进转轨提供金融支持。不过，国家必须得通过相应的制度安排使其能力和手段得以体现，这个制度安排就是国有银行制度。

三、国有银行制度：渐进转轨中金融功能的财政化[①]

至此，我们可以归纳出渐进转轨中的国家能力：（1）"弱财政"和"强金融"，一方面财政无法提供经济发展尤其是体制内改制和发展所需的大量资金，另一方面经济中存在大量的金融剩余；（2）强有力的国家控制能力，同时带来了毋庸置疑的国家信用或者说国家声誉。在这种背景下，国家选择了国有银行的制度安排，以"国家声誉入股，居民储蓄提供资金"（张杰，2003）的资本结构将居民收入转化为储蓄，并对信贷进行控制，实现了对体制内产出的支持，保证了改革的顺利进行。

具体来说，国有银行制度对体制内产出的支持主要是通过金融功能的财政化来实现的，从而弥补了财政能力的下降。在资源动员过程中，金融业具有税收替代功能，在资源配置过程中，金融业具有财政替代功能。由此，金融资

---

① 事实上，国有银行同时发挥着政策性金融职能。虽然并非所有的国有银行贷款都是由政府指定发放的，但在1998年之前，国有银行的贷款都受到规模和用途的指标控制，可以认为发挥了财政职能；1998年之后，这种直接控制放松，但仍受很强的政策引导，可以认为发挥了政策性金融职能。

源被异化为中央和地方政府的财政资金,金融业异化为"第二财政"(周立,2003),发挥着提供铸币收入、平衡预算赤字、替代财政投资、平衡地区差距、替代财政补贴等多项财政功能。

另外,还有两个方面值得关注:第一,即使在价格上涨较快的时期,国家通过对利率的控制仍可以将非国有部门和居民积累的货币资产吸引到国有银行,从而吸收了过剩的潜在购买力,非国有部门"硬"货币的供给与需求基本保持了平衡,既保证了充足的资金支持体制内产出,又避免了通货膨胀的恶性循环;第二,在国有部门仍是软约束而非国有部门是硬约束的情况下,即使非国有部门对经济的贡献度迅速增长,国家仍通过国有银行严格控制对非国有部门的信贷(非国有部门获得的贷款长期维持在总信贷量的20%左右,致使非国有部门主要依靠内源融资),一方面支持了体制内产出,另一方面避免了非国有部门快速投资扩张所带来的通货膨胀压力(刘鹏、温斌,2007)。这样,在改革的关键时期里,一方面成功地实现了对价格水平的控制[1],另一方面,占总人口3/4以上的中国农民出人意料地以净贷款人的身份为其他经济部分贡献了金融剩余(麦金农,1993)。

事实上,这种制度安排是一种节约交易成本的选择。威廉姆森曾将交易活动划分为四种(威廉姆森,1975):适宜于市场机制的交易、适宜于纵向一体化的准内部组织的交易、企业内部的交易以及政府组织的交易。以此为标准,国家、国有银行与国有企业之间的关系不是市场上各交易主体之间的关系,而是更密切的准内部组织关系。事实上,这种关系的形成是市场不完全条件下的一种次优选择,是节约交易成本的一种制度安排。在中国经济转轨中,国有企业对银行(主要是国有银行)贷款的依赖性很强。当交易中一方对另一方依赖程度较小时,市场由于竞争充分而使机会主义行为减少到很低程度;当交易一方对另一方依赖程度很高时,处于垄断地位的一方可以凭借其垄断地位使另一方付出高昂代价,处于依附地位的一方将面临极高的交易成本,因此,国家通

---

[1] 在1988—1989年和1993—1995年,中国也遭受了较严重的价格上涨,但都通过通货紧缩成功地恢复了过来。

过控制国有银行使处于依附地位的国有企业与国有银行结成准内部组织关系从而内化交易成本。与此同时，国家为实现经济发展和产业调整对国有企业进行了干预，而所需资金又主要依靠银行贷款，因此，国有银行和国有企业都面临着承担因政府行为而导致未来不确定性所带来的高昂交易成本。于是，正是为了降低交易成本，政府、国有银行与国有企业结成了准内部组织关系，使政府能够有效地通过控制国有银行实现对国有企业信贷和资源配置的控制，为经济发展在一定时期起到了极大的推动作用。

应该承认，这种制度安排是渐进改革成功的关键。交易成本的内化降低了整个经济和社会的交易成本，保证了改革的顺利进行。但是，这种内化了的成本必然会集中体现。从理论上讲，财政功能与金融功能理应发挥不同的作用，财政要实现公平的目标，兼顾效率，而金融则应当以效率为目标，只有政策性金融才去考虑公平问题。尽管改革期间中国的金融业发展迅速，规模急剧扩张，但由于金融功能的财政化，金融业的资源配置功能无法高效实现，"高增长、低效率"的特征明显。因此，随着改革的深入，内化了的交易成本逐渐开始集中体现：国有银行的状况日渐恶化，各方面的问题开始显现，突出表现为巨额的不良贷款。

第三章　国有银行商业化改革的
　　　　逻辑与困境

根据上一章的分析，国有银行为我国渐进转轨提供了金融支持，保证了改革的顺利进行，并承担了改革的成本。本章将着重分析1994—2002年国家专业银行的商业化改革问题。事实上，随着改革的推进，国有银行的问题逐渐显现，不良贷款数额巨大，不良贷款率高，资本充足率低，经营效率低下。从1994年开始，国有银行的商业化改革拉开序幕，至1997年，基本上实现了国家专业银行向国有独资商业银行的转变。1997年亚洲金融危机爆发后，国有独资商业银行的问题进一步引起了广泛的重视。1997—2002年，国有独资商业银行的商业化改革主要沿着两条线推进：一是化解已经充分暴露的金融风险，以防止巨大的金融风险演变为全面的金融危机；二是继续推进国有独资商业银行机构和管理方面的改革，以应对中国加入世界贸易组织之后银行业全面开放的冲击和挑战。当然，后来的事实表明，商业化改革的成效并不显著，国有独资商业银行经过注资、剥离不良资产等一系列措施后，绩效表现仍然差强人意。至2002年，国有独资商业银行的整体情况依然令各方担忧和诟病，风险仍然巨大，国有银行的商业化改革陷入了困境。

第一节 商业化改革的逻辑

一、控制偏好与效率偏好

在第二章第三节中，我们讨论了渐进转轨中的国家能力因素。正是国家在渐进转轨中强有力的控制能力，才通过国有银行制度保证了转轨中的资金供给和金融支持。因此，在中国改革的开始阶段，国家对国有银行具有强有力的控制偏好，并通过单一的国有产权安排、人事安排以及组织架构的机关化成功地实现了对国有银行的控制，使其承担政策性负担。事实上，国有银行一方面作为商业银行吸收存款，另一方面却类似政策性银行来发放贷款，因此，此时的国有银行甚至可以称为"政策性商业银行"。

表3-1　　中国政府财政收入占GNP的比重变化（1999—2007年）

单位：亿元，%

年份	全国财政收入	中央财政收入	GNP	全国财政收入占GNP的比重	中央财政收入占GNP的比重
1999	11444.08	5849.21	88189.0	13.0	6.6
2000	13395.23	6989.17	98000.5	13.7	7.1
2001	16386.04	8582.74	108068.2	15.2	7.9
2002	18903.64	10388.64	119095.7	15.9	8.7
2003	21715.25	11865.27	135174.0	16.1	8.8
2004	26396.47	14503.10	159586.7	16.5	9.1
2005	31649.29	16548.53	183956.1	17.2	9.0
2006	39373.20	21243.89	211808	18.6	10.0
2007	51304.03	27738.99	234697	21.9	11.8

注：财政收入不包括国内外债务收入。
资料来源：国家统计局网站。

"政策性商业银行"作为一种制度安排，只要国家的控制偏好没有发生转变，那么这种制度安排就具有较强的稳定性。原因很简单，在中国，由于相对于国家不存在其他具有足够谈判能力的产权形式，国家也就不存在应付内部潜在产权竞争的情形（但外部的潜在竞争永远存在），国家则完全可以按照垄断性原则设计能够实现和满足自身效用函数的产权结构（张杰，1998）。在这种情况下，中国的制度变迁属于典型的强制性制度变迁（即由政府命令及法律引入和实行），只有国家推动，制度变迁才会发生。从理论上讲，作为追求利益最大化的"经济人"，国家也只有在以下情况才会采取行为来弥补制度创新的供给不足：即按税收净收入、政治支持以及其他进入国家效用函数的商品来衡量，强制推行一种新制度安排的预计边际收益要等于预计的边际费用。因此，国有银行是否改革以及如何改革显然依赖于国家的偏好。

随着改革的深入，国有银行承担政策性负担的成本逐渐显现，状况急剧恶化。根据上一章的分析，国家必须为国有银行的状况负责，因此，只要有国家信用和中央财政的担保，国有银行的糟糕状况即使不作改善事实上也不会存在任何问题。但问题在于，国家此时已经逐渐由原来单一的对国有银行的控制意愿转为开始追求其效率的提高，进而改善其状况。这种变化基于两个方面：一是中国政府的财政状况在1996年达到最低后开始逐渐好转（1998年以前数据见表2-1），尤其1998年以后无论是全国财政收入占GNP的比重还是中央财政收入占GNP的比重都上升较快（见表3-1），国家对国有银行的依赖客观上有所下降，而与此同时，国家控制国有银行的收益大幅下降而成本迅速上升，易纲（1996a）、谢平（1996）、张杰（1998）分别认为国家控制成本大于收益的拐点出现在1985年、1992年、1988年，而张杰（2007）又认为国家控制成本超过收益净值达最大的点（即边际点）出现在2003年前后。哪个时间更加准确并不重要，重要的是国家开始由原来的控制从而寻求金融支持转向了改变国有银行的状况从而提高效率。二是出于政治和经济的目的，中国必须融入经济全球化和金融全球化并从中获益，那么加入世界贸易组织后的金融开放既是义务也是符合国家效用的选择。根据诺斯的"压力模型"，一个国家的制度变迁是其应对所面临各种压力的结果，国家面临的压力可以归结为两种：外部竞争压力和内部竞争压力。对于中国而言，由于国家强大的控制力，内部竞争压力微不足道，金融开放则提供了外部竞争压力，由于国有商业银行的状况不佳，银行业的开放将使国有商业银行面临前所未有的竞争压力，直接威胁到国家的金融稳定和金融安全。另一方面，在金融开放的背景下，国家希望国有银行以符合国际游戏规则的面貌出现，因此，深化体制改革和提高竞争力成为迫切需要，改革国有银行便成为了合乎逻辑的选择。

当然，国家之所以在这个阶段选择商业化改革的方式，一方面在于尽管国家逐渐转向效率偏好，但依然保持有强烈的控制偏好；另一方面，鉴于国有银行糟糕的经营状况，没有国家控制力和国家信用，改革便无法顺利进行。因此，商业化改革其实就是在不改变产权结构、保持国家控制的情况下，转变国有银行现行的经营原则、内部管理制度、运行机制，使其符合一般商业银行的特点，以改善国有银行的经营状况，提高效率。

二、商业化改革的主要观点

当时对于国有银行商业化改革的方式和定位，理论界是有争论的，主要有以下八种观点主张：

1. 职能剥离论。该观点把国有银行商业化改革定位于国有银行宏观金融调控职能与微观商业化经营职能相分离，认为国有银行向商业银行的转化仅需要解决政策性业务与商业性业务划分与剥离问题，即可从根本上解决国有银行的商业化问题。

2. 外部环境改革论。该观点认为国有银行改革应理顺国有银行与外部各种关系，包括与政府的关系、与财政部门的关系、与中央银行的关系、与企业的关系等，只有理顺了这些关系，国有银行才能成为真正的商业银行。

3. 增量改革论。增量改革论主张绕开国有银行制度存量进行改革，仅在体制边缘进行"外部化"的改革，即发展更多的新银行。

4. 不良债权化解论。这种观点主张把国有银行的商业化改革定位于解决国有企业拖欠银行不能还本付息的不良债权。认为只有通过改革，切实化解国有银行身上承载的巨额历史性包袱，弱化经营所面临的潜在金融风险压力，国有银行商业化才能实现。

5. 结构优化论。该理论主张把国有银行改革定位于银行内部结构的调整，试图通过国有银行内部结构的调整使之成为结构合理的商业银行。

6. 组织结构重组论。该观点把国有银行商业化改革定位于现有银行规模边界的重新设计与规划层面，认为现有国有银行规模过大，超过了其应有的理论边界，有必要对其按省或者行政大区分成若干家，组建具有独立法人地位的分散性的商业银行。

7. 内部管理改革论。该观点把国有银行改革定位于银行内部经营管理机制的健全和素质水平的提高，认为改革国有银行内部管理是提高银行适应市场经济能力的必由之路。

8. 产权制度改革论。该理论是一种把国有银行变革为产权主体多元化、产权关系明晰化、产权可转让的真正商业银行的改革思路。具体又可分为法人责任制和股份制改造两种思路。

以上观点和理论其实是更广义的国有银行商业化改革思路，单独来看都有一定的道理，但又都不够全面，没有抓住关键点。目前来看，有些已经被实践证明没有效果和可操作性。

三、商业化改革的目标

在这一时期的改革中，国家最终选择了国有银行商业化改革的方式，以实现其效率偏好。其实，商业化改革的目的就是为了实现国有银行的商业化经营，根本宗旨是把国有银行变革为具有独立民事权利并承担相应民事义务的具有敏感边际经济行为的"产权清晰、责权分明、政企分开、管理科学"的真正的商业银行，以便为国有银行"自主经营、自担风险、自负盈亏、自我约束"经营机制的培育和商业化、市场化基本行为模式的塑造创造制度基础。我们可将这一时期国有银行商业化改革的目标简要归纳如下：

1. 经营目标商业化。作为金融企业，国有银行应以获得尽可能多的利润作为自立的经营目标，实现经营战略的重大转变，即银行在各种经营活动中，必须树立利润观念，以盈利最大化为取向，以营运的流动性、盈利性、安全性为基准决定自己的经营方向、经营范围和管理办法。

2. 约束机制商业化。要按照商业银行的基本经营原则，规范银行行为，重塑自我约束机制。首先，要建立自主经营机制，使银行能够根据自身的条件和能力，在国家许可的范围内自主决策资金的经营方向、经营重点、经营方式和经营手段以及用人制度。其次，采用现代化管理措施，以优化增量为核心，以盘活存量为重点来提高信贷资产质量。再次，强化国有银行内部资金的统一调度，统一流动性管理，增加整个银行资产的流动性，增强抗风险能力。最后，建立对银行经营管理者的约束机制。

3. 激励机制商业化。要建立国家对银行的激励机制，打破银行利益与经营状况脱钩的格局，增加银行的利益驱动力。同时在国有银行内部建立一套符合商业银行运行要求的利益驱动机制和激励机制，使银行的经济效益与职工福利挂钩，干部与经营目标挂钩。

当然，后来的事实表明，国有银行商业化改革的良好初衷和目标并没有完全实现，国有独资商业银行依然处于困境之中。

第二节　商业化改革后的绩效表现

经过机构调整、完善内部管理、注资和剥离不良资产等一系列改革措施，国有银行的商业化改革按照设定的安排推进[①]。商业化改革后的国有独资商业银行表现如何呢？基于通常的标准，我们用资本充足率、不良贷款率、盈利能力（资本利润率）来描述国有银行的表现。由于官方对资本充足率和不良贷款率的统计均始于1997年，而且国有银行的商业化改革主要也是在1997—2002年期间，故本部分所引数据的时间区间为1997—2002年。2003年股份制改革后可视为一个新的阶段，将在下一章进行分析。

一、资本充足率

1998—2002年国有银行的资本充足率状况详见表3-2。

如表3-2所示，除中国银行外，其他银行都没有达到国际上关于资本充足率达到8%的要求（建设银行2001年例外，达到8.3%），农业银行1999年、2001年和2002年的资本充足率更是为负值。而国家为了改善国有银行状况，财政部还于1998年8月发行了30年期的2700亿元特别国债，用于补充国有银行的资本金，但总体状况仍不容乐观。

表3-2　　　　中国国有银行的资本充足率（1998—2002年）

单位：%

银行/年份	1998	1999	2000	2001	2002
中国工商银行	4.9	6.2	5.5	6.1	5.8
中国农业银行	1.5	-1.0	0.4	-4.8	-4.8
中国银行	9.9	8.0	9.8	8.9	8.7
中国建设银行	4.3	4.8	4.4	8.3	7.0
国有银行平均	5.2	4.5	4.9	4.6	4.2

注：本表中数据为未并表资本充足率。
资料来源：各行年报及作者计算。

[①] 国有银行商业化改革的具体进程参见第一章第二节。

二、不良贷款

1997—2002年国有银行的不良贷款状况详见表3-3。

如表3-3所示，总体来看，国有银行的不良贷款在1997—2002年一直处于较高水平。与国外相比，国际上排名100位以内的商业银行的不良贷款率一般都在5％以内，即使在金融危机期间，韩国的不良贷款率1997年和1998年也分别为16％和22.5％[1]；与国内的股份制银行相比，国有银行的不良贷款率一般要高出近15个百分点。

表3-3　　　　中国国有银行的不良贷款（1997—2002年）

单位：亿元，％

	年份	1997	1998	1999	2000	2001	2002
不良贷款率	中国工商银行[1]	27.5	30.2	32.1	29.4	25.8	22.5
	中国工商银行[2]			42.6	34.4	30.1	26.0
	中国农业银行[1]	38.4	44.6	48.2	39.8	35.1	30.4
	中国农业银行[2]			58.3	44.2	42.2	36.7
	中国银行[1]	23.7	27.7	32.8	28.2	24.2	18.8
	中国银行[2]			44.6	33.0	32.4	25.6
	中国建设银行[1]	24.2	26.0	19.9	18.1	14.9	11.9
	中国建设银行[2]			27.3	20.3	19.4	15.3
	国有银行合计[1]	28.5	32.2	33.3	28.9	25.0	20.9
	国有银行合计[2]			43.2	33.0	31.0	25.9
	股份制银行合计[1]	14.3	17.5	20.9	16.4	12.9	9.5
国有银行不良贷款合计[1]		14769.79	19762.76	22004.21	18562.29	17655.56	17023.23
国有银行不良贷款合计[2]				27926.51	21074.29	21552.46	20770.36
国有银行不良贷款占全部金融机构比例[1]		80.9	72.6	67.8	60.7	59.7	66.9

注：不良贷款为本、外币合计；[1]为按"一逾两呆"口径统计；[2]为按贷款五级分类口径统计（中国自1999年逐步推行贷款质量五级分类）。

资料来源：各行年报及作者计算。

---

[1] 资料来源：J.P.Mogan. Asian Financial Market. January, 1998.

具体来看，国有银行不良贷款的变化可以分为两个阶段：（1）1997—1999年的上升阶段。这一阶段国有银行的不良贷款总额和不良贷款率均迅速上升，1999年达到最高水平，按"一逾两呆"口径不良贷款为22004.21亿元，不良贷款率为33.3%，按贷款五级分类口径则分别高达27926.51亿元和43.2%。（2）2000—2002年的缓慢下降阶段。这一阶段国有银行不良贷款减少的主要原因是四家银行分两次剥离了不良贷款2.69万亿元，但2002年末按贷款五级分类国有银行的不良贷款仍高达20770.36亿元，占全部银行业金融机构不良贷款的66.9%，不良贷款率高达25.9%。

三、盈利能力

如表3-4所示，国有银行的资本利润率大多不超过5%，一般在0.5%～4%之间，农业银行最低时更是为-36%，而国际上先进商业银行的资本利润率一般都在20%以上。即使与交通银行等国内股份制商业银行相比，国有银行的效率低下也可见一斑。

表3-4　　中国国有银行与股份制银行的资本利润率（1998—2002年）

单位：%

年份	1998	1999	2000	2001	2002
中国工商银行	1.9	2.3	3.9	2.9	3.3
中国农业银行	-19.9	-36.0	-14.8	1.9	3.3
中国银行	0.6	0.7	1.3	1.1	4.7
中国建设银行	1.8	6.8	7.3	7.1	3.7
交通银行	11.4	8.9	8.2	7.8	3.6
中信银行	25.1	11.2	17.5	17.2	24.5
光大银行	13.1	14.5	5.8	3.2	5.1
招商银行	23.1	12.2	14.7	10.9	16.3

资料来源：各行年报。

第三节　困境：软预算约束与政策性负担

根据前面两节的分析，国家对国有银行从控制偏好逐渐转为效率偏好后，启动了国有银行的商业化改革，但事实证明，商业化改革的成效并不显著，问题和风险依然堪忧，以现代商业银行经营管理为方向和目标的商业化改革陷入困境。问题的根源到底是什么？在本节中，我们将重点关注软预算约束和政策性负担问题。事实上，国有银行和国有企业的软预算约束问题在国有银行商业化改革之初已引起众多学者的关注。

一、软预算约束：理论及一般性说明

"软预算约束"这一概念最初是由亚诺什·科尔奈（Janos Kornai）于1980年在其著作《短缺经济学》中提出来的。软预算约束是指当一个经济组织遇到财务上的困境时，借助外部组织的救助得以继续生存的经济现象。软预算约束是相对于硬预算约束而言的，硬预算约束即所谓"优胜劣汰"的市场机制，经济组织的一切活动都以自身拥有的资源约束为限。根据科尔奈（1998）的讨论，对软预算约束的存在有外生和内生两种解释。第一种解释将软预算约束的存在归因于各种外生因素，包括社会主义国家的"父爱主义"（科尔奈，1986），国家追求就业目标或领导人获取政治上的支持（Shleifer和Vishny，1994）等；第二种解释将软预算约束视为内生现象，起因于时间非一致性问题（Dewatripont和Maskin，1995），即对于一个未完工的无效率的投资项目，由于追加投资的边际收益可能大于项目废弃产生的边际成本，政府或贷款人有积极性追加投资。

另外，还存在一些非常有影响的观点。李稻葵（1992）认为，公有产权是产生软预算约束的原因，公有制可能使社会主义比资本主义更容易受软预算约束影响。在他的模型中，公有制就意味着再融资的决策是政府（银行）和企业共同做出的，这会导致软预算约束。但是，在东欧和俄罗斯大规模的私有化之后，软预算约束现象并没有消失，有不少企业从政府得到的补贴不减反增（World Bank，1996，2002），这些事实都说明公有产权并不是造成

软预算约束的根本原因。Dewatripond和Maskin（1995）认为，社会主义经济之所以比资本主义经济更容易出现软预算约束现象，是因为前者是一个高度集中的计划经济，而后者则是一个高度分权的经济，在企业进行再融资时，后者的交易成本会更高，使得再融资变成"事后无效"的，从而能够硬化企业的预算约束。钱颖一和Roland（1998）的文章也持类似观点：他们认为中国的经济改革之所以比东欧和前苏联要成功，一个重要原因是中国的行政结构相当于联邦制，由于各个地区之间投资于基础设施以吸引外资的竞争具有外部性，所以地区竞争会提高地方政府补贴亏损企业的机会成本，这就有利于硬化企业的预算约束。虽然分权化的确有可能硬化企业的软预算约束，但是，林毅夫、李志赟（2004）研究认为，分权化在一定情况下同样可能恶化企业的软预算约束问题。Segal（1998）对俄罗斯大规模私有化后出现的严重的软预算约束现象提供了一个解释。他认为垄断是造成软预算约束的原因：由于垄断企业不能实现完全的差别定价，所以垄断企业的利润带来的社会剩余少，政府为了实现这部分社会剩余，便对垄断企业进行补贴。他的分析显得非常牵强，因为他的结论只在局部均衡的情况下成立，从整个经济来讲，垄断会带来巨大的效率损失。Boycko、Sheleifer和Vishny（1996）在解释俄罗斯的私有化问题时提出了一个解释软预算约束的思路。他们认为，政府官员往往倾向于让企业雇佣冗员，因为企业雇佣更多的工人对政府是有利的，为了让企业雇佣更多的工人，政府就向企业提供补贴，这就形成了软预算约束。但是，他们在分析软预算约束问题时也存在局限：首先，雇佣更多的工人并非软预算约束存在的唯一原因，不少新设立的高科技企业雇佣的人员不多，但是也存在软预算约束的情形；其次，在他们的静态模型下，也难以得到更多有意义的推论。

　　"软预算约束"这一概念揭示了解释计划经济中存在的许多问题的关键，最早被广泛用来解释计划经济中存在的许多经济现象。但后来的研究发现，在社会主义经济中并非每个企业都存在软预算约束，而且软预算约束在其他经济体制下也大量存在，甚至在完全私有的经济中也存在软预算约束。因此，并不能认为软预算约束问题源于国有产权。这样，软预算约束的解释范围不断扩大，成为了一个基本的概念框架。近期的研究则将软预算约束这一概念性分析框架拓展到了对包括商业银行在内的所有经济组织行为的解释。

商业银行软预算约束是指当商业银行资不抵债时，外部组织通过非市场化手段给予商业银行流动性支持，从而避免破产清算。总体而言，商业银行的软预算约束问题比其他经济组织的软预算约束问题更为突出。商业银行软预算约束的形成既有一般性原因，也有在不同经济体制下的特殊形成机制。就商业银行软预算约束形成的一般机制而言，主要因为现代银行是吸收存款、发放贷款的特殊企业，某些银行业务，如吸收存款、提供清算服务等确实具有"准公共产品"的性质（世界银行，1998），导致了商业银行行为具有较强的外部性，政府有支持的倾向。具体来说，当商业银行运行良好时，可以为经济增长与发展提供资金、高效的支付清算体系并传导货币政策，商业银行的正常经营就产生了正的外部效应。反之，当一家商业银行资不抵债、面临破产清算或挤提时，由于信息不对称，可能导致一连串的银行挤兑或倒闭压力，最后可能导致系统性金融危机，这时商业银行就会产生极大的外部性（世界银行，1998）。因此，即便是美国这样发达的市场经济国家，对商业银行的监管也会存在监管宽容。一般而言，单个商业银行的规模越大，其破产或倒闭所产生的负外部性越强，政府在处理这样的危机金融机构时越有可能采取"监管宽容"的措施，以至于有"太大而不能倒"（Too Big to Fail）之说（米什金，1998）。结果，当一家商业银行陷入财务或流动性困境时，政府往往会通过注资、降低资本金等财务标准或要求中央银行发挥最后贷款人的作用，通过发行基础货币来救助有问题的商业银行。2007年，始于美国的次贷危机中政府救助金融机构的现实情况也为上述理论提供了佐证。

除了一般性机制外，商业银行软预算约束的形成还存在不同经济体制下的特殊机制。就我国国有银行而言，软预算约束的表现和形成都具有其特殊性。

二、国有银行的软预算约束问题

事实上，商业银行软预算约束并不是中国等转轨国家面临的特殊经济现象，即便是美国等市场机制极为完善的国家，商业银行也存在软预算约束[①]。不过，由于历史和发展阶段等原因，中国的商业银行尤其是国有商业银行的软预算约束问题较成熟市场经济国家严重。有学者指出，2003年股份制改革前中国国有银行的不良资产已经超过了自有资本，中国国有银行已处于"技术性破产"状态（谢平、焦瑾璞，2002）。自1998年以来，国家为了解决国有银行的问题采取了一系列措施：

1. 1998年8月，财政部发行了30年期的2700亿元特别国债，用于补充国有银行的资本金。

2. 1999年，国家出资400亿元成立了四家资产管理公司，分别接受工行、农行、中行、建行四家国有银行的不良资产。

3. 2000年，中央银行向四家资产管理公司发放的用于收购四家国有银行不良资产的再贷款达5350亿元，成为当年基础货币投放最主要的渠道（李扬、彭兴韵，2001）。

4. 1995年以来，中央银行等通过利率管制，不断扩大商业银行存贷款利差（见表3-5），事实上造成存款者为商业银行提供隐性补贴。据估计，自1995年连续多次降息以来，由于存贷款利差的扩大，存款者向银行提供的补贴已超过1万亿元（彭兴韵，2002）。

以上措施一方面说明了国有银行软预算约束问题的存在，另一方面，也正是软预算约束问题，国家事实上为国有银行提供了一份"保险契约"[②]，在这种"保险契约"下，国家承担了全部（无限）责任（科尔奈，1993）。无论国有银行的状况如何，国家都不会允许其破产，也无法退出。因此，在这种隐

[①] 关于美国法律在银行破产方面的特殊规定和实践及其对商业银行软预算约束影响的讨论见崔之元（1999）。

[②] 国有企业在股份制改革前存在同样的"保险契约"问题，具体分析见张军. 社会主义的政府与企业：从"退出"角度的分析. 经济研究，1994（9）.

性担保下，国有银行的"道德风险"问题在所难免。于是，数次的注资和不良资产的核销便成为"免费的晚餐"而为国有银行笑纳，但几乎没有实质性的成效。

表3-5 中国一年期存款利率与贷款利率

单位：%

年份	1993	1995	1996	1996	1997	1998	1998	1998	1999	2002
	11/7	1/7	1/5	23/8	23/10	25/3	1/7	7/12	10/6	21/2
存款利率	10.98	10.98	9.18	7.47	5.67	5.22	4.77	3.78	2.25	1.98
贷款利率	10.98	12.06	10.98	10.08	8.64	7.92	6.93	6.39	5.85	5.31
存贷利差	0	1.08	1.70	2.61	2.97	2.70	2.16	2.61	3.60	3.33

资料来源：施华强，彭兴韵.商业银行软预算约束与中国银行业改革.金融研究，2003（10）.

事实上，国有银行的软预算约束问题离不开国有企业。国家既是国有银行的软预算约束支持体[1]，又是国有企业的软预算约束支持体，而国有银行也是国有企业的软预算约束支持体，这样，国有银行扮演着双重角色，既是国家的预算约束体，又是国有企业的软预算约束支持体。在政府对财政控制力量不断弱化，财政作为国有企业软预算约束支持体难以为继的情况下，政府通过对国有银行的控制来向政府偏好的企业和产业提供金融支持。在改革开放以来相当长的一段时间里，国有银行向民营企业发放贷款一直受到严格限制。因此，由于国有银行作为国有企业软预算约束的支持体承担了为国有企业融资的义务，国有银行的问题自然不只是自身的问题，更多的是国家强制其作为国有企业软预算约束支持体的结果。当国有银行出现问题时，国家当然有义务救助[2]。

---

[1] 软预算约束的形成至少有两个主体：即预算约束体和支持体（科尔奈等，2002）。预算约束体是指那些在以自有资源为限的前提下，如果收不抵支，产生赤字，在没有外部救助的情况下不能继续存续的组织；支持体通常是受政府控制的、可以直接转移资源来援助陷入困境的预算约束体的组织。

[2] 例如，1995年5月10日通过（即2003年修订前）的《商业银行法》第四十一条明确规定："经国务院批准的特定贷款项目，国有独资商业银行应当发放贷款，因贷款造成的损失，由国务院采取相应补救措施。"

我们前面讲过，在成熟市场经济国家，商业银行同样存在一般性的软预算约束问题，其产生基本上符合科尔奈（1998）的内生解释，但程度微乎其微。如图3-1所示，由于商业银行是独立的市场主体[①]，信贷活动不受国家干预，不存在政策性贷款，借方同样是独立的市场主体，即使是国有企业[②]，其破产退出机制也可在法律框架内完成，因此，成熟市场经济下"贷方—银行—借方"间的预算约束是对称的硬预算约束。在这种情况下，成熟市场经济国家商业银行（包括国有商业银行）的状况基本上由其自身的经营管理决定。

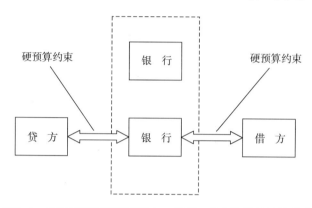

图3-1 成熟市场经济下"贷方—银行—借方"间的预算约束

我们再来看中国的情况。首先，我们来看国有银行和私人贷方间的关系。国家为了维护其信誉及社会稳定，储户的任何合理取款申请国有银行都必须无条件满足，否则，不仅国家的公信力受到影响，而且极有可能造成挤兑等难以收拾的社会灾难。因此，私人贷方对国有银行形成了强有力的硬预算约束。其次，国有银行本来就是支持体制内产出的制度安排，因此，国有银行的贷款菜单里最大限度地排除了私人借方（个人和民营企业等），将大量贷款发放给了国有企业。但由于国家对国有银行和国有企业的软预算约束，国有企业取得低

---

① 这里有必要说明，并不一定只有私有银行才是独立的市场主体，国有银行同样可以是独立的市场主体，这与产权结构无关。

② 如我们在第二章第一节所述，在德国，公共企业出现资金周转问题，由政府提供辅助性资金支持，但不能免除公共企业对银行的债务，银企之间存在预算硬约束机制。

成本的贷款后，往往存在风险偏好而无任何还款激励，同样，国有银行也无视市场竞争的压力和约束而同样存在风险偏好，国有银行对国有企业的贷款便慷慨而不计后果，国有企业不打算还贷，国有银行也不寄希望收回，因为当风险大量积聚而使国有银行面临危机时，国家绝不会坐视不管。在这种情况下，国有银行对国有企业不可能形成硬预算约束（见图3-2）。

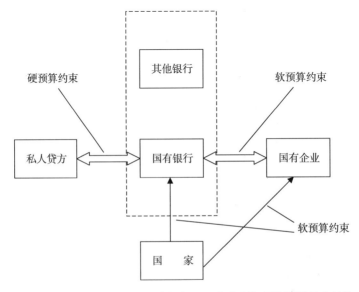

图3-2　中国"私人贷方—国有银行—国有企业"间的预算约束结构

从理论上讲，金融中介的出现是由于它可以用更低的成本进行风险管理，其奥秘在于，它能够最大限度地把风险通过更分散化的借方加以处置，即所谓对风险进行打包和拆分（Merton，1989）。在成熟市场经济下，由于存在对称的硬预算约束，贷方将资金存入银行，将资金风险转移到银行一方，银行则通过将贷款打包和拆分，分散于不同的借方从而实现风险的分散。同时，有效的市场竞争不仅可以降低信息不对称，而且约束银行改善内部运行机制、提高效率，否则将失去优良的贷方客户而导致负债的萎缩。在中国，基于私人贷方与国有银行间的硬约束关系，国有银行必须按时还本付息，这样，私人贷方就将资金的风险转嫁给了国有银行，但国有银行则只能对风险进行打包，因为它在把分散化的私人贷方的风险进行加总之后，却不是在众多的借方之间进行分散，而是贷给国有企业（张杰，2003），因此，大量风险便积聚于国有银行，国有企业的损失也随着时间的推移转变为了国有银行的不良贷款。但问题远不止于此。由于软预算约束问题的存在，国家最终将不得不承担所有的风险和损失，国有银行也深知这一点，一如既往地追求规模而无视效率，这样，最终的风险和损失都顺理成章地转移给了国家。

三、政策性负担[①]：软预算约束的根源

既然国有银行的问题主要在于国有企业和国有银行的软预算约束问题，那么如何硬化预算约束则成为改革的关键。应当指出，改革开放以来，为了硬化预算约束，国家已经进行了一系列的改革，国有企业推行了承包制、股份制、现代企业制度以及对上市公司进行的各种制度设计，1994年成立了三家政策性银行，以求实现政策性金融和商业性金融的分离，去除国有银行的政策性负担，同时，国有银行则进行了不良贷款的剥离、补充资本金以及引入现代商业银行的管理制度和技术。但是，国有企业和国有银行的状况并没有得到根本改善，软预算约束问题依然存在。

（一）国有企业的政策性负担

探究软预算约束问题的根源，对症下药方为根本之策。林毅夫及其合作者（1994、1997、1998、1999a、1999b、2004）在一系列论文和著作中提出了对社会主义计划经济、转型经济和许多发展中国家普遍存在的软预算约束问题与传统观点不同的解释，认为企业软预算约束产生的主要原因不在于所有制本身，而是由于诸种政策性负担的存在。具体来说，中国的国有企业普遍承担着两方面的政策性负担：战略性政策负担和社会性政策负担。战略性政策负担是

---

　　① 本书所称的政策性负担主要是指国有企业和国有银行因受到作为所有者的政府政策或行政命令的影响而承担的经营活动方面的损失和后果。比如，国有银行有时不得不根据国家或各级政府的产业或其他政策目标，将贷款向特定企业或部门倾斜，而贷款接受方在通常商业期限内的预期收益和风险分布情况可能并不符合银行的商业经营目标。

指在传统的赶超战略的影响下，投资于我国不具备比较优势的资本密集型产业或产业区段所形成的负担；社会性政策负担则是指由于国有企业承担过多的冗员和工人福利等社会性职能而形成的负担。这两方面的政策性负担，都是中国推行重工业优先发展战略的内生产物。中国从20世纪50年代开始推行重工业优先发展的战略，而中国是一个资本非常稀缺、劳动力相对富余的经济体，政府想要优先发展的资本密集型的重工业是同中国经济的比较优势相背离的，所以这些企业在开放、竞争的市场环境中缺乏自生能力（林毅夫，2003）。为了实施重工业优先发展的战略，就必然会对经济进行扭曲，人为压低利率、汇率、原材料价格等以降低重工业企业的成本，并且给予市场垄断地位以提高产品价格；但是，当市场化改革开始后，经济中的要素和产品价格逐渐由市场竞争决定，失去了这些补贴和保护以后，重工业企业缺乏自生能力，在开放竞争的市场中无法盈利的问题就由隐性变为显性，这便形成了国有企业的战略性政策负担。另一方面，由于重工业是资本密集型的产业，它能够吸收的就业人口非常少，而中国却是一个劳动力富余的国家，为了解决社会就业问题，政府就会要求国有企业雇佣过多的冗员[①]，并承担起一些企业所不应当承担的社会职能，这就形成了国有企业的社会性政策负担[②]。

政府对企业的政策性负担所造成的亏损负有责无旁贷的责任，政府为了让这些承担着政策性负担的国有企业继续生存，就必然对国有企业进行事前的保护或者补贴。但是，由于信息不对称，政府无法确知政策性负担给企业带来的亏损是多少，也很难分清楚一个企业的亏损是政策性负担造成的还是由于企业自身管理不当或是企业经理人员的道德风险造成的，在激励不相容的情况下，企业经理人员会将各种亏损，包括政策性负担形成的亏损和道德风险、管理不当等造成的亏损都归咎于政策性负担，在政府无法分清楚这两种亏损的差别，

---

① 比如，河南民营的钢铁企业海鑫集团年产钢200多万吨，企业职工4000多人，而国有钢铁企业包钢年产钢500多万吨，企业职工却高达12万人（《财经》，2003年第15期，第104页）。

② 许多大型的国有企业同时承担了战略性政策负担和社会性政策负担，但是许多劳动密集型产业的国有企业只承担了社会性政策负担。

而又不能推脱对政策性负担所造成亏损的责任时，就只好把企业所有亏损的责任都负担起来，在企业的亏损形成后又给予事后的补贴，因此形成了企业的预算软约束。由于事后的保护或者补贴的可能性的存在，更加重了企业经理人事前的道德风险问题。这样，在信息不对称和激励不相容的情况下，这种由于政策性负担带来的企业的软预算约束，会严重影响国有企业的经营效率和激励机制。

不过，企业承担政策性负担并非中国特有的现象，许多发展中国家的政府为了达到其发展战略目标，对企业施加了一系列的政策干预，结果只好给予政策性补贴、优惠和保护。即使在发达国家，政府为了实现某种目的，也会给企业施加某种政策性负担，例如，英国政府为了增加就业，对煤炭采掘业实施保护。因此，政府对企业的政策性负担承担责任，进行保护和补贴无可厚非，这种软预算约束问题事实上在世界范围内也在一定程度上存在。但问题的要害在于，中国承担政策性负担的国有企业数目庞大、份额较高，几乎掌握着国民经济的命脉，而国家财政在改革过程中的下降致使无法继续对国有企业进行补贴，国家便通过控制国有银行对国有企业进行贷款，于是，形成了国有银行的政策性负担。这也正是同样由政策性负担导致的软预算约束问题在发达国家无足轻重，而在中国却成为了关乎改革成败问题的重要原因。

（二）国有银行的政策性负担

事实上，在现实的经营中，股份制银行、城市商业银行等也受到了不同程度的行政干预，但政策性负担主要由国有银行承担，执行着财政和部分社会职能，隐性的政策性贷款和各级政府及企业主管部门的戴帽贷款和点贷项目仍然占据国有银行贷款增量的大部分，如按信贷计划供应的工业企业技术改造贷款和基本建设投资贷款、支持国有企业脱困、给国有企业职工发放工资贷款、发放安定团结贷款、包饺子贷款等，而维持业已亏损的国有企业继续生存是国有银行承担政策性业务的一个重要方面，这些政策性贷款大部分转化成了国有银行的不良贷款。仅有账可查的1997—2000年国有企业改制，就由银行核销呆坏账1829亿元，四大国有商业银行发放的特定贷款中形成的不良贷款损失，也达到3233亿元，受社会信用环境的影响，不少企业逃废债，也使得大量银行贷款本息悬空。根据周小川的统计推断，"在国有银行的不良贷款中，约30%的不良贷款是由于受到各级政府干预，包括中央和地方政府的干预所导致；约30%的不良贷款是对国有企业的信贷支持所形成的；约10%的不良贷款是由于国内法律环境不到位、法制观念薄弱以及一些地区执法力度较弱所致；约10%的不良贷款是政府通过关停并转部分企业进行产业结构调整所形成的。总的来看，仅有20%的不良贷款是由于国有银行自身信贷经营不善所造成的。"

同样，由于政策性负担及由此导致的软预算约束问题，加重了国有银行的委托代理和激励机制问题。国有银行承担了政策性负担后，银行经营者的努力随之也会分为两种：一种是用于经营活动，为银行带来经济收益的经营性努力；另一种则是银行经营者为上级部门实现政治性目标而进行的活动，为非经营努力，它本身不能给银行带来效益。由于国有银行承担了政策性负担，经营者的经营性努力会降低，更多地把精力放在游说和建立人际关系这类非生产性活动上，完成政府所交代的政策性任务，甚至不惜以损害银行的利益来维护自己的控制权，使银行偏离利润目标。另一方面，由于信息不对称，国家既无法观测经营者的经营性努力程度，也无法区分经营性不良资产和政策性不良资产，只能全部承担，这就进一步加重了国有银行的道德风险。而经营者往往可以从非经营性努力中获益。在这种情况下，国有银行不可能形成有效的激励约束机制。

因此，由于政策性负担的存在，国有银行不可能按照利润最大化的决策目标、风险最小化的约束条件开展业务，而是选择"高风险—低经济收益—高社会效益"组合，将很大一部分贷款按照政策要求投向了国有企业或公共项目。比如，同样是高速公路建设，股份制银行会争夺东部发达地区、车流量大的项目；而中西部车流量小、现金流小的项目则成为国有银行支持的对象。由于国有企业在改革过程中经营绩效的恶化，国有银行对国有企业的贷款大部分转化为不良资产。由于信息不对称，国家没有合适的方法区分国有银行的政策性不良资产和商业性不良资产，国有银行也很容易产生道德风险，用政策性不良资产掩盖商业性不良资产，因此，国家只有对国有银行全部的不良资产承担责任，导致了国有银行的软预算约束问题。

经过上述分析，国有企业政策性负担的存在导致了国有企业的软预算约束，国家必须承担责任，而在改革过程中国家财政能力的下降致使国家不得不通过国有银行贷款对国有企业进行补贴（以及承担其他社会性责任），致使国有银行承担了大量政策性负担，导致了国有银行的软预算约束。因此，国有银行软预算约束的根源在于政策性负担，国有银行问题的关键也在于政策性负担。因此，这一时期的国有银行商业化改革无法达到预期的目的也就不足为奇了。事实上，至2002年末，国有独资商业银行的状况依然恶化，面对国内外的政治和经济压力，新一轮的改革迫在眉睫。自2003年开始，以国有独资商业银行股份制改革为标志的银行业市场化改革拉开序幕。

第四章　商业银行市场化改革①：
　　　存量调整与增量改革

　　回顾我国渐进式改革历程，"双轨制"是主要特征之一。国家在保持国有经济增长的基础上，逐步放松国家垄断，使新兴部门不断进入，而新兴部门的进入创造了竞争，竞争的压力反过来促进国有部门改革，形成了经济运行的良性循环。这种以增量改革为特征的渐进式改革同样适合于解释2003年之前我国银行体制改革与变迁的过程。中国银行业的改革从力图改善国家专业银行的经营绩效开始，改革过程并没有对其进行一步到位的产权改革，而是在原有的国有银行体系外建立新的股份制商业银行、外资银行等"增量"，使其成为新的金融成长点。同时，国有商业银行仍然经营政策性业务，承担渐进式改革的成本，保证渐进式转轨的平稳进行和宏观环境的稳定。当然，这种"增量"改革的方式难以根本改善国有商业银行的状况，正如上一章的分析，由于国有银行和国有企业的政策性负担以及由此导致的软预算约束问题，前期的国有银行商业化改革没有收到预期的成效，国有商业银行的状况依然堪忧。

　　随着2001年我国正式加入世界贸易组织后金融完全开放的压力以及国家偏好的改变，我国新一轮的商业银行改革提上日程并很快推进。从2003年开始，国家选择了市场化改革的方式，存量调整和增量改革齐头并进的商业银行市场化改革全面推开。在存量方面，为破除政策性负担，触动国有商业银行产权结构的股份制改革拉开序幕；增量方面，通过进一步丰富市场主体，强化市场竞争，优化银行业结构，反过来促进存量调整从而推动建立市场化的现代商业银行制度和体系。

①　关于我国商业银行市场化改革，有的研究文献在时间上将1979年以来我国银行业改革发展的整个历程均归为商业银行市场化改革，笔者认为这是一种广义的商业银行市场化改革界定。延续之前的分析逻辑，本章认为，以国有商业银行股份制改革为标志，2003年开始为我国商业银行市场化改革阶段（之前为商业化改革）。

第一节　市场化改革：一般性说明

一、市场经济制度

要讨论市场化改革，我们首先来了解并不陌生的市场经济制度。从理论上讲，私有制、分散决策和价格机制"三位一体"是西方经济学对市场经济制度的一般认识，其中价格机制的自发作用能够实现整个经济体系的一般均衡，构成了西方经济学的核心定律——均衡价格决定定律，又称"瓦尔拉斯定律"。20世纪50年代，阿罗（Arrow）和德布鲁（Deberu）对一般均衡的存在给出了形式化和公理化的证明，确定了一般均衡分析的标准框架，即"阿罗—德布鲁定律"，从此把价格机制等同于市场经济，成为西方经济学教科书中的信条。在社会主义国家向市场经济转变过程中，国外转轨经济学家所推销给苏联、东欧等原社会主义国家的转轨策略，就是改革一步到位、价格全面放开的"休克疗法"。法国历史学家布罗代尔（Braudel）1976年就曾提出："我所抱憾的是，在资本主义世界如同在社会主义世界一样，人们拒不区分资本主义和市场经济。"在他看来，资本主义与市场经济不可混为一谈。但把二者混为一谈，恰恰是转轨和转型研究中国外主要文献的一贯思路，并深刻地影响着国内的理论走向。国内理论界对市场经济和社会制度关系的正确认识，始自邓小平同志的"两个不等于"谈话，这为中国的市场经济改革打开了前进之门。但是，市场经济制度的内涵却远不止如此。中国经济阶段式转型成功证明：市场经济制度不仅仅是以均衡价格决定的价格机制为内容，还存在层次性的制度安排。从制度安排的角度看，市场经济制度可以分为微观、中观和宏观三大层次（张建君，2007）。

微观上看，市场经济主要表现为价格机制、市场体系、市场规范三个层次。价格机制处于市场运行机制最核心的层次，是社会资源市场化配置的核心机制。价格机制发挥作用的基础是价值规律，它揭示了价格形成的内在本质的规律性。从经济现象考察价格的形成，比较直观的现象是供求双方的竞争决定价格。竞争越充分，价格越合理，资源配置越有效率。市场体系是围绕价格机制这个核心所形成的各类商品和服务交易的渠道，虽然价格机制是市场体系的核心，但市场体系的成熟往往并不与价格机制形成同步，而取决于经济发达的程度和经济结构的合理性。所以，价格机制的完善与否受市场体系完善程度的影响，但二者可以存在于不同步的发展进程中。价格机制是市场体系的灵魂和血脉，但没有完备的市场体系，价格机制的作用容易扭曲，不过却仍可以发挥资源配置的功能。价格机制和市场体系是动力和系统的关系，它们共同构成市场运行机制的基本框架。最后，为了有效地发展价格机制和市场体系，还必须确立维护这个系统的市场规范监管体系，规范市场交易秩序的法规监管制度，构成了市场运行机制最外围的微观层次制度安排——市场规范。

中观层次上，市场经济存在市场运行机制、企业组织形式和社会行业部门管理形式三个层次问题。价格机制、市场体系和市场规范共同构成的市场运行机制，作为社会资源的配置方式，是经济体制的核心性制度安排。一旦市场决定价格的机制建立起来，市场运行机制就能够发挥配置社会资源的作用。企业组织形式是中观层次制度安排的关键内容。市场运行机制效率的发挥并不完全取决于价格机制，而是决定于企业组织形式。作为取代价格机制的企业，其核心就是建立以成本和预算约束为中心的经营机制，在所有权和经营权分离的条件下能够有效地解决激励机制和约束机制的统一问题。可以说，这种企业组织形式尽管在内部是对价格机制的取代，但在外部则完全受价格机制作用的引导，以更高的效益为导向。例如，公司制就是在此基础上适应市场运行机制不断演进的现代企业组织形式。不过，建立规范的现代企业制度，还受制于第三个层次——市场运行机制外在制度框架即社会行业部门管理形式的束缚，它决定着建立的企业组织形式是否能够发挥效率。这就要求社会行业部门的管理形式是松散的协会化、市场化组织，而不能是隶属于政府机关的行政化组织，是服务于企业而不是管理企业的机构。企业应该成为自主经营、自负盈亏、自我约束和自我发展的独立市场主体；相比较市场的自发性，企业则具有更为严格的组织和计划特征。当然，企业的发展趋势是容易形成市场的垄断力量，在成熟的市场经济中，通过立法解决企业的垄断现象是保证有效竞争必不可少的制度安排。一般而言，国有经济的垄断比私有经济的垄断更有益于社会总体福利水平的提高和改善。因此，转型国家市场发育在中观层次所要解决的核心问题，就是建立适应市场运行机制的企业组织形式。忽视规范的企业组织形式的建立而热衷于产权改革，只是在市场经济中观层次问题的解决上迈出了所有制结构调整的步子，但有活力的企业来自适应市场运行机制的企业组织形式创新，有效率的市场运行机制最终来自企业的活力和竞争力。

宏观层次上，第一个层次是以经济运行机制为核心的经济体制的确立。它涉及所有制结构的调整、市场经济和政府职能的界定、国际市场等问题；它决定将建立起什么样的经济体制，是否有效率。宏观层次上考虑经济运行机制的核心在于市场经济和政府职能的界定，理论和实践已经证明存在"市场失灵"，市场不能自我管制，经济周期性的波动、企业垄断化的发展趋势以及竞争加剧会导致社会生活两极分化等现实问题，必须有外部的力量加以干预和限制，客观上要求强化政府的宏观调控职能。当然，政府职能和市场经济的界限在于，政府的宏观调控是总量调控和间接调控，并不直接干预市场运行机制。第二个层次是市场经济制度的宪政性法律制度安排。这是确立与社会制度要求相适应的经济体制的关键性制度安排，它决定建立的经济体制是否公正、有序，是否能够体现社会制度的理念。第三个层次是市场经济社会秩序的形成，即社会成员在心理、行为、习惯、道德和观念等社会生活方面的态度形成，关系到社会经济生活的稳定性问题。这些内容似乎无关痛痒且形成最为缓慢，一旦形成便很难改变。它完全取决于社会对经济体制的认识，特别是对市场运行机制的认识，并且受宪政性法律制度安排的影响和引导，但作为社会秩序内核的社会心理、行为、习惯、道德和观念的成熟程度，在某种意义上反映了市场经济的成熟程度，并且是最终推动市场经济和社会制度发展、演变的重要力量。

因此，市场经济制度是一个复杂系统，存在着微观、中观和宏观层次性的制度安排，这种层次性安排既具有相对的独立性，又具有宏观层次社会制度创新的可能性。一个国家的市场经济制度是否先进或有效，则取决于每一层次内在的逻辑发展以及各层次间是否有效结合。

二、市场化改革的基本理论

通俗地讲，市场化改革是要建立一个以市场运作为基础的资源配置与经济激励的机制和体系，对转轨经济国家来说，也就是由计划经济转变为市场经济制度。市场化是一个动态的过程，是资源调节机制的变革过程，是体制的转轨过程。市场化改革对于从计划经济向市场经济转变的国家或者说转轨经济国家来说意义重大，也确实成为了这些国家改革的方向。

市场化理论是发展经济学研究的一个重要课题。20世纪60年代中期以后，一些新古典主义者主张用古典经济学的观点和方法研究经济发展问题，并在与结构主义的争论中逐渐占据上风，从而出现了发展经济学中"新古典主义的复兴"。新古典主义经济发展理论认为市场价格机制能对经济发展做出有益的自动调节。在新古典主义者看来，发展中国家只要排除了行政干预，由市场引导的资源合理配置就能实现，持续的经济增长也将出现。这种看法实际上暗含着一个前提，即存在着一个发达的市场，但这种发达的市场在发展中国家并不存在。发展中国家的市场发育程度虽不尽相同，甚至差异颇大，但都存在着市场经济不发达和不完善的情况，其主要表现是市场主体发育不充分，市场体系不健全，交易规则不完善，市场服务体系薄弱。在这种情况下，发展中国家的市场经济由不发达而趋于发达，势必要经历一个过程。而不把发展中国家市场经济的发展视为一个动态过程，其中应包含有意识地培育市场的措施，正是新古典主义经济发展理论的一个致命缺陷。20世纪80年代以后逐渐兴盛的新制度经济学，对于分析发展中国家的市场化问题有较大的启发意义。新制度经济学舍弃了新古典经济学中制度因素为外生给定的假定，把关于产权结构、交易成本、不完全信息、有限理性等的分析纳入新古典经济学的框架之中，分析了制度安排和制度选择对经济活动的影响。新制度经济学还把市场当做使个人排列其消费偏好和自由追求这些偏好的能力达到最大化的一种制度安排，探讨了市场经济的制度前提，如法律和秩序、货币、财产法和财产权、合同法、支配交换的法律、公共物品的提供、公共领域转移到私人手中的法规、人力资本的提供和控制、分担风险等方面的问题。然而，新制度经济学对市场制度起源及其形成和发展中的一些问题解释得还不够清楚，而且其理论成果主要是从西方发达国家的历史经验中提炼出来的，这使它难以直接说明发展中国家市场化中的诸多问题。如何把新制度经济学中的观点和方法与关于发展中国家市场化的分析结合起来，仍是一个有待解决的问题。

关于市场化的含义，不少著述把市场化定义为从计划（管制）经济到市场经济的转化过程。实际上，对许多国家来说，即使计划或政府管制取消之后，传统的习惯或观念也仍在发挥作用，市场机制的作用仍受到限制。从广义上说，市场化是一个由传统、习俗、命令（计划）配置资源向市场配置资源的转化过程，这一过程贯穿于经济发展过程的始终，是发展经济学的一条重要线索。希克斯在《经济史理论》一书中，将传统经济称为习俗经济或命令经济，或是两种程度不同的混合物，即在这种社会经济形式中，资源配置是依靠习惯，或依靠命令，或两种因素兼而有之；而现代经济则是市场经济。希克斯所说的从习俗经济、命令经济到市场经济，即我们所说的广义的市场化过程。从这个意义上来理解和运用市场化概念，有助于克服理论界头痛医头、脚痛医脚的毛病，有利于从较深的层次上揭示发展中国家市场化的制约因素，探寻发展中国家市场化的对策。

关于市场化改革，国外的研究，早期源自对市场化转型方式及其绩效的不同理论主张；后期则更加关注从计划经济转向市场经济体制有没有"最优次序"的学术探讨。早在1990年苏联解体的前后，麦金农就从金融控制的角度明确提出了经济市场化有一个"最优"的次序问题，而且这种次序也因其初始条件而有所不同。他明确提出，财政政策、货币政策和外汇政策如何排次序的问题是极其重要的。政府不能也不应该同时实行所有市场化措施。显然，按照麦金农经济市场化"最优"次序的理论，休克疗法的激进市场化策略是完全错误的。但当时麦金农的"最优"次序理论并没有引起广泛的关注，直到激进主义的改革措施不但没有实现经济迅速的稳定和发展，反而引发了俄罗斯恶性通货膨胀和严重的经济衰退，国际转型经济学家才从激进主义与渐进主义转型方式的优劣比较中把"最优"次序的问题纳入了转型经济学的研究框架。转型经济学家德瓦特里庞（Dewaatripont）和热诺尔·罗兰（Roland）的研究非常具有代表性。热诺尔·罗兰的结论是，在改革不确定的情况下，一切取决于改革的顺序。他特别强调三件事情对正确的改革次序是重要的，第一，信息特性；第二，次序应当使改革过程事前是可接受的；第三，次序应当把进一步聚集改革的支持者和动力并满足事后政治约束作为目标。这种研究最大的好处就是能够模型化地说明改革次序的先后。

与国际研究并不完全相同，国内的研究更为关注中国经济转型的次序性问题或者层次性研究。例如，洪银兴既强调"转型的次序"问题，又专门研究了"中国经济转型的层次性"问题，认为经济转型涉及经济体制的转型、增长方式的转型以及工业化路径转型三个层次。周冰对改革次序持否定意见，他认为对改革进行设计和计划在逻辑上是不能成立的，改革次序安排问题的实质，是一个在不确定条件下如何进行决策，才能达到缓和改革中利益矛盾与冲突，减少阻力，控制风险，以防止宪法性秩序崩溃，实现体制平滑转型的问题。

从上一部分所述市场经济制度的层次性来看，市场经济从微观、中观到宏观都存在层次性的制度安排，这基本上构成了市场化改革的逻辑线索。逻辑主线是市场运行机制的培育，改革的重点则依次是微观价格机制的形成、中观企业制度的规范、宏观经济体制的完善三个阶段，这可以看做是市场化改革的基本次序。结合不同的实践可以有不同的微调，但无论是渐进主义道路，还是激进主义道路，都没有脱离这个基本的发展脉络，这是由市场经济的本质特征所决定的。首先，以价格机制为核心的微观市场运行机制是实现社会资源配置方式转型的关键。有了市场化的价格形成机制和各种配套的市场体系，就能够实现微观经济制度的根本性转变。这是建立市场经济微观运行机制的阶段。其次，中观层次企业组织形式的市场化创新，是培育市场效率和市场主体的关键。产权结构多元化的公司制企业保证了市场运行机制的竞争效率，这是建立市场经济中观运行机制的阶段。最后，宏观市场经济体制的进一步确立和宪政性法律制度安排的结合，为以市场运行机制为核心的国民经济框架形成和社会制度创新确立了规范和秩序，使得社会转型能够稳步推进。这是建立市场经济宏观经济运行体制的完善阶段。

另外，发展中国家市场化的进程如何，还取决于经济、政治、社会等各方面的条件。从经济方面来看，能否通过运输、营销、信用和信息网络等的改进来提高生产率，直接关系到市场发展的范围和程度；从政治方面看，能否建立起发展导向作用的自律的政府、强大的国家政治体系及有效的组织机构和官僚队伍，形成政府与民间良性的互动关系，对于市场化进程有十分重要的影响；从社会方面看，市场取向改革要求人们的动机、态度、经验等发生深刻变化，因而，能否在社会结构和文化状况上作出相应的变革和调整，形成对改革的自下而上的需求，对市场的发育和发展来说也是至关重要的。

三、商业银行市场化改革

（一）基本含义

具体到每一项制度而言，市场化改革又有具体的含义。比如，金融市场化是整个经济市场化改革的重要内容和重要条件，接近于西方理论中的"金融深化"；在金融深化经济中，金融资产品种增加，期限种类增多，其与国民收入之比或与有形物质财富之比上升，金融体系的规模扩大、机构增加、职能专业化；利率作为资金的价格更能准确地反映供求等。商业银行市场化是指通过科学的决策和战略管理，在完善的市场化企业法人治理环境中，树立市场化的企业意识，建立市场化的运作机制和方法，实现协调、稳健、高质量的可持续发展。通俗地讲，就是银行业的运行从主要由政府管制转变为由市场力量决定的过程。

根据前述的分析，一般意义的市场化改革可分为微观、中观、宏观三个层次。延续这一逻辑，广义上讲，商业银行市场化改革也存在微观、中观、宏观三个层次的改革。首先，利率是资金的价格，对于商业银行乃至整个金融体系来说发挥着重要作用，是金融市场有效运行和实现资金有效配置的关键，因此，在微观层面，利率市场化改革是商业银行市场化改革的重要部分。在利率市场化条件下，银行根据市场的供需自主定价、决定利率，利率真正成为重要的资金供求指标，实现资金的合理配置，流向最需要、最有效的领域。其次，在中观层次上，重点是商业银行企业组织形式的市场化改革，使其成为真正的有效率的市场主体，在价值规律、供求规律、竞争规律等市场经济基本规律的作用下完成资金等资源优化配置的过程，其特征表现为资产优质、资本充足、组织结构严密科学、产权清晰、公司治理完善、内部控制制度健全等，即通常所说的建立现代商业银行制度。进一步讲，如何形成市场化的银行业体系和结构、强化市场竞争也是中观层次上改革的重要内容。最后，在宏观层次上，有关商业银行运营和监管的一系列法规、政策、制度等是影响商业银行市场化的重要内容和条件。例如，宏观调控政策、货币政策调控机制是否符合市场经济制度规律；监管政策是否有利于商业银行产品服务的市场化和参与市场化，即政府是否解除对银行开办开发各种新的金融业务和工具的管制，允许银行根据市场的要求开发各种新的金融产品，通过创新提高银行的核心竞争力，提高经营效率；是否放宽或解除各类资本进入银行、银行和其他类型金融机构之间业务交流和银行机构设置的地区性等方面的限制，由银行（包括其他金融机构）根据市场要求自主决定参与者，等等。

（二）市场化改革的主要动因

从世界范围看，大多转轨经济国家在进行市场化改革的进程中，都推进了商业银行（尤其是国有银行）的市场化改革。主要动因有以下两个方面：

1. 国有银行的经营绩效和预期相去甚远。有关研究结果显示，银行国有制的益处不明显，而负面影响却不少，这就部分解释了为什么这么多国家都在进行国有银行的市场化改革。

2. 金融体制发育对一国经济增长具有长期的促进作用。国有银行经营绩效差是各国进行银行市场化改革的一个原因，但更根本的原因是，各国政府都认识到了一国金融体制的高效、稳定对该国经济增长意义重大。Rajan和Zingales（1998）的实证研究表明，金融发展通过降低企业的外部融资成本从而促进了经济的增长，Levine和Zervos（1998）的研究也表明银行的经营效率对一个国家经济发展至关重要的作用，并且说明银行的服务与证券市场提供的服务完全不同。其他一些文献也从不同角度论证了金融体制发展对持续经济增长的重要作用。于是，在发展中国家以银行为主导的金融体制下，如何对国有银行进行市场化改革具有重要意义。

（三）市场化改革的方式与成效

市场化改革对银行经营绩效改善的实际效果。理论分析认为，银行市场化可以减少政府干预，特别是可以减少出于政治目的的项目融资，减少为低效率的国有企业融资，因此可以提高经营绩效。实证研究也表明，大部分国家的银行在市场化以后经营绩效都得到了不同程度的改善。需要说明的是，在不同国家，衡量商业银行经营状况改善的指标变化有所差异。具体而言，市场化以后，衡量利润的指标大多有所改善，但衡量成本的指标改善不明显。这与各国在银行市场化过程中，限制短期内大幅度裁减人员的规定有关，同时市场化带来的一些新技术新设备的效益在当期或近期也无法体现。

政府继续持有银行股份对其经营绩效的影响。在完善的金融体制中，政府作用只限于规则的制定与执行。政府继续持有市场化后银行的股份时，银行经营绩效改善不明显。在银行市场化改革过程中，一些发展中国家政府依然试图对已经市场化的银行保持有效控制。但实践表明，政府的控制企图及控制行为对银行绩效改善会产生不良影响。最终，不得不进行第二轮市场化改革。

银行市场化改革的不同方式对银行经营绩效的影响。总结各国进行银行市场化的具体方法，大致可归纳为三种：一是资产销售。也就是通常所说的引入战略投资者，即政府通过拍卖直接向私有机构出售银行一部分或全部股份。二是股份发行。即在资本市场上把银行的资产净额划分为等额股份出售给个人投资者和机构投资者。三是政府向本国公民无偿或代价极低地发行市场化券。该方法主要被前苏联和东欧的转轨国家所采用。它与发行股份类似，也向社会公众发行股份，区别在于市场化券是政府以极低的价格发行或无偿发行的凭证，私人依该凭证而持有银行的股份。对于国有银行市场化的实证研究也表明，引入战略投资者对银行经营绩效的提高有显著作用，大多经营绩效改进比较显著的案例也都是采用把国有银行资产出售给战略投资者的方法。而通过发行公开股份的银行经营绩效改善不是很明显。而发达国家银行市场化大都采取公开发行股份的方法，银行经营绩效改善也比较明显（Verbrugge Megginson和Owens，1999；Braz，1999；Otchere和Chan，2003），这大概得益于发达国家健全的市场经济体制。因此，在资本市场、公司治理等方面金融体制不完善的情况下，与引入战略投资者相比，国有银行市场化改革采取公开发行股份的方式其收益并不明显。

竞争性的银行生态环境对银行经营绩效的影响。哈耶克认为，竞争是型构自发耦合秩序的必要条件，竞争对于秩序中效率的提高是至关重要的。银行业是经营货币的特殊行业。Akerlof和Romer（1993）认为，在一国的金融监管体制不健全以及政府提供存款保险制度的前提下，银行的竞争会导致更大的风险，从而危害国民经济的健康发展。鉴于此，部分经济学家和一些发展中国家政府认为在进行银行市场化改革过程中不应鼓励银行业的激烈竞争，因此实行了银行业的高门槛准入制度。但实证研究表明，设置银行业的行业进入门槛，并不能解决以上问题。相反，银行业的稳定和发展与限制行业竞争的措施显著负相关（Barth等，2001；Beck等，2003a,b）。理论界普遍认为，对银行之间竞争的评价以及竞争程度对银行经营绩效影响的评价困难重重。只有很少学者提供证据表明，银行的市场化会加剧银行业的竞争。Chen、Li和Moshirian发现中银香港上市的消息宣布与香港其他金融机构的股价下跌相关联。这表明竞争者的股东认为中银香港的上市将会加剧行业的竞争，从而股价下跌。

四、我国商业银行市场化改革的背景

2000年前后，世界经济金融形势跌宕起伏。之前发生了亚洲金融危机，很多国家遭受重创，我国虽受影响不大，但暴露出了很多问题。进入21世纪，经济金融全球化快速发展，世界经济迎来了新的增长格局；我国成功加入世界贸易组织，面临着新的发展机遇和挑战。在这种背景下，鉴于我国商业银行当时的状况，金融体系改革尤其是银行体系的改革已迫在眉睫。

（一）金融一体化

20世纪80年代末90年代初以来，世界经济中出现了经济全球化的趋势。经济全球化是指生产要素在全球范围内的自由流动和合理配置，逐渐消除各种壁垒和阻碍，使国家间的经济关联性和依存性不断增强；经济资源日益在全球范围内自主的、全面的、大量的结合流动，使得世界各国经济日益相互联合，各国经济发展与外部世界经济的变动愈益相互影响和制约。经济全球化发展对金融业的直接影响是带来了世界金融一体化。

金融一体化是指一国的金融活动跨出了国界，日益与国际间各国的金融融合在一起，包括金融机构、金融市场、金融工具、金融资产与收益的国际化，以及金融立法和交易习惯与国际惯例一致的过程和状态。金融国际化对一国的经济和金融业的发展具有极其重要的意义。一方面，金融一体化通过全球范围内金融资源的优化配置，可以改善一国金融业的经营环境，提高金融业务效率，并且加速国内金融机构和国外金融机构的合作与竞争，加速国内金融业的结构调整和制度完善。另一方面，金融一体化带来了巨额的国际游资，其为追逐高利润在全球范围内迅速地流动，加大了金融风险。而且，一个开放的金融市场必然会降低一国国内宏观金融货币政策的实施效果，由此带来一国国内金融风险的增加。因此，世界金融一体化和全球化对世界各国金融业的发展都是机遇和挑战并存。在金融一体化的大背景下，在参与国际合作与竞争中，如何提高抵御国际金融风险的能力，维护国家稳定的金融环境，是发达国家特别是发展中国家急需解决的严峻问题。20世纪90年代频繁发生的金融危机反复证明，如果一国在防范金融风险上认识不足或处理不当就会威胁到自身金融经济的安全乃至国家的安全。而一国的金融危机还会演变成经济危机、政治危机，甚至成为世界范围的金融危机、经济危机。

（二）加入世界贸易组织对商业银行的挑战

加入世界贸易组织以后，随着时间的推移，将有越来越多的外资金融机构进入我国金融市场，这些金融机构将以优质的服务、先进的技术、科学的管理、多样化的产品和服务参与到我国金融市场竞争中来。一方面，将增加金融市场的参与者以打破我国金融市场的垄断和非均衡，使得金融市场上的竞争更加激烈、更加充分，从而加速金融资源的流动，提高金融资源的配置效率；另一方面，将向国内金融市场需求者提供更多的、更有效的市场供给，以更好地满足金融市场的需求，在一定程度上缓和我国资金供求的矛盾。

尽管我国的金融体制改革取得了一些成效，市场机制已开始对金融资源起基础性的调节和配置作用，金融机构的经营技术、管理水平、业务品种、服务质量已经有了很大程度的改善，但是，由于我国金融体制改革的时间晚、起点低，市场化程度并不充分，而外资金融机构经过几十年的资本积累，有雄厚的资金、灵活的经营机制、完善的公司治理、健全的内部控制、先进的风险管理技术，在竞争中，国内的金融机构会在总体上处于弱势地位。因此，中国银行业必须尽快抓住2006年前过渡期的机会，推进改革，提高竞争力，应对加入世界贸易组织后金融业对外开放的挑战。

（三）中国经济的持续增长需要一个高效率的银行体系的支撑

改革开放以来，中国在经济增长方面取得了很大的成就，截至2002年的平均增长率达到9%以上。但是，正如前面的分析，由于中国的银行体系（尤其是国有银行）承担了中国经济转轨中的巨大成本，同时也由于银行体系的低效率，使得中国的银行体系在转轨过程中积累了大量的不良资产，其风险状况对于整个经济的影响十分显著，成为金融体系稳定的潜在威胁和中国经济增长的障碍之一。从当时的情况看，下一阶段中国的经济增长对于金融服务的需求更为强劲，如果不对银行体系进行全面的市场化改革，就有可能为中国下一步的改革累积新的不良资产包袱。

因此，国家之所以选择商业银行市场化改革，与当时的背景是分不开的。市场化改革的方向确定后，剩下的便是具体的改革操作方式，当然，改革首先要从金融体系的重中之重也是难题的国有商业银行开始。

第二节 国有商业银行股份制改革的逻辑

尽管在2003年前后关于国有商业银行的改革方式存在多种观点和争议，国有商业银行的市场化改革最终选择了股份制改革的方式。2002年，第二次全国金融工作会议明确国有商业银行的改革是按照现代金融企业制度的要求进行股份制改造，确定了"财务重组—公司治理改革—资本市场上市"三个改革步骤，力求把国有银行改造成为资本充足、内控严密、运营安全、服务和效益良好并且具有国际竞争力的现代化股份制商业银行。国有商业银行新一轮改革的方式和步骤就此确定，并旋即推开。本节首先对有关国有商业银行改革的主要观点进行一个简要综述，随后重点对与股份制改革有关的产权结构①、治理结构与银行绩效的关系进行分析，最后探究国有商业银行股份制改革的逻辑。

一、关于国有独资商业银行改革的争论和观点

在2003年国有独资商业银行股份制改革前后，国有银行改革问题一直是各方关注的焦点，各方从制度层面和技术层面，交织着宏观和微观多重视角展开研究和讨论，形成了各种观点，也存在一些争论。比较主要的有产权改革观、市场结构观、公司治理改革观、引进外资观等观点和改革思路。

（一）产权改革观

作为新制度经济学在国有银行改革中的应用，产权经济学以及由此扩展的国有银行产权改革的研究成果不断涌现。产权改革观以产权理论为基础，认为国有银行的改革应以产权改革为突破口，强调产权多元化是改革的起点，应当成为完善公司治理结构的基础，包括国有产权退出，引进民间资本、海外资本，境内外资本市场上市等，以及派生出的给国有银行补充资本金、执行巴塞

---

① 在国有商业银行股份制改革前后，争议的重点便是产权结构与银行绩效的关系，即单一国有产权是否是国有商业银行低效率的原因，股份制改革（产权结构调整）是否有效，是否能够解决国有商业银行存在的问题。

尔协议、国有银行公司治理结构的建立等，其核心思想是认为国有银行产权关系不清晰是造成国有银行效率低下的原因，希望通过产权改革厘清政府与国有银行的关系，至少使二者之间的联系"硬"化，希望通过这些改革措施使国有银行转变为市场经济体制下的商业银行。产权改革观以及由此引致的关于国有商业银行股份制改革的研究占据了国有银行改革研究的重要地位。

　　曾康霖（1997）较早提出对国有商业银行的产权制度进行改革，随后他在《商业银行：选择何种产权制度》（2000）一文中对独资制、民营制与国有制的产权结构形式进行了精辟分析，主张国有商业银行的改革走"公司制"道路，其核心观点是：落实谁是所有者，让所有者到位，不能让所有者虚置。林建华（1999）认为，四大国有商业银行的资本结构仍然是国有独资，国家是唯一的产权主体，产权主体单一的弊端显而易见：一是导致银行资本实力不足，风险增加；二是导致经营管理效率低下；三是产权的单一性和国有性联系在一起，容易形成债务软约束。易纲、赵先信（2001）认为，重要的是产权而不是规模经济和范围经济，只有存在多元化的股权结构和以明晰产权为基础的现代公司治理结构和激励制度，中国银行业才能过渡到以投资收益为最终目的、以制度创新为依托手段的竞争阶段。谢平（2002）研究发现，工行、农行、中行、建行四大银行在中国是典型的寡头垄断，它们同属于一个"父亲"，它们的竞争是兄弟之间的竞争，而兄弟竞争按经济学的解释是不会在价格上竞争的，也不会在利润上竞争，矛头直指国有商业银行的产权制度。李扬、黄金老（2002）认为依靠增加激励的商业化改革已经走到了尽头，必须对国有银行进行产权改革，提出了国有银行产权多元化的建议，并试图论证国有银行股份制改革的可行性。刘伟、黄桂田（2002）对运用SCP（结构—行为—绩效）框架及其从行业结构的角度揭示中国银行业主要问题的思路及提炼出的政策含义提出了批评，认为中国银行业保持一定程度的集中率是符合国际银行业发展趋势的，中国银行业的主要问题是国有银行产权结构单一，而不是行业集中问题，要坚决地进行国有商业银行的产权改革。吴敬琏（2002）认为，国有银行商业化经营和公司化不合并进行，实行整体上市，但企业改制优先于上市融资；为了实现企业制度的实质性转变，应当在组建股份制有限公司时吸收有足够分量的中外资民间企业、机构投资者和个人参股，在股权多元化的基础上完善公司治理结构。刘晓辉、张璟（2005）认为，基于国家所有的独特的产权制度安排是我国银行业"强垄断"结构与"弱竞争"行为的根本原因，国有商业银行改革的逻辑起点与关键在于破除国有商业银行独特的产权制度安排。

一些学者进而从产权改革角度对国有商业银行的股份制改革进行了研究，认为股份制改革可以解决国有商业银行的产权制度问题，并对股权改革方案提出了建议。丁宁宁（1999）指出，国有独资商业银行还不是真正的商业银行，真正的商业银行是在合法经营基础上追求利润的金融企业，而不是执行政府经济政策的工具；真正的商业银行是有限责任的股份公司，而不是特殊类型的政府独资企业。他认为，国有银行只要有一小部分股票上市，就会大大增加商业银行的性质。邱兆祥（2002）、戴根有（2001）、马德伦（2001）等研究认为，尽管世界各国银行有不同的发展模式，但在产权结构上实行股份制则是世界性大银行的共同选择，国有商业银行的产权结构急需多元化。王煦逸（2003）运用产权理论，根据商业银行提供的金融产品特性和商业银行经营过程中存在的外部性指出了我国商业银行股份制改造的必要性。郑良芳（2004）比照现代金融企业"产权清晰、权责明确、政企分开、管理科学"的要求，指出我国国有商业银行产权制度存在着产权主体虚置、政企不分、三权不分等一些弊端，他认为，要解决国有独资商业银行产权制度存在的上述种种弊端，必须推行股份制改造，以建立规范化的公司治理组织结构，真正建立三会分设、三权分开的权力制衡机制。对于股份制改革的具体方案设计，各方观点也并不一致。厉以宁（2002）主张国有独资商业银行的股份制改革宜采取"整体改制、分步到位"的方案；整体改制可以分三步进行：第一步是改制为多元投资主体的有限责任公司，第二步是改制为投资主体更加多元化的股份有限公司，第三步是改制为上市公司；三步到位所需要的时间肯定会长一些，但这是必要的，匆忙地改制成上市公司的做法将会带来更多的问题；这三步中，最难的是迈出第一步，即寻找合作投资者共同组成有限责任公司；合作投资者不应是其他国有独资商业银行，而应是非国有独资的商业银行、非银行的金融企业或非金融企业，包括工业、商业、交通运输等企业；这样组成的有限责任公司制的商业银行，相对于原有的国有独资商业银行而言，将会有一个实质性的改变，并有助于实现整体改制的第二步、第三步。白世春等（2000）坚持，在股权设计上，应是法人持股为主的股权结构。王元龙（2001）提出了先内部改革重组，后改制上市；先试点，后全面推广；先法人持股，后社会公众持股；先境外上市，后境内上市；先部分，后整体的改革顺序。

但是，也有一些专家学者对国有商业银行股份制改革、资本重组提出了不同的看法。张杰（2003）研究表明，国有银行之所以能在真实资本极少得到补充且不良贷款比率居高不下的情况下保持稳定，是因为国家与居民在中国特殊的改革背景下建立起了一种奇妙的资本联盟，由于在这种联盟中，国家以声誉入股且具有不可分性，因此，中国国有银行改革的可行方式是谋求改变资产结构，而不是试图重组资本结构。针对国家注资行动，张杰（2004）进一步指出，一个经济中金融资源配置效率的高低，与采用何种银行制度弱相关，而与企业制度强相关；决定一种银行体制是否有效率的关键是其资产状况，而银行的资产状况又直接取决于微观经济部门对待银行贷款的态度与行为；国有银行制度在世界范围普遍存在，且不乏有效率运作的例证，通过人为方式降低国有银行比例以提高银行整体效率是一种逻辑误导。林宝清（2001）也认为，四大国有商业银行是稳定我国金融的基石，至少在未来8年内，四大行切不可轻言股改。其理由：一是"股改论"似是而非；二是宏观调控必须借助四大行；三是稳定区域金融需要四大行。

胡佳、李娟（2007）通过对国有银行股份制改革后面临的问题进行研究后认为，国有商业银行股改上市是一项新事物，面临诸多考验，但上市仅仅是改善产权和公司治理结构的一个开端，改革发展依然任重道远。通过具体分析国有商业银行股份制改革后在公司治理、资本金管理和资产运营、道德风险多元化、金融监管、人事机制和激励机制等方面所面临的问题和挑战，提出从转变经营理念，完善公司治理结构，提高全面风险管理能力，强化资产负债管理，实现信贷业务均衡有效发展及金融产品创新等方面，加强各项发展要素的整合，从不同层面提高可持续发展水平和国际竞争力，同时，积极推进相关配套的外部建设。

（二）市场结构观

市场结构观主要是从产业组织理论的角度研究国有银行，并将银行业纳入产业组织学的研究范畴，集中探讨国有银行效率与国有银行市场结构之间的关系，认为国有银行改革在于创造一个竞争环境，打破国有银行相对垄断的市场结构，为国有银行改革提供一种外在的市场竞争压力和外部约束，促进国有银行效率的提高。

于亮春、鞠源（1999）和焦瑾璞（2001）运用哈佛学派的SCP（结构—行为—绩效）范式对我国银行业进行了统计分析，认为中国银行业存在高度集中和国有银行垄断低效率问题，在这种垄断环境下的国有商业银行经营僵化，整体绩效较差，应放宽银行业的进入限制，鼓励民营银行及外资银行的进入，打破垄断，促进市场竞争，提高整体效率。赵怀勇、王越（1999）则通过对市场集中度和资产收益率的比较揭示出国有银行所处的经济环境总体效率低下以及国家对银行业的严格管制是导致银行效益低下的根本所在。刘锡良、罗得志（2001）指出，我国的金融结构具有"双重垄断"的特征，即"信贷市场垄断整个金融市场、四大国有银行寡占信贷市场"，其合理的推论是：四大国有银行之间存在寡头串谋，而股份制银行和其他银行则需要寻求生存发展空间；双重垄断的金融结构必然导致国有银行的X—非效率，而积极的股份制银行必须寻求X—效率。李志赟（2002）通过建立银行结构模型，发现引入中小金融机构将使中小企业信贷增加，并使总体福利增进，建议为了与经济结构相对应，应放松行业准入，引入中小企业金融机构，并应该建立起以中小金融机构为主体的金融体系。李稻葵（2002）提出，中国银行业的改革应该在坚持国有的前提下分拆大银行以加强它们彼此之间的竞争，作为改革的中间过程，唯一的办法是把每家国有商业银行拆小（5～10家），每家拆小后的商业银行资产规模相当，结构相同，都是跨地区、跨部门，对于拆小后的国有商业银行，可以重组、改制，可以合资，可以上市，还可以破产；拆小的改造成功的商业银行完全应该根据市场的需要和游戏规则再兼并重组，再变大。李扬（2003）指出了创造竞争环境的三个主要方面：发展多元化的金融机构、发展资本市场、引进国外竞争者。

杨德勇（2004）从产业组织理论角度对国有银行问题进行了研究，在详细分析了我国银行业的集中度、规模与范围经济、金融与退出壁垒后，指出中国银行业的改革重点固然是产权问题，但产权问题的解决有赖于垄断的解除；我国民营金融机构市场进入的进程和路径取决于改革成本与改革收益的存在，短期收益与长期风险并存，微观信用与国家信用的置换，使得微观金融风险向社会金融风险演进，社会金融风险的累积使国家风险暴露加大。杨德勇认为，中国金融产业政策的选择必须考虑宏观、中观、微观三个层面的目标，任何目标的偏废都无法满足金融产业的特殊政策要求。

林毅夫（2001）认为，四大银行的改革固然重要，但从发展的角度看，最重要的是改变金融结构，改变大银行与中小银行、国有与民营银行的结构问题。金融结构的有效性取决于资金配置的有效性，而最有效的资金配置是将资金配置到最有竞争力和比较优势的劳动力密集型产业或区段，该产业或区段尤以中小型企业居多。因此，现阶段需要动员更多的资金支持此类中小型企业，降低其融资成本，而中小金融机构在收集信息上具有优势，且能够很好地监督中小企业。所以要大力发展中小银行，促进中小企业的发展，提高整个国民经济的融资效率。

金融改革与金融安全课题组（2002）也主张放宽市场准入，强化市场竞争。认为这样可以提高融资效率，支持经济增长，但条件是新进入的银行必须是高效率的银行，如外资银行。同时还可强化国有商业银行面临的竞争压力，迫使其改革，间接提高银行业效率。

（三）公司治理改革观

关于治理结构，目前的研究主要集中在企业领域，一般称为公司治理、公司治理结构（corporate governance），是近年来一个世界性的热门话题，引起了很多专家、学者和实务界人士的关注。公司治理作为一种机制或制度安排，使所有者和经营者的权、责、利得到均衡，其核心是在法律、法规和惯例的框架下，保证以股东为主体的利害相关者的利益为前提的一整套公司权利安排、责任分工和约束机制。在国内，张维迎是较早介绍和研究现代企业理论（公司治理是其中一个分支）的学者之一，他对企业家与所有制、企业理论、委托代理关系和公司治理机制等深有研究，并将理论和实践相结合，提出了对中国国有企业改革的借鉴建议。

与一般企业的公司治理相比，银行治理结构是一个更新的研究内容。国外理论界对银行治理结构的关注也是20世纪90年代中后期的事情。1999年，巴塞尔委员会发布了一个银行治理结构指引，对银行治理结构的规范提出了原则性的要求。银行加强治理结构建设成为国际银行业的一种趋势。国有银行的公司治理改革理论建立在公司治理理论以及前述产权改革和市场结构两种理论基础之上，认为完善公司治理是国有银行改革的目标，对国有银行问题的研究也逐步向微观层面扩展。

刘明康（2002）根据OECD、BCBS的要求，并结合中国银行业的实际情况，认为银行良好的公司治理机制应该包括六个方面的内容：一是清晰的发展战略；二是科学的决策系统；三是审慎的会计原则和信息披露；四是有效的激励约束机制；五是开发和培育人力资源；六是健康负责的董事会。杨军、姜彦福（2003）认为国有商业银行治理结构的缺陷成为了银行健康发展的瓶颈，产权改革并不是治理结构改革的前提，银行治理结构改革是国有商业银行改革的必然选择，并提出了国有商业银行治理结构改革的建议。黄卫华、宾建成（2003）认为加强国有商业银行的内部监管是国有商业银行改革的重心之一，应将企业治理结构中的委托代理制与监事会制度引进国有商业银行的运营管理，并注意解决在提高国有商业银行内部监督能力和效率方面存在的问题。王大用（2003）主张从改革国有银行的公司治理结构入手，改革治理结构是改进治理的基础，其他的改革是治标不治本。许小年（2004）认为，国有商业银行改革的核心任务是建立现代企业制度，完善法人治理结构，有了良好的治理结构，管理的改善、风险的控制只是技术问题。陈虎城（2005）认为在金融剩余支撑经济转型的背景下，将治理结构作为国有银行改革的重点是我国较现实的选择，改革的难点在于协调国有银行党委会和董事会的职能、分配信贷租金、保证经营信息真实以及合理定价核心利益相关者的人力资本产权；国有银行治理模式的选择受到治理目标、产业特性和金融抑制政策等条件的约束，关键是依据现有的制度环境，合理设计银行控制权分配合约，选择优秀的银行经营者。董玉华（2005）认为改革的最终目标是塑造现代商业银行具备的激励约束机制。另外，一些学者关注商业银行公司治理的特殊性，李维安、曹廷求（2002），曹幸仁、赵欣杰（2004）认为商业银行除要解决一般公司治理所需解决的问题外，还需解决贷款人、存款人、监管者与银行的信息不对称问题。马一民（2006）认为国有银行改革要真正取得成功，仅有注资和股改是不够的，关键在于建立起现代金融企业制度。

（四）引进外资观

引进外资观研究外资在中国银行业改革进程中的作用，提出了大力引进外资银行、加快推进金融改革的建议。王一江、田国强（2003）认为中国银行业的改革举步维艰，主要原因在于存在两个"两难"：一是效益与整体风险的两难，二是改革紧迫性和完善制度环境长期性的两难。外资对于解决这两个"两难"有着特殊关键的作用。利用外资是我们提出银行业整体改革三个步骤中关键的第一步。在当前，中国应该尽快充分地利用外资，采用参股、合资先行，然后以独资的方式和顺序进行改革。这种改革方式将有利于解决两难选择，推动和加快银行业的改革进程；有利于银行体系平稳转型及应对2006年全面开放外资银行的冲击；有利于改善竞争环境，提高银行治理结构，引进现代金融管理人才；以及有利于建立与完善产权明晰的现代银行制度，实现商业化经营的目的，保持国民经济长期和稳定的发展。高晓红（2000）认为中国国有银行各利益相关者处于一种低效率均衡状态，外资银行的进入则可以打破这一外部原有的均衡，由此自然引发国有商业银行一系列的适应性调整，市场改革引致产权改革，产权改革又进一步促进市场调整。

对于技术水平的提高，与外资银行进行一定限度的融合是必要的。吴晓灵（2000）从一个崭新的角度提出中资银行与外资银行的互补关系。从中资银行的网络优势与外资银行的技术优势来看，一定限度的融合能大大增强中资银行的竞争力，并分化外资银行的阵容。世界贸易组织并非将竞争放在高于一切的地位上。从整体金融效率增进的角度来看，中外银行的各取所需会提高整体效率。局部融合并不会从根本上改变竞争加剧的性质，但可能导致银行的X—效率的提高，一定范围的股权合作也能对银行公司治理结构的改善起到一定的推动作用。不过，中外银行机构之间的合作将会导致什么局面，这仍是一个未充分研究的领域。

但也有学者提出了不同的观点，陈新平（2006）对国有银行改革过度依赖境外资本和市场提出了质疑，认为国有银行改革应切实贯彻"一行一策"的战略，力戒所有银行改革走"千篇一律"的路子给国民经济持续健康发展带来的不确定影响。史建平（2006）认为国有商业银行改革应慎重引进国外战略投资者，并从引进国外战略投资者的必要性、金融安全角度进行了论述。

（五）增量改革（边际改革）观

增量改革观认为国有银行改革应该遵循中国经济改革的渐进性质，通过增量改革来改变存量的品质。郎咸平（2003）认为，国有银行改革与产权无关，在法治和经济实体不健全的情况下，急于改革银行产权是一个误区，既不治标也不治本；通过上市、民营化等产权改革把银行做好的想法是非常落后的，强调中国银行应该坚持国有，并建议国有银行改革可以采取通过对增量品质的控制而渐进地改变存量品质的方式来进行。

徐滇庆和他的长城金融研究所是主张积极发展国内民营银行的先头军。他们认为，应当相信民间具有极大的制度创新能力，开放民营银行是中国经济改革的关键战役，风险很大，但是却非改不可；引入民营银行这一富有活力的因素，在给储户和投资者提供更多理财和投资机会的同时，势必能逐步消化吸收金融系统内的风险，促进竞争，减缓国有银行垄断局面所带来的资源配置效率低下等问题。

江其务（2002）指出，我国金融组织结构优化的关键在于通过准市场组织的发展，促进合作竞争提高对古典竞争的替代，以机构间的混业合作为混业经营做好准备，通过业内整合，在形成寡头集团的基础上，培育我国混业金融寡头集团。江其务进一步指出，改革国有商业银行制度，建立起多种金融机构并存、功能互补、协调运转的机制，打破国有商业银行的行政性垄断格局，真正形成基于竞争效率的市场性寡头主导的金融业组织结构。除了稳步推进混业经营之外，为了与新经济的小型化、个性化特色接轨，应该注重发展低交易成本，具有产权结构优势、市场效率优势、信息优势和灵活经营的民营商业银行。而这一切，均需要以隐性担保的消散为前提。

二、产权结构与银行绩效

关于产权与商业银行绩效的关系一直存在争议，主要集中在国有产权是否会导致国有银行的低效率方面。一方认为，国有产权导致了国有银行的低效率，即银行的国有化程度越高，银行的绩效越低；另一方认为，银行的产权结构与银行绩效不相关，国有产权并不天然导致低效率。

（一）理论分析

要分析国有产权的效率，我们首先来看产权的概念。产权是一个外来词，是财产权（财产所有权）或财产权利的简称。在一些英文文献中，存在property、property rights、a property right和the right of property等表述形式。综合产权经济学家对产权的定义，产权的概念可表述为：产权是指由物的存在及关于它们的使用所引起的人们之间相互认可的行为关系。产权不仅是人们对财产使用的一种权利，而且确定了人们的行为规范，是一些社会制度（卢现祥、朱巧玲，2007）。产权由所有权、使用权、用益权和让渡权四种基本权利组成。西方现代产权经济学认为，产权主要通过三个功能影响企业效率：第一，明晰产权将外部效应内部化，提高资源配置效率；第二，通过减少交易中的不确定性提高经济效率；第三，通过构建激励机制提高经济行为主体的生产效率。

根据产权的排他性程度，通常将产权分为三种类型或形式：（1）私有产权。指私人权利的所有者有权排除他人行使这种权利。私有产权的关键在于其对所有权权利行使的决策及其承担的后果完全是私人做出的。（2）共有产权。指将权利分配给共同体的所有成员。（3）国有产权。意味着只要国家按可接受的政治程序来决定谁可以使用或不能使用这些权利，它就能排除任何人使用这一权利。

根据科斯定理Ⅱ，在交易费用为正的情况下，可交易权利的初始安排将影响到资源的最终配置；科斯定理Ⅲ则表明，当交易费用大于零时，产权的清晰界定将有助于降低人们在交易过程中的成本，改进效率。因此，不同的产权形式对资源配置的效率会产生不同的影响。由于共有产权在共同体内部不具有排他性，收益和成本会平摊在每一个成员身上，所有成员要达成一个最优行动的谈判成本可能非常高，因此，共有产权导致了很大的外部效应。在私有产权下，由于所有者的收益和成本只能由其个人获得和承担，因此，通常认为私有产权可以实现外部效应的内部化。

对于国有产权，通常认为由于权利是由国家所选择的代理人来行使，代理人对资源的使用与转让以及最后成果的分配都不具有充分的权能，从而使他对经济绩效和其他成员的监督和激励降低，因而导致很大的外部效应。很多人正是基于这种分析认为中国国有银行的问题在于国有产权不清晰，是国有产权导致了委托代理、激励约束不完善、效率低下等问题，将国有银行的问题归结为国有产权的问题。但问题的关键在于，国有产权是不是天然低效率？是国有产权本身的问题还是其他问题？从理论上讲，由于国有产权具有排他性，只要界定和制度设计合理，同样可以实现外部效应内部化。就中国的国有银行来说，国有产权为国家所有，是完全清晰的，问题出现在划定方面。之所以在国有银行与国有大中型企业之间出现模糊产权问题，是因为在改革进程中，划定国有银行与国有企业财产权时，在同样的国有财产中交叉出现了一块难以明晰的"共有财产"（田光宁、王晗，2003），也可以称之为"共有产权"（巴泽尔，1997）。国有银行由于政策性形成的对国有企业的债权在改革过程中由于国有企业经营绩效的恶化直接或间接转化为了国有银行的不良资产。由于政府没有合适的方法区分国有银行的不良资产有多少是由于政策性、制度性原因造成的（政策性不良资产），又有多少是由银行自身经营失误造成的（商业性不良资产），因此，共有财产导致原本清晰的产权变得模糊，国有银行便也利用产权界定的模糊将亏损转嫁给国家。另外，只要剩余索取权和剩余控制权出现背离，即使在私有产权下也会存在委托代理问题，只是很多情况下可以通过有效的监督和激励将交易成本降低到最低程度。之所以国有产权下的委托代理问题和监督激励机制不完善问题较私有产权下严重，正是由于政策性负担的存在。因此，国有银行的委托代理问题并不在于国有产权本身，如果在私有产权下监督和激励不完善，同样会产生严重的委托代理问题。

因此，通过以上理论分析，我们无法得出国有产权天然导致商业银行低效率的结论，产权与商业银行的绩效也并不必然相关。

（二）既有的研究结果

很多学者通过各种方式对产权与商业银行绩效的关系进行了实证研究，各方依然难以得出一致的结论。

郎咸平曾经调查过全球958家银行，包含了国家控股、家族控股和国外金融机构控股几种类型。对比分析的结论是，任何一家银行资金回报率的高低和这家银行由谁控股毫无关联。陈婷、王长江、刘军（2003）选取了52个国家1970年和1995年的数据作为样本，来考察政府拥有银行产权是否有利于金融发展。通过数值计算和回归分析，得出了政府拥有银行产权比例与金融发展程度负相关的结论，即一国的银行国有化程度越高，金融发展程度越低。但笔者对结论存在质疑。首先，选取的52个国家中包含了发展中国家或欠发达国家和美英等发达国家，用这样一个样本做回归分析，结果显而易见，因为落后国家的银行显然是国有化程度高而经济落后，而发达国家恰好相反；其次，用私人信贷指数作为表示金融发展的变量，结果必然是落后国家低而发达国家高，政府拥有银行产权比例与金融发展程度负相关的回归分析结果毋庸置疑。因此，究竟是政府拥有银行产权比例高阻碍了金融发展和经济发展，还是发展中国家对国有银行存在制度需求？即国有银行与经济和金融发展程度低孰为因、孰为果？Alejandro Micco、Ugo Panizza、Mónica Yañez（2004）对产权结构与银行绩效的关系做了较为全面的研究。他们利用1995—2002年间119个国家的约50000个观测数据，对发展中国家和发达国家进行分类回归分析，从而得出结论：发展中国家银行的产权结构与银行绩效具有较强的相关性，且国有银行的绩效较低；在发达国家中，银行产权结构与银行绩效不相关，国有银行的绩效并不比私有银行和外资银行低。基于此，文章无法给出是否应该增加或减少银行国有产权比重的判断。

对于中国银行的产权结构与银行绩效的关系，也有一些学者做了比较研究。如辽宁大学肖海军博士的论文《国有商业银行改革的困境与制度创新》（2006）中从不良贷款、资本充足和盈利能力等几个方面对我国国有商业银行与股份制商业银行进行了比较分析，结果是国有商业银行的绩效低于股份制商业银行。不过，该论文给出的结论是，银行绩效的高低是综合作用的结果，银行的产权改革与银行绩效并非完全的正相关，亦非完全的负相关，严格说来中国银行的产权结构与经营绩效存在着一种弱相关的关系。

事实上，股份制改革前的中国国有银行的绩效无论是绝对值，还是与股份制商业银行相比都不尽如人意。但这是否就一定能说明是国有产权导致了银行的问题？恐怕未必。因为国有银行与股份制商业银行在很多方面不具有可比性，比如，股份制银行的分支机构大部分在发达地区，欠发达地区（比如西部）很少设立分支机构，而国有银行的分支机构是按行政区划设立，遍及全国，国有银行在欠发达地区的状况显然差强人意，必然影响整个国有银行的状况；国有银行的一部分贷款并不是基于经济效益而是国家的政策性目的，这部分贷款基本上是不可能盈利或收不回的，而股份制银行则很少有这方面的问题。例如，我们可以发现，在江苏、浙江等东部发达省份，国有银行中状况最差的农业银行的市场份额和资产质量甚至优于绝大部分体制先进的银行（陆磊，2006）。

三、治理结构与银行绩效

（一）公司治理

公司治理结构的概念是1932年由美国学者Berle和Means提出的，他们发现企业兼具所有者和经营者的做法存在着极大的弊端，因此提出了委托代理理论，倡导企业所有者保留剩余索取权并将经营权让渡，实行所有权和经营权分离。20世纪70～80年代公司治理的研究对象主要是以分散的所有权结构为特征的美国公司，其治理理论主要是委托代理理论，其目标是保护股东的利益。到20世纪90年代，利益相关者理论得到发展。公司治理研究逐步扩展到以日本和德国为代表的公司中所有权结构较为集中的国家，公司治理的主要问题不再是单纯的所有者与管理者之间的代理问题。该理论认为公司目标不能局限于股东利润最大化，还应考虑包括员工、债权人、供应商、用户、所在社区及经营者等利益相关者的利益，以实现企业各种利益相关者的利益最大化。

随着现代企业制度的广泛实施，公司治理结构成为世界性的研究课题。实践表明，良好的治理结构，能够提升企业的业绩，增强企业的盈利与创新能力。公司治理结构又称为法人治理，是现代企业制度中最重要的组织架构，属于企业制度层面的内容。狭义的公司治理结构是指投资者与管理者之间的利益分配和控制关系，即通过股东大会、董事会、监事会的机构设置，明确各机构的权责分配，达到三者之间约束和权力制衡的目的；广义的公司治理结构可以理解为有关企业组织方式、控制机制、利益分配的所有法律、机构、文化和制度安排，其合理与否直接影响企业的经营业绩。

根据世界经济合作与发展组织（OECD）的定义，公司治理有三层含义：一是它包含了公司管理层、董事会、股东和其他利益相关者之间的一整套关系；二是它提供了一个制定公司目标、确定实现公司目标的方式、监督执行过程的治理架构；三是良好的公司治理应当提供适当的激励，以使董事会和管理层追求符合公司和股东利益的目标。

现有的理论和实证研究证实，有效的公司治理能够提升公司的经营绩效。理论上讲，公司治理能够克服由于公司所有权和经营权相分离而产生的代理成本。其主要机制是通过外部和内部的控制以及对经理人的激励，使经理人的动机与所有者的目的尽可能地相一致（Shleifer和Vishny，1997）。向朝进、谢明（2003）的研究发现，随着国有持股比例的增大，公司价值与公司价值的成长性均呈现出一定的下降趋势。宋增基、张宗益（2003）对上市公司董事会治理与公司经营绩效进行了实证分析，结果显示董事会规模与公司经营绩效具有显著的负相关性，而与董事会成员持股比例显著正相关；非执行董事在董事会中所占比例及董事长与总经理两职分离与经营绩效虽表现出正相关，但并不具有显著性。

（二）商业银行治理结构与绩效

商业银行治理结构与一般企业的公司治理结构的原理是相同的，但由于商业银行独特的资本结构，也即商业银行的运作资金大部分来自于储户的存款，以及其较大的社会外部性，与一般企业的公司治理相比，良好的治理结构对商业银行更为重要。1980—1997年，国际货币基金组织四分之三左右的会员银行出现严重问题，银行治理结构问题由此引发社会的广泛关注。1997年亚洲金融危机之后，巴塞尔银行监管委员会（BCBS）在《利率风险管理准则》《银行机构内部控制系统框架》《增加银行的透明度》等一系列文件中都提出了商业银行建立良好的公司治理的重要性。巴塞尔委员会（BCBS）认为，一个有效的银行治理结构具备如下特征：（1）在银行内部确立战略目标和价值理念；（2）在组织内部设立实施清晰的责任划分；（3）确保董事会成员胜任工作，对自己在公司治理中的角色有清晰的理解，不受来自外部或管理层的影响；（4）确保高层管理者行使职责；（5）认识到内部审计提供的重要审计功能，并有效地利用；（6）确保薪酬制度与银行的道德价值、目标、战略和控制环境相一致；（7）在信息透明的环境下行使公司治理。除上述对银行自身治理机制的要求外，良好的外部环境也被普遍作为促进稳健银行公司治理的必要条件。

专栏4.1　巴塞尔委员会发布强化银行公司治理指导原则

公司治理结构是现代银行制度的核心，针对本次金融危机中暴露出的银行在公司治理方面的缺陷，巴塞尔银行监管委员会（BCBS）于2010年10月4日发布了《强化公司治理指导原则》。该文件提出银行实现稳健公司治理的14条原则，明确了银行业监管机构对银行公司治理的监管责任，并阐释了其他利益相关者和市场参与者、法律框架对于强化银行公司治理的作用。

一、银行公司治理概述

有效的公司治理是获得和维持公众对银行体系信任和信心的基础，这是银行业乃至整个经济体系稳健运行的关键所在。良好的银行公司治理应达到的标准包括：一是能够提供适当的激励，使董事会和管理层符合公司和股东利益的目标，并实施有效的监督；二是建立在合理有效的法律法规、监管规定和内部制度的基础之上；三是应用至各种所有制结构的银行，包括国有银行或国家支持的银行。

二、稳健的银行公司治理原则

（一）董事会职责

原则1：董事会承担银行的全部责任，包括审批和监督银行战略目标、风险战略、公司治理和企业价值的实施，并负责对高管层实施监督。

原则2：董事会成员具备并保持履职所需的资格，这一点可以通过培训实现。他们应清晰了解自身在公司治理中承担的职责，并具备对银行事务进行稳健和客观决策的能力。

原则3：董事会应就自身运作制定合理的管理规定，并采取措施确保这些规定得到遵守和定期审查，使之与时俱进。

原则4：在集团公司架构中，母公司董事会应对整个集团的公司治理总体负全部责任，应确保治理政策和治理机制与集团及其实体的组织架构、业务和风险状况相匹配。

（二）高管层责任

原则5：高管层应在董事会的指导下保证银行的业务活动与董事会通过的经营战略、风险偏好和风险政策相符。

（三）风险管理和内部控制要求

原则6：银行应设立独立的风险管理部门（包括首席风险官或类似人员），并给予其足够的职权、级别、独立性、资源以及向董事会报告的渠道。

原则7：银行应在集团层面和单个实体层面分别对风险进行持续的识别和监控，其风险管理和内部控制的复杂程度应与自身风险状况的变化（和发展）以及外部风险环境的改变保持同步。

原则8：银行应通过跨部门沟通和向董事会、高管层报告的方式，在自身内部就风险情况进行充分的沟通，从而实现有效的风险管理。

原则9：董事会和高管层应有效运用内部审计部门、外部审计机构和内部控制部门的工作成果。

（四）薪酬管理要求

原则10：董事会应积极主动地监督薪酬体系的设计及运作情况，并通过对薪酬体系进行监督和审查确保其按既定目标运转。

原则11：员工薪酬应与其审慎性风险承担行为有效挂钩：薪酬应随所有风险类型进行调整；薪酬结果应与风险结果对称；薪酬支付时间表应敏感地反映风险的期限范围；现金、股权及其他形式薪酬应与风险配置情况相符。

（五）对复杂或不透明治理结构的要求

原则12："知晓你的结构"——董事会和高管层应了解和掌握银行的运行结构及其造成的风险。

原则13："理解你的结构"——银行通过特殊目的实体或关联机构运营，或者在未达到国际银行业标准的国家和地区运营的，其董事会和高管层应理解此类展业运作的目的、结构和特别风险，并采取相应措施进行缓释已经识别的风险。

（六）信息披露和透明度要求

原则14：银行的公司治理应对其股东、存款人和其他相关利益相关者、市场参与者保持充分的透明度。信息披露应该准确、清晰，易于理解，便于股东、存款人、其他相关利益者和市场参与者进行探讨。

三、银行业监管机构的职责

（一）为银行建立完善稳健的公司治理架构提供指导。监管机构应按照本文件的要求制定指引或法规，要求银行具备有效的公司治理战略、政策和程序，特别是在法律、法规、指引或上市要求中关于公司治理的规定不足以满足银行特有的公司治理要求的情况下。

（二）定期评估银行公司治理政策、措施和执行情况。监管部门应具备评估银行公司治理政策和措施的监管程序和工具。这种评估可以通过现场检查和非现场监管以及与银行高级管理层、董事会、内控部门和外部审计机构的沟通来进行。

（三）收集和分析银行内部报告和审慎性报告（必要时还包括外部审计机构等第三方的报告），完善上述评估。

（四）要求银行对公司治理政策和措施中的实质性缺陷采取有效措施和手段。监管部门应具备包括强制采取矫正行动的权力在内的一系列可自主使用的工具来处理银行公司治理中的实质性问题，并在要求银行采取矫正措施时设定完成的时间表。

（五）与其他国家或地区的相关监管部门合作，共同开展对银行公司治理的监管。合作手段包括谅解备忘录、监管联席会和监管机构之间的定期会议。相关政府部门（包括银行监管机构、央行、存款保险机构和其他监管部门）之间的合作和适当的信息共享，不仅有助于解决公司治理方面的问题，而且能够提升各自职责履行的有效性。

四、促进稳健公司治理的其他环境支持

除了银行和银行业监管机构之外，其他利益相关者、市场参与者和法律框架的改善也能对银行建立稳健的公司治理产生重要作用，具体包括：

1. 股东——主动、正确地行使股东权利。

2. 存款人和消费者——不与经营不稳健的银行进行业务往来。

3. 外部审计机构——完善、合格的审计标准以及与董事会、高级管理层和监管部门的沟通。

4. 银行业协会——制定行业自律原则，公布良好做法。

5. 专业的风险咨询和顾问机构——帮助银行实施良好的公司治理措施。

6. 政府——法律、法规、执法和司法框架。

7. 信用评级机构——审查和评估公司治理措施对银行风险状况的影响。

8. 证券监管部门、股票交易所和其他自律组织——信息披露和上市要求。

9. 员工——通过举报违法或违反职业道德的做法等问题，或反映其他公司治理方面的缺陷。

10. 法律框架的改善——保护和强化股东、存款人和其他相关利益主体的权力；明晰公司内部主体的管理职责；确保公司在远离腐败和贿赂的环境中运作；制定适当的法律、法规和其他措施，促进银行管理层、员工、存款人和股东等多方利益的一致。

（资料来源：中国银监会网站。）

目前，世界范围内主要有三种商业银行治理结构模式：（1）市场型银行治理结构，主要代表是美国和英国的银行；（2）关系型银行治理结构，主要代表是德国和日本的银行；（3）国家型银行治理结构，中国、韩国、法国、转轨国家的银行现在或者以前均采用过这种治理模式，而这些国家也都已经或正在尝试改革。

研究表明，控股股东性质、股权集中度、董事会规模、独立董事比例以及银行高管激励对于银行风险控制以及银行绩效具有显著影响，强化商业银行的治理结构有助于规避银行风险。Marco Egoavil（2003）曾指出治理结构与组织风险之间存在着密切的关系，银行治理将有助于更好地规避与应对风险。孙月静（2006）发现股权结构对股份制商业银行的经营绩效产生了显著的影响。金成晓、纪明辉（2006）发现商业银行经营绩效与董事会规模正相关，与第一大股东持股比例负相关，与前五大股东控制权分散度正相关。李艳虹、贺赣华（2009）发现较小的董事会规模、适度的监事会监管、不平衡的股权结构（集中或者分散）以及较强的管理层激励对于提高银行的风险控制能力有积极的效果。Marcia Millon Cornett和Jamie John McNutt（2009）的研究证实当高管薪酬与业绩挂钩时，高管薪酬与银行业绩正相关。

表4–1　　　　　　　　　　　主要国家商业银行治理结构比较表

特征	美国	德国	日本
股权结构	很分散，基本没有控股	相对比较集中，有许多法人大股东	相对比较集中，有许多法人大股东，同一产业集团中的法人也持有股份
控制权转移	可能性大	可能性小	可能性小
证券市场在银行治理中的作用	股东通过股票市场银行股票的变化确定持有情况	较弱	较弱
股东监督程度	股权分散，直接监督程度较低	股权相对集中，直接控制程度较高	股东直接控制程度高
基本治理方式	目标治理	股东直接治理	股东直接治理
银行在企业的作用	债权融资	拥有企业的股权；股票表决权集中于银行；通过进入监事会对公司进行控制	主银行制
董事会的作用	由于外部董事的存在，董事会对管理层的监督作用比较强	由于监督董事会有来自股东、员工的代表，对管理层的监督作用较强	董事会成员主要来自股东，许多董事在银行的管理层任职，监督作用较弱
银行家市场	内外部银行家市场	内部银行家市场	内部银行家市场
业绩与收入的相关性	非常大	不大	不大
员工的作用	不大	相对有一些	不大
信息披露透明度	高	较高	不高

资料来源：卢宇荣. 现代商业银行治理结构的国际比较及中国的模式选择. 企业经济，2004（12）.

四、股份制改革的逻辑

根据以上分析，我们先来对产权结构、治理结构与商业银行绩效问题进行一个简要总结：

第一，结合产权经济学等相关理论的分析，从理论上讲，国有产权较私有产权来说并不必然导致低效率，国有银行存在的问题也不能简单地归结为国有产权问题。进而，通过对国内外学者实证研究的总结我们发现，在发达国家，国有银行的绩效并不比私有银行和外资银行差，而发展中国家国有银行的绩效差于私有银行和外资银行。因此，无法得出产权结构与银行绩效直接相关的结论，很可能另有其他因素在其中起着重要作用。

第二，根据科斯定理Ⅲ，产权改革对于解决中国国有银行的问题具有一定作用。但根据有关产权结构和银行绩效的理论分析和实证研究，它只是国有银行改革的一个必要条件，而非充分条件，国有银行的改革问题是一个系统工程。

第三，良好的治理结构对于提高银行绩效的作用基本取得了共识。因此，治理结构对改善商业银行绩效更为重要。股份制化（产权结构调整）并不必然导致和保证完善的银行治理结构，反过来，也可以在不改变国有产权的情况下，构建起科学合理的治理结构。

因此，从理论上讲，股份制改革并不是国有商业银行改革的必然选择，我们也无法得出股份制改革一定可以提高国有商业银行绩效的结论。那么，如何来解释国有商业银行股份制改革的逻辑呢？

（一）效率偏好与国家渐进退出

在上一章，我们讨论过国家对国有银行的控制偏好和效率偏好问题。随着经济市场化改革的进程及国有银行状况的恶化，国家已逐渐由控制偏好转向效率偏好，于是便有了上一轮的国有银行商业化改革。在商业化改革阶段，国家并没有放弃对国有商业银行的控制，依然保持控制偏好（单一国有产权）。随着商业化改革的无功而返，国有商业银行的状况继续恶化。此时，基于三方面的原因，国家的效用函数发生了变化：

1. 控制成本持续大幅上升。经过商业化改革的注资、剥离不良资产等措施，国家付出了巨额成本，但国有商业银行的状况在短暂的好转后又迅速恶化，陷入了困境。国家已逐渐认识到，如果不对国有商业银行进行根本性的改革，切断不良贷款的产生机制，国有商业银行将陷入"注资、剥离—短暂好转—再恶化—再注资、剥离"的恶性循环，由于国家是唯一的国有商业银行控制主体，国家将长期背负高额的控制成本。

2. 外部竞争压力增大。随着中国正式加入世界贸易组织和经济金融全球一体化的迅速发展，对国有商业银行而言，之前微不足道的外部压力骤然增大（2006年全面开放前的过渡期也只有五年时间），构成了诺斯"压力模型"中强制性制度变迁的外部竞争压力。在我国经济逐步市场化以及亟须通过融入全球化获得红利的背景下，国家需要国有商业银行迅速提高效率和经营绩效，并以符合国际游戏规则的现代商业银行面貌出现。

3. 国有商业银行的角色发生转变。根据第二章的分析，在我国的经济转轨中，国有银行的一个重要作用就是为渐进转轨提供金融支持，以弥补国家财政能力的不足，保持体制内（国有企业）产出的平稳增长。随着国家财政能力的增强，国家在资金支持方面对国有银行的依赖程度有所下降。根据表2-1和表3-1的数据，财政收入占GNP的比重最低时的1996年为10.7%，中央财政收入占GNP的比重最低时的1993年为2.8%，而2002年分别增至15.9%和8.7%。另一方面，随着以建立现代企业制度为目标的国有企业改革的不断推进，国有企业的整体实力不断增强，状况大为改善。国有及国有控股企业利润从1998年的213.7亿元增至2002年的4951.2亿元，增长了22.2倍；国有企业资产总额从14.9万亿元增长至19.7万亿元；净资产从5.21万亿元增长至8.36万亿元[①]。因此，国有商业银行的角色已经从原来的为渐进转轨提供金融支持逐渐转变为在经济市场化中发挥现代金融中介的职能。

因此，在国有银行商业化改革阶段，国家尽管由控制偏好逐渐转为效率偏好，但仍保持控制偏好；而在国有商业银行股份制改革前，在国家的效用函数中，不仅效率偏好大幅提升，控制偏好逐步弱化，而且基于上一轮商业化改革的教训，国家开始考虑渐进退出问题，国家退出正式进入国有商业银行改革的制度选择菜单。

（二）国家声誉与国家退出约束

然而，国家退出面临严格约束。在我国的金融制度设计中，国有银行制度是一种特殊的制度安排。在渐进转轨中，低效的国有经济严重侵蚀了国有银行

---

① 数据来源：商务部网站。

的资本金，使其处于技术破产的境地，为了使其维持正常运营，国家以其声誉这一无形资产为其提供了隐性担保，事实上充当了国有商业银行的资本金。在金融相对封闭的制度背景下，国家的声誉资本使得国有商业银行不仅可以几乎不付出任何成本就建立了稳固的市场信誉，而且，还可以将其经营失败的风险转嫁给国家。更进一步来说，不管国家注入的真实资本规模有多大，总有一定的数量限制，随着国有商业银行不良资产规模的迅速膨胀，资本充足率必然向原来的低水平回归，而国家的声誉资本几乎是一个无穷大的量，只要保持国家政权和社会的稳定，国有商业银行就不可能发生流动性危机从而倒闭。

在国家声誉充当国有商业银行的资本金（即国家声誉资本化）的情况下，巨额不良资产、不足的资本充足率并没有显示其特别的重要性，只要不出现流动性危机乃至挤兑，银行就有足够的存款来源维系其资产负债表的平衡；即使有巨额的不良资产、低下的资本充足率，银行最终还是可以存在和发展下去。在这种情况下，居民对国家的信任转化为对国有商业银行的信任，储户不会产生存款的信心危机，国有商业银行也就根本不存在破产倒闭之虞。由于国家声誉具有不可分割性，国家无法实现国家声誉的部分退出，但如果国家声誉完全退出，国有商业银行的巨额不良资产和不足的资本充足率将是致命的。因此，国有商业银行的特殊脆弱性构成了国家从国有商业银行退出的严格约束。

（三）资本置换与股份制改造

当然，从理论上讲，国家可以一直维系国家声誉充当资本金的方式，国有商业银行也可以一直运转和发展下去。但在金融开放条件下，国际规则是不会考虑国家声誉充当资本金这种特殊安排的，而只可能考察可实际测量的真实资本、不良贷款等，这就使得本来在封闭条件下国家声誉与国有商业银行市场信誉的同质性产生了一定程度的异化。为了在开放的市场条件下提升国有商业银行的竞争力，国家必须付出成本，重建国有商业银行的市场信誉，而资本充足率、不良贷款率等正是国际通用的市场信誉高低的重要标志。

为此，国家采取了核销、剥离、注资等措施，以真实资本置换声誉资本，通过提高资本充足率，降低不良贷款率，提升财务状况，一方面增强各方对国有商业银行的信心，使其尽可能符合一般商业银行的标准，国家退出才成为可能；另一方面增加国有商业银行对国内外战略投资者的吸引力。由于真实资本是可以分割的，在为国有商业银行注入真实资本的同时，国家积极推进国有商业银行的股份制改造和公开上市，吸收民间、国外等其他资本入股，通过国有商业银行资本金的分散化拆分国家承担的风险，同时国有资本逐渐收缩份额，实现国家渐进退出。

随着国家的逐步退出，国有银行产权也由单一向多元化过渡，从而为建立起有效的治理结构和完善的内控机制打下基础，国有商业银行也逐步过渡为一般意义上的股份制商业银行。

第三节 银行业结构、市场竞争与增量改革

如前所述，2003年以来的商业银行市场化改革沿着存量调整和增量改革两条线推进，上一节重点分析了存量调整，即国有商业银行的股份制改革。在增量改革方面，主要是通过优化银行业结构，强化市场竞争，从而推动整个商业银行市场化改革。

一、银行业结构：相关研究

金融体系及其结构与经济增长发展之间关系的研究是主流经济理论的热点问题之一。然而，尽管人们充分肯定了金融体系，尤其是银行业发展对经济增长的重要性，但就金融结构包括银行业结构的差别是否是解释经济增长和发展水平差别的有利因素，以及金融结构（包括银行业结构）的决定和影响因素的研究则始终未达成较为一致的意见。

（一）银行业结构与经济结构

从国际经验事实可以明显看出，处于不同经济发展阶段的国家和地区之间，银行业结构表现出了较大的差异，并且随着发达国家金融管制的放松和发展中国家的金融自由化改革，银行业的结构也在发生着较大的变化。在已有的研究中，各方在金融结构（包括银行业结构）的形成和演变的决定与影响因素方面一直未能达成共识，其中的主要观点可以分为两大类：第一大类是金融结构的制度决定论，其中法律制度决定论已经成为主流观点。这些文献从法律制度对投资者保护程度不同的角度来分析融资结构进而金融体系结构的形成，将金融结构的差异归结为法律制度的差异（La Porta、Lopez-de-Silanes、Shleifer和Vishny, 1997, 1998, 1999, 2000）。第二大类是金融结构的产业结构观。Rajan和Zingales（1999）等认为，产业结构的发展演变是金融结构（包括银行业结构）的主要决定因素，Amel和Liang（1990，1997）等则把金融体系、银行业看做是同其他产业一样，认为市场规模和竞争程度等金融产业本身的因素是决定金融结构（包括银行业结构）的最主要因素。

　　林毅夫（2004，2005）提出的关于经济发展过程中经济结构、金融结构与经济发展之间的相互关系的新理论——"经济发展中的最优金融结构理论"认为：经济结构和金融结构都是经济发展的内生变量，在不同的经济发展阶段（或处于不同经济发展水平的经济体），要素禀赋结构的不同决定了经济结构是不同的，而在不同的经济结构之中，由于经济主体对资金需求规模不同，生产活动的风险特性也不同，与此同时，金融体系的各种制度安排在提供不同规模资金的交易费用和克服不同风险时各具优劣，因此，在不同经济发展阶段（或处于不同经济发展水平的经济体），由经济结构所决定的各种金融制度安排在经济中的相对规模，即最优金融结构是不同的。可见，要素禀赋结构决定了经济结构进而决定了金融结构。例如，在中国传统经济体制下，为保证积累方向符合重工业优先发展的战略目标，中国推行了经济的国有化，而国有银行高度垄断的银行业结构是满足国有部门资金需求的制度保证，这就造成了高银行集中度与高国有经济比重的并存。

（二）银行业结构与经济增长

　　大量的研究发现，银行业的发展有助于促进经济增长（Levine，2005）。但是，在不同的银行业结构下，银行发挥的作用有可能不同，从而影响银行对经济的作用。关于银行业结构与经济增长之间的关系，现有研究着重于考察银行业的竞争程度（银行业集中度）对经济绩效的影响。按照传统的产业组织理论，垄断会降低经济的总体福利水平。在垄断的银行业结构下，银行设定更高的贷款利率，贷出数量更少的资金，扭曲实体经济部门的资源配置，阻碍企业资本积累和经济增长。增加银行业的竞争可以便利贷款、降低融资成本使借款人受惠。同时，竞争增加也增强了银行部门的运行效率，使资源更有效分配，促进更高的经济增长（Freixas和Rochet，1997）。Besanko和Thakor（1992）的分析结果支持了这一观点。他们认为，放松银行监管，提高银行业竞争程度后，均衡的贷款利率下降，存款利率上升，降低企业的贷款成本，使企业借款者受惠，所以竞争性的银行业结构将导致更高的增长率。在Guzman（2000）的模型中，相对于竞争性银行，垄断性银行向储蓄者支付较低的利率，从而降低了储蓄率，更易导致信贷配给；如果不存在信贷配给，垄断性银行则会索取更高的贷款利率；因此，垄断性银行业结构不利于资本积累和经济增长。Dewatripont和Maskin（1995）则从再谈判角度考察了银行业结构问题，认为竞争性银行能够对借款企业形成更强的预算约束，因此有利于为风险较高的新企业提供融资。而有些研究则着眼于考察银行与借款者之间的信息不对称问题，认为垄断性银行业结构更便于克服信贷交易中的逆向选择和道德风险问题。例如，Petersen和Rajan（1995）认为，具有较强的市场垄断力的银行更易与借款者形成长期银企关系，有更多的契约工具对借款者进行甄别并降低其道德风险，从而可能使更多的投资项目得到信贷支持；而银行业的竞争会阻碍这种对借贷双方有利的长期银企关系的形成。

关于银行业集中度的实证研究的结论并不一致。有些研究发现，较低的银行业集中度有利于新企业的创建和小企业的成长，从而对经济增长有正面的影响（如Black和Strahan，2002；Cetorelli和Strahan，2006）。Beck等（2004）对74个国家的企业层面的数据进行了分析，发现较高的银行业集中度对企业融资具有阻碍作用，而且这种阻碍作用对小企业更为明显。然而，有的研究得出了相反的结论，发现较高的银行业集中度有利于提高当地小企业的信贷可得性和新企业的成长（Petersen和Rajan，1995；Jackson和Thomas，1995）。Bonaccorsi di Patti和Dell' Ariccia（2004）分析了意大利的数据，发现银行集中度与新企业创建之间的关系是非线性的，在一定范围内，银行业垄断程度的增加对新企业创建具有正向效应，但超过该范围后，银行业垄断程度的进一步增加对新企业创建具有负面影响。

在中国的实证研究方面，多是基于省际的面板数据。林毅夫和姜烨（2006）对中国省际面板数据的分析表明，银行集中度的增加对经济产生显著的负面影响。在大企业比重高的省份，银行集中度的增加能够促进经济增长。林毅夫和孙希芳（2008）用中国28个省份1985—2002年的面板数据研究中国的银行业结构与经济增长之间的关系，运用工具变量方法和双向固定模型的估计结果表明，银行业的集中度下降对经济增长具有显著的正向影响。贾春新、夏武勇和黄张凯（2008）用银行分支机构作为银行竞争的指标，选取1992—2001年29个省份的面板数据研究银行竞争对经济增长的影响，得出银行集中度的增加对经济增长具有显著负向作用的结论。卢芹（2013）利用我国六个区域在1995—2010年间的样本数据，运用固定效应模型进行估计，显示中小银行市场份额的上升与经济增长显著正相关，中小银行市场份额的上升能够促进经济增长。有关中国的实证研究结果表明，在现阶段的中国，银行集中度的下降有利于中国的经济增长，这可能是因为中小银行市场份额的上升有利于提高信贷资金的配置效率。

二、市场竞争与银行绩效

许多经济学文献认为市场竞争是提高配置效率的有效机制（Leibenstein，1966）。市场竞争可以向股东提供更为准确的成本，反映管理层努力程度的信息，降低代理成本等（Fama和Jensen，1983）；此外，政府或规制者也能更有效地设计和执行规则（Nalebuff和Stiglitz，1983；Hart，1983）。对商业银行而言，要想在激烈的市场竞争条件下获得竞争优势，其贷款决策以及贷款行为必须要符合商业规律，否则必然会被市场所淘汰。Monica Melle（2003）运用系统广义矩GMM方法对西班牙银行业1991—2001年的实证分析显示，贷款市场竞争相比融资压力而言，对银行效益有更加显著和积极的作用；Mugume Adam（2007）运用PR模型（Panzar和Rosse，1987）对乌干达国家1995—2005年银行业市场竞争程度与效益进行的分析显示，随着银行业市场竞争程度下降，银行效益也随之下降；Berge等（2005）指出，在允许银行业跨州经营、外资银行入驻等强化竞争之后，显著带动了本地银行效益的提高。

在国内研究方面，赵旭和凌亢（2001）的研究表明，由于国有银行巨大的规模垄断体制造成市场集中度过高，与银行利润率呈负相关关系；蔡卫星和曾诚（2012）通过对2002—2007年中国省级面板数据的银行业市场竞争和贷款行为进行的研究显示，市场竞争改善了商业银行的贷款行为，推动了商业银行贷款行为向商业导向转变，但从整体看，中国商业银行贷款行为的商业导向仍然有待改善；邱福提和谢芳俊（2013）选用空间计量分析方法对2003—2011年中国省际面板数据进行的实证分析显示，市场竞争对银行效益存在显著的正向推动作用，并建议下一步的金融改革应继续朝着强化市场竞争和改善银行资产质量的方向发展，逐步放开市场，积极引入新型金融机构，推动银行业整体竞争力的提升。

三、增量改革：优化结构与强化竞争

根据既有的研究，尽管在银行业结构与经济增长的关系方面尚存在不同的结论，但针对中国的实证研究大都表明，银行集中度的下降有利于经济增长；在市场竞争与银行绩效方面国内外的研究相对比较一致，均表明提高银行业的市场竞争能够显著改善银行的经营绩效。

事实上，在中国的银行业改革中，很早就已经通过增量改革的方式来调整银行业结构和增强市场竞争。1986年以前，中国银行业处于工行、农行、中行、建行四大国有银行垄断经营的传统体制，所谓竞争仅限于四大国有银行之间，但由于实行的是专业银行体制，四大专业银行分别在工商企业流动资金、农村、外汇和基本建设四大领域占垄断地位，并且严格划分业务，事实上几乎没有竞争。随着经济改革方面以增量改革为主的渐进式转轨和改革的推进，银行业也遵循了以增量为主的渐进式改革，在四大国有银行之外建立新的银行机构，通过竞争主体的扩大，提升银行业的市场竞争水平，促进银行业竞争体制的形成和整体服务水平的提高。具体来说，1986年，以恢复交通银行为标志，相继成立了一批股份制商业银行；1995年，以深圳市商业银行为标志，相继成立了一批城市商业银行。对外开放方面，从1979年日本输出入银行在北京设立代表处开始，以及1985年8月中国首家中外合资银行——厦门国际银行成立，外资银行开始大规模进入中国，加入世界贸易组织之后更是加快了进入中国市场的步伐[1]。根据林毅夫的"最优金融机构决定理论"，要素禀赋结构决定了经

---

① 详见本书第一章。

济结构进而决定了金融结构。林毅夫（2006）通过对1985—2002年中国经济结构和银行业结构关系进行实证检验，发现国有企业产值在工业总产值的比重与银行业集中度呈正相关（简单相关系数为0.76），随着国有企业产出份额的降低，四大国有银行在整个银行体系的存贷款份额也越来越低。1985年，四大国有银行存款余额在全部金融机构存款余额中的比重为93.2%，相应的贷款比重为94.2%；1990年，存款比重仍为83.1%，贷款比重为85.8%；至2002年，存款比重和贷款比重分别下降为65.7%和61.2%。当然，总体来看，2002年之前四大国有银行在整个银行体系中长期居于主导地位，尽管其在银行业中的市场份额已经逐步下降，其他中小金融机构的市场份额逐步上升。

　　2003年以来的商业银行市场化改革仍然延续上述逻辑。增量改革方面，市场主体进一步丰富，银行业结构优化和市场化趋势明显，竞争也日趋激烈。首先，在中小商业银行方面，股份制商业银行尽管机构数量没有增加，但通过引进合格机构投资者，进一步深化改革，健全公司治理结构，加强内部管理，规模、市场占比不断提高，实现了快速发展；城市商业银行通过引进机构投资者、开展合作与重组、公开上市、实施跨区域发展等改革和发展举措，实现了快速发展，机构数量也从2002年末的111家增至2013年末的145家。其次，农村金融改革持续推进，符合条件的农村信用社逐渐转制为农村商业银行和农村合作银行，截至2013年末，共有农村商业银行468家，农村合作银行122家；同时，成立了村镇银行等农村新型金融机构共1050家。再次，银行业对外开放加快。2001年12月我国正式加入世界贸易组织后，外资银行在华发展明显加快，2006年末五年过渡期结束后，外资银行更是加大对中国市场的开拓力度，加大了资金和人员等各方面的资源投入力度，在华服务网络稳步增加，业务规模逐步扩大，与中资银行的合作日益深化。截至2013年末，我国共有42家外资法人金融机构。

　　与2002年前一致，我们用国有商业银行的市场份额来表示2003年以来银行集中度状况。需要说明的是，国有商业银行股份制改革后，商业银行的分类一般不再使用国有商业银行的概念，而是使用大型商业银行的概念（包括工行、农行、中行、建行、交行五家银行），在这里我们用五家大型银行的资产占比

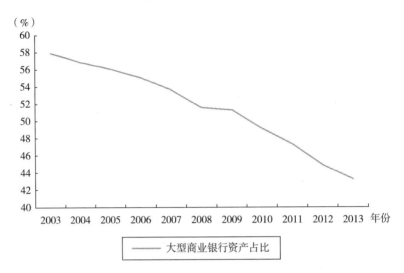

资料来源：笔者根据《中国银监会年报（2013）》数据整理。

图4-1　我国大型商业银行资产占比情况（2003—2013年）

来说明银行集中度状况。如图4-1所示，2003年以来我国大型商业银行资产占整个银行业资产的比例持续下降，2003年为58%，2013年下降为43.3%，说明2003年商业银行市场化改革以来我国银行业集中度下降，市场结构更加趋向于竞争。

第四节　小结

从整个市场化改革的范畴来看，2003年开始的商业银行市场化改革主要是中观层面的市场化改革，重点在于银行体系本身的改革，沿着两条线推进：一方面通过财务重组、引进战略投资者、公开上市等手段推进国有独资商业银行股份制改造；另一方面，通过发展股份制商业银行、城市商业银行、农村商业银行以及允许外资银行进入国内市场等措施来完善银行业结构，增加市场竞争。这是一种存量调整和增量改革共同推进的方式，也是符合我国渐进式市场化的改革逻辑，尽管有别于2003年以前以增量为主的渐进改革方式。从改革的效果看，应该说2003年以来的商业银行市场化改革与我国经济市场化的进程是相适应的。随着改革的推进，商业银行自身实现了快速发展，经营绩效大幅提升，同时也较好地发挥了自身的作用，我国经济也实现了近十年的超过两位数的高速增长。有关我国商业银行的实证研究也较好地说明了这一点。

第五章　引人瞩目的商业银行：
改革成果与争议

2003年以来，随着市场化改革的推进，我国商业银行进入了快速发展期，资产规模、资本充足率、不良率、盈利能力等各项指标持续向好，甚至可以与国际先进商业银行相媲美①。一时间，赞声四起，认为我国商业银行改革已取得全面成功，中国的商业银行已经达到世界先进银行水平。尤其是在2008年爆发的全球金融危机中，美欧等发达经济体的商业银行陷入困境的情况下，我国的商业银行独树一帜，更是被有些人作为佐证。与此同时，质疑声也不断，认为我国商业银行尽管进步不小，但与国际先进商业银行还有不小的差距，快速发展得益于良好的宏观经济和较高的利差水平，改革和转型的任务还很艰巨。对此，我们应该有客观的分析。商业银行的良好表现既有改革红利的释放和盈利模式问题，也与十年来经济高速增长息息相关，同时也应客观看待商业银行的作用，及其存在的风险和问题。

---

① 即使从国际上进行比较，同样引人瞩目。根据《银行家》（*The Banker*）2010年全球千家大银行排名，工行、农行、中行、建行四大银行已跻身全球银行总市值前十位；在一级资本排名上，工行、中行、建行和农行分别排在第7、第14、第15、第28名；在总资产排名上，工行、建行、农行和中行分别排在第11、第18、第20、第22名；在税前利润排名前25强的银行中，工行、建行、中行和农行分别排在第1、第2、第7和第14名。

第一节　一份亮丽的成绩单

经过近十年的改革和发展，中国银行业发生了翻天覆地的变化，引人瞩目。截至2013年底，我国银行业金融机构共有法人机构3949家，从业人员355万人。包括2家政策性银行及国家开发银行、5家大型商业银行、12家股份制商业银行、145家城市商业银行、468家农村商业银行、122家农村合作银行、1803家农村信用社、1家邮政储蓄银行、4家金融资产管理公司、42家外资法人金融机构、1家中德住房储蓄银行、68家信托公司、176家企业集团财务公司、23家金融租赁公司、5家货币经纪公司、17家汽车金融公司、4家消费金融公司、987家村镇银行、14家贷款公司，以及49家农村资金互助社[①]，基本形成了比较完备的银行业体系。近年来，银行业资产和存贷款平稳增长，资本实力不断增强，资产质量较好，抵御风险能力上升，回报率和流动性稳定，可以说是一份亮丽的成绩单。

我们通过总资产、不良贷款、盈利情况、资本充足率等指标来描述商业银行的整体情况。

一、总资产

我国银行业金融机构总资产情况详见表5-1。

表5-1　　银行业金融机构总资产情况表（2003—2013年）

单位：亿元

2003年	2004年	2005年	2006年	2007年	2008年	2009年	2010年	2011年	2012年	2013年
276584	315990	374697	439500	531160	631515	795146	953053	1132873	1336224	1513547

注：2003—2006年为境内合计，2007—2013年为法人合计。
资料来源：中国银监会年报。

[①] 资料来源：《中国银监会年报（2013）》。

2003年以来，我国银行业金融机构总资产快速增长，截至2013年末，已达到151.4万亿元，是2003年末的5倍多，资产规模年均增长20%左右，是GDP增速的2倍。其中，2007年以来增加较为迅速。从机构类型看，2013年末资产规模占比情况为：大型商业银行43.34%、股份制商业银行17.80%、城市商业银行10.03%。

二、不良贷款

我国商业银行不良贷款情况详见表5-2和图5-1。

表5-2　　　　商业银行不良贷款情况表（2003—2013年）

单位：亿元，%

年份	2003	2004	2005	2006	2007	2008	2009	2010	2011	2012	2013
不良贷款余额	21044.6	17175.6	12196.9	11703.0	12701.9	5635.4	5066.8	4336.0	4278.7	4928.5	5921.0
不良贷款率	17.9	13.2	8.9	7.5	6.1	2.4	1.6	1.1	1.0	1.0	1.0

注：2003—2006年为主要商业银行数据（大型商业银行和股份制商业银行）。
资料来源：中国银监会年报。

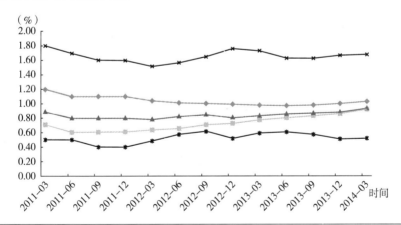

资料来源：《中国银行业发展报告2013—2014》。

图5-1　近年银行业不良贷款率变动情况

2003—2011年，我国商业银行不良贷款持续双降，2011年以来不良贷款余额有所反弹，但整体情况良好，近年来的不良贷款率一直保持在1%左右的较低水平。同时，抵御风险能力提升，拨备覆盖率则大幅提高，2007—2013年分别为41.4%、116.6%、153.2%、217.7%、278.1%、295.5%、282.7%。

三、盈利情况

我国银行业金融机构利润情况详见表5-3和图5-2。

表5-3　　　　　　　银行业金融机构利润情况表（2003—2013年）

单位：亿元

2003年	2004年	2005年	2006年	2007年	2008年	2009年	2010年	2011年	2012年	2013年
322.8	1035.0	2532.6	3379.2	4467.3	5833.6	6684.2	8990.9	12518.7	15115.5	17444.6

注：2003—2006年为税前利润，2007—2013年为税后利润。
资料来源：中国银监会年报。

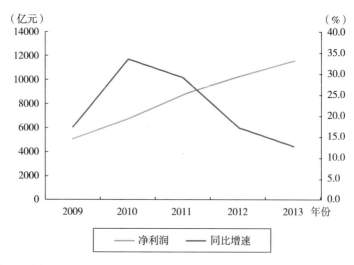

资料来源：《中国银行业发展报告2013—2014》

图5-2　A股上市银行净利润和同比增速情况（2009—2013年）

2003年以来，我国银行业金融机构盈利能力显著增强，利润大幅攀升，且增幅较快，利润年均增长超过25%。2010年以来，增速开始放缓，但利润继续增加。2007—2013年商业银行的资产利润率分别为0.9%、1.1%、1.0%、1.1%、1.3%、1.3%、1.3%，资本利润率分别为16.7%、19.5%、18.0%、19.2%、20.4%、19.8%、19.2%。从资本利润率的情况看，我国商业银行已接近国际先进商业银行水平（一般在20%以上）。从2012年的利润来源看，64.9%为利息和收入，主要源于以信贷为主的生息资产规模的增长。

四、资本充足率

我国商业银行资本充足率情况详见表5-4、表5-5。

2003年以来，商业银行资本充足率情况逐渐改善，资本充足率不断提高，2012年末509家商业银行的资本充足率水平全部超过8%。2013年1月1日，《商业银行资本管理办法（试行）》正式实施，《商业银行资本充足率管理办法》同时废止，按照新办法计算，2013年末商业银行资本充足率为12.2%，一级资本充足率为9.9%，核心一级资本充足率为9.9%。

表5-4　　　　商业银行资本充足率达标情况表（2003—2009年）

单位：家，%

项目/年份	2003	2004	2005	2006	2007	2008	2009
达标银行数	8	30	53	100	161	204	239
达标资产占比	0.6	47.5	75.1	77.4	79.0	99.9	100

资料来源：中国银监会年报。

表5-5　　　　商业银行资本充足率情况表（2003—2013年）

单位：%

项目/年份	2003	2004	2005	2006	2007	2008	2009	2010	2011	2012	2013
资本充足率	−3.0	0	4.9	7.3	8.3	12.0	11.4	12.2	12.7	13.3	12.2
核心资本充足率	−3.2	−1.2	3.3	5.8	6.5	9.9	9.2	10.1	10.2	10.6	9.9

资料来源：中国银监会年报。

五、小结

从以上指标可以看出，我国商业银行自2003年以来实现了快速发展，经营业绩突出，整体状况大为改善。但争议也随之而来，尤其是近年来，实体经济下行压力增大的情况下，商业银行利润却连创新高，再加上一些不合理收费以及服务等问题，更是引起了诟病。

专栏5.1　银行垄断暴利何时终结漂亮财报背后暗藏危机

（搜狐财经，2012年9月4日）

2012年半年报显示，中国银行业经营利润一枝独秀，与其他各行业的"捉襟见肘"形成鲜明反差。现实中，金融行业并没有服务实体经济中最活跃的因子——中小企业，任由其融资环境不断恶化。银行业自己也担心背负"为富不仁"的道德批判，另外，银行业所享受的庞大的制度保护和垄断红利保证了高利润，银行业正置于双重批判的风口浪尖……

1. 银行的利润怎么赚来的？

（1）日赚30亿元，利息收入为主要来源。

16家上市银行利润总额达到5453亿元，日赚30亿元。银行业的ROE水平（该指标反映股东权益的收益水平）确实明显高于其他行业，我国上市银行的平均ROE 2011年为21.33%，远高于实体产业的利润率，即使普遍认为高利润的房地产行业2011年净资产利润率也仅12.15%。

（2）五大行手续费及佣金收入半年就过千亿元。

据中国银监会和中国银行业协会统计，中国银行业服务项目共计1076项，其中226项免费，占比21%；收费项目850项，占比79%。上半年中行、农行、工行、建行、交行五大行实现手续费及佣金净收入共计1881.88亿元。个人业务不合理收费、收费项目不明示、贷款业务收取各种巧立名目的费用等现象，成为消费者投诉最多的问题。

（3）资产类业务收入增长迅猛。

资产类业务主要是银行与证券公司的合作，一般通过银证转账、基金托管、证券代理业务以及资金为合作内容。结构融资、债券承销和资产管理业务收入同比分别增长70.36%、57.6%和52.87%。

2.高利差是如何出现的？

（1）国内存贷差3个点，远高于发达国家。

在近两年宏观调控控制通胀过程中，央行频繁提高存款准备金率，通过控制贷款数量来实现对通胀的控制，而不是采用提高利率的方法。这样带来的后果就是，一边是银行能从储户中取得廉价资金（基本利率3%）；另一边实体经济对有限资金的争夺，抬高实际贷款利率（贷款基准利率是6个点）。一低一高，丰厚的息差就出来了。

中国内地存贷差是3个点，发达国家是1个点，我国台湾地区也是1个点。根据工商银行的调查，去年温州市的平均贷款利率是25%。企业不堪重负，25%的利率赚的钱可能是还银行的。缩小存贷利差也是改革必然要采取的方向。

（2）3.06%的利差保护，银行可以赚多少？

2011年全球最赚钱的银行中国工商银行其2011前三个季度实现净利润为1640亿元，同比增长28.79%，这其中息差收益对利润增长的贡献度即高达68%。从绝对量上比较，利息收入则占到工行净收入的七成以上。而利差收入对建行2011年前三个季度净利增长的贡献度更高达73.76%。

（3）存贷差政策：改革之需要，沦为改革之羁绊。

存贷差政策诞生于20世纪90年代中期，1997年亚洲金融危机后，央行明确实施扩大存贷款利差的政策，帮助国有银行消化不良资产方面居功至伟，然而，这一旨在助推国有银行改革的补贴政策，并未随四大国有银行股改上市的完成而退出历史舞台。2009年，随着新一轮国际金融危机的爆发，这一强化于1997年亚洲金融危机的垄断性制度保护，摇身一变，沦为"四万亿"

刺激政策之下，中国银行业非理性扩张的利器。

（4）依赖政策非理性扩张。

随着2009年"四万亿"刺激计划一声令下，中国银行业纷纷走上规模扩张的不归路。冲规模做大不愿放弃市场份额。2008年底全国金融机构的贷款余额为30.3万亿元，到2011年年底时，这一数字已高达58.2万亿元，几乎翻倍。虽然2009年短短几个月，央行就连续5次下调金融机构人民币存贷款基准利率，但还是阻挡不了银行通过规模扩张"以量补价"的步伐。

3. 漂亮财报背后暗藏危机，未来银行日子不好过。

银行资产的高度扩张正给金融体系埋下了极不稳定的隐患，实体经济萎缩或许会让银行高暴利时代随时泯灭。

（1）坏账初显：企业的今天就是银行的明天。

银行贷款偏好资信较好的大型企业，如煤炭、钢铁、能源等。但如今，产能过剩、行业问题久久缠绕这些大型企业。全球经济危机已呈长期化趋势，国内经济增速放缓在加剧，长三角、珠三角部分中小企业经营困难，偿债能力下降，区域性和行业性风险特征开始显现，银行信贷资产质量已直接受到影响。2012年1～6月，全国规模以上工业企业实现利润2.31万亿元，同比下降2.2%。而上年同期的数据是2.41万亿元，同比增长28.7%。

（2）信用风险增加：普遍出现逾期贷款余额上升和减值迹象。

中国银监会数据显示，截至2012年第二季度末，商业银行总体不良贷款率为0.9%，与第一季度持平，但不良贷款余额却从第一季度的4382亿元，上升至第二季度的4564亿元，增加了182亿元。尽管半年报所显示的上市银行不良贷款率依然维持较低水平，但银行业已普遍出现逾期贷款余额上升和减值的迹象。比如浦发银行，今年上半年其逾期贷款余额较去年末几乎翻倍，从期初的67.9亿元上升至期末的123.28亿元，逾期贷款率达0.85%。

（3）息差逐步下降：利润"城墙"松动。

尽管报告期内银行的净息差仍普遍提升。但息差与宏观调控银根松紧关系很大。2012年中的两次降息，使资金市场流动性宽裕，信贷供求关系反转，与此同时，货币市场和债券投资收益率水平开始下降，银行资产端收益整体走低。另外，各家银行贷存比指标均在监管红线的临界点，但存款增长"冲时点"迹象明显。据其透露，2012年6月末最后五天的存款增长是上半年的50%，而最后一天的存款增长是上半年的30%。

专栏5.2　看待银行暴利应理性客观
推进金融改革是根本方法

（罗静夫，人民网——银行频道，2012年4月17日）

1. 评说暴利，你方唱罢我登场。

据中国银监会披露的最新统计数据显示，2011年商业银行净利润为12500亿元，相比2010年8991亿元净利润，增长率达39.3%。业绩的高速增长不仅没有迎来喝彩和褒扬，反而招致一片质疑声音。2012年全国两会上，对"银行暴利"质疑声音此起彼伏，格外激烈。来自企业、政府和研究机构的委员们对银行业暴利提出了严厉批评，认为银行业靠吃利差和胡乱收费赚取暴利，严重挤压了实体经济的利润。同时来自银行业界的委员们也纷纷站出来为"银行暴利"正名，为质疑声音纠偏。各路媒体大力渲染，众多网友纷纷发言，让这场辩论变得格外热闹和不同寻常。

2. 解读数据，银行企业两重天。

如此一场舆论风暴，却肇始于中国民生银行行长洪崎的一句话。在去年底的一次会议上，洪崎表示，"有时候（银行）利润太高了，自己都不好意思公布"。洪崎原意是想强调实体经济是银行发展的基础，银行不能独善其身，但结果却变成了引爆舆论的火柴。

一方面，银行暴利论显然不是空穴来风。2005—2009年，14家上市银行净利润年均复合增长率达到29.43%，远高于全部制造业上市公司18.43%的复合增长率和A股20.93%的复合增长率。按中国银监会的统计数据，2010年银行业利润8991亿元，同比增长34.5%，2011年银行业利润12500亿元，同比增长39.3%，连续几年保持高速增长态势。另一方面，实体经济发展步履维艰，困难重重。在2011年，我国工业增加值同比增长10.7%，仅及银行利润增速的一半左右。目前大量的中小企业面临自2008年金融危机以来的新一轮生存困境，成本上升压力、融资难、市场垄断导致的不公平竞争等因素致使许多企业处于无利可图的半停工停产状态。温州市经贸局抽查的数据显示，目前温州眼镜、打火机、制笔、锁具等出口导向型企业利润同比下降的有近1/3左右,亏损的占1/4多，仅三成企业利润保持增长，行业平均利润率仅为3%，利润率超过5%的还不到10家。

3.跳出纷争，理性客观看暴利。

银行"暴利"了吗？你信或者不信，数据就在那儿摆着，反正大多数人信了。但银行业人士却感到有些偏颇，更有些憋屈。

近年来，中国银行业形象确实出现了相当的危机，赚利差、吃偏饭、乱收费、趁火打劫、为富不仁、野蛮生长等一张张标签不由分说直接就贴了上来，银行业甚至有些被"妖魔化"了。发改委宣布，3月将在全国开展对银行乱收费大检查，又为银行"暴利"论添加了新的注脚。相比之下，银行业的辩解却显得苍白得多，声音零乱，遮遮掩掩，进退失据，没有回应好各种扑面而来的质疑。人民银行认为，银行业利润高不完全是利差原因，但可能与市场准入有一定关系。中国银监会在今年2月底的一份研究报告指出，经济发展、规模增长、固定息差和经营提升是银行业高利润的主要原因，却没有提及市场准入限制影响。还有人认为，前两年银行贷款规模天量增长，也是形成银行利润高的主要原因。

其实，相比于银行是否"暴利"，公众更关心的是，银行利润高得有没有道理，是否让人心服口服。摆脱情绪宣泄，放下利益纠葛，从更加务实理性的视角来观察银行业利润，我们会发现，银行业高利润有它客观的原因，但是也确有不合理的因素。

（1）利润高有其客观的原因。

先看利差因素。有人说银行巨额息差收入是靠央行利率管制实现，是吃政策的"偏饭"。但实际上，央行制定利率政策，银行利润并不是首先考虑的因素，经济增长、刺激消费、通货膨胀等才是利率政策的决定因素。自2007年以来，央行共发布了16次利率调整文件，2010年以前总体属于降息期间，下调利率主要是应对欧美金融危机和刺激经济增长；2010年以后基本属于升息期间，上调利率主要是为了防止通货膨胀，控制物价增长。

再看市场准入。有人说市场准入造成了银行垄断，使银行坐收"暴利"。但这种看法也不准确。市场准入和行业监管是保障广大存款人资金安全的必然要求，不能设想银行业变成菜市场，想进就进，想出就出，必须要有限制"门槛"。欧美金融危机也表明，金融监管不能削弱，只能加强。但是否市场准入和行业监管就造成了垄断，其实也未必然，你随时从激烈的揽储大战和遍地的银行广告就可以知道，目前中国银行业还确实说不上垄断。

第三看行业特征。银行业利润水平高，更多与其较高的杠杆率（资产/资本）有关。从财务结构上，杠杆率越高，则资本回报率就越高。金融危机前，许多华尔街的金融公司就是靠高杠杆率获取高额回报。银行业的杠杆回报率在12%～15%之间，而其他工商企业出于风险要求，杠杆率要低出许多，自然也就降低了资本回报率。根据美国《财富》杂志数据，2011年全球财富500强的资本回报率中位数是10.5%，而同期银行业的资本回报率普遍介于15%～30%之间。

（2）高利润确有不合理因素。

银行高利润是客观因素形成的，也是自身努力的结果。但客观并不意味着合理，银行业的高利润挤压了实体经济发展，这也是不争的事实。这个不合理的因素是什么呢，人大财经委副主任委员吴晓灵说得很清楚，利润过高是改革中产生的银行激励机制问题，即过度追逐短期利益，这个问题还需要继续推进改革去解决。吴晓灵的话可谓一针见血，银行业近年来利润高速增长既是银行业改革的结果，也是改革遗留下的问题。问题症结在于将银行业改革简单定位于商业化，"改制—上市—扩张"成为银行改革固定模式，很少考虑多样化、差异化的发展，过于强调盈利，忽视社会责任，结果使银行业陷入同质竞争、盲目逐利境地。

4.展望长远，金融改革再勾画。

温家宝在2012年全国金融工作会议上强调指出，做好新时期的金融工作，要坚持金融服务实体经济的本质要求，牢牢把握发展实体经济这一坚实基础，从多方面采取措施，确保资金投向实体经济，有效解决实体经济融资难、融资贵问题。但是，要推动和促进实体经济发展，就必须首先要使银行业利润回归到适度水平上来，解决所谓行业暴利问题，切实减低实体经济的融资负担。银行暴利既是银行业改革的成果，也是改革不彻底的产物，因此要解决所谓行业暴利问题，根本方法还是要继续推进和深化银行业改革，最终建立多元化、多层次、多功能的融资体系，满足社会经济发展需求。

（1）银行改革不能一"商"了之。

目前我国上市银行已达16家，大型国有商业银行和全国性股份制商业银行均已上市，且在上市公司中已占有相当的比重。长期以来，我们有一种错觉，以为银行改革就是商业化改革，就是走"改制—上市—扩张"的道路，甚至政策性银行也纳入商业化改革轨道。但是从国家建设保障房和增加中低端住房供给的经验看，商业银行改革同样不能一"商"了之。是否改制上市其实是银行股东们考虑的问题，政府的职责是要做好银行业的发展规划，解决好结构性的问题，当前应充分借鉴房地产行业调控经验，规划设计好"商业性"、"准商业性"和"非商业性"三个层次的银行机构体系，进一步明晰各个层次银行的目标定位、发展机制、业绩评价和管控方法，充分发挥其在国家社会经济发展和宏观调控中的独特作用。

（2）银行评价不能"利"字当先。

当前关于银行评价有一种奇怪现象，就是基本以盈利能力和资本实力为主导。"抢到天下便是王"，利润高的、块头大的受表扬，利润低的、块头弱的靠边站，开口即问财务指标，闭口不谈社会贡献。从国有控股银行绩效评价到各类媒体组织的银行评价排名，莫不"利"字当先，将盈利和规模作为最大权重的评价指标，即使有其他一些指标，但实际也是这两类指标的变种。追本逐利，从银行股东来看是无可厚非的，但如果政府、媒体、公众也都有这样想法，就会出大问题了。所以建立面向不同类型银行的评价体系，矫正价值基准，客观公允地反映银行经营绩效和社会贡献是一件十分紧要的事情。

（3）银行监管不能"一把尺子"。

银行监管差异化是差异化经营的基础。但是现在我们提差异化经营很多，差异化监管却提得很少，如果没有差异化监管，那么差异化发展、特色化经营就无从谈起。尽管中国银监会在制定监管标准时也考虑了不同类型银行的特点，但总体来看监管标准差异太小、范围太窄，"一把尺子"管到底的问题比较突出，对实现差异化经营还有很大制约，引导作用不明显。怎么个差异法，目前尚未有一致意见，但规模、地域、性质、成长期和经营模式都有可能成为参考依据。

<h1 style="text-align:center">第二节　盈利之辨</h1>

面对赞美和争议，首先应该对我国商业银行的盈利问题有一个客观和冷静的分析。

一、盈利模式

近年来，我国银行业利润快速增长。其中，利息净收入[①]和手续费及佣金收入一直是主要来源。从盈利模式来看，我国商业银行利息净收入占营业收入的比重普遍在70%～80%，有的甚至超过90%[②]。从16家上市银行[③]的数据来看，利息净收入占营业收入的比重普遍在70%以上，中间业务收入占比普遍不足20%，大部分都在10%以下。相比较而言，对于国际一流商业银行，中间业务已成为与资产业务、负债业务并驾齐驱的银行三大业务之一，利息收入占比一般只有50%～60%，中间业务则都在20%以上。美国花旗银行提供的资料显示，存贷业务为其带来的利润占总利润的20%，而承兑、资信调查、企业信用等级评估、资产评估业务、个人财务顾问业务、远期外汇买卖、外汇期货、外汇期权等中间业务却为花旗银行带来了80%的利润。

早在2007年，工商银行、农业银行、中国银行、建设银行的利息收入均超过1000亿元，分别占其当年营业收入的88.32%、87.85%、84.54%、87.64%[④]。尽管近年来中间业务收入占比有所上升，利息收入占比有所下降，但利息净收入仍然是商业银行盈利的主要来源，而且也是商业银行盈利增长的主要驱动因素。

[①] 利息净收入=利息收入-利息支出，利息收入为总生息资产产生的利息收入，利息支出为总计息负债产生的利息支出。

[②] 如北京银行2010年利息收入占比达到92.6%（来源于公开数据）。

[③] 16家上市银行为：中国工商银行、中国建设银行、中国银行、中国农业银行、招商银行、交通银行、上海浦东发展银行、中国民生银行、兴业银行、深圳发展银行、南京银行、宁波银行、中信银行、光大银行、北京银行、华夏银行。

[④] 数据来源：《银行业暴利是否存在：数据说话　服务还是打劫？》，《中国经济周刊》，2012年4月。

商业银行的利息收入主要包括四部分：一是贷款及垫款利息收入；二是有关债券投资利息收入；三是同业资产利息收入；四是存放央行资产利息收入。利息支出主要包括存款利息支出、同业资产利息支出、发行债务证券利息支出等。我们来看中国工商银行2012年的数据[①]。

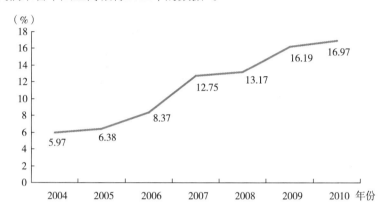

资料来源：《中国银行业发展报告2010—2011》。

图5-3 A股上市银行中间业务收入占比变动（2004—2010年）

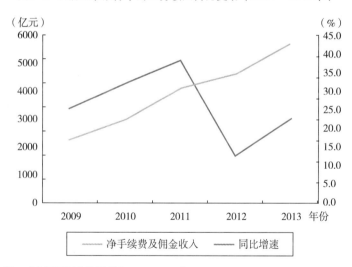

资料来源：《中国银行业发展报告2013—2014》。

图5-4 A股上市银行非利息收入变化情况（2009—2013年）

---

① 数据来源：中国工商银行2012年度报告（A股）。

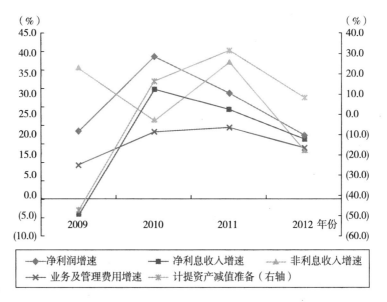

资料来源：《中国银行业发展报告2012—2013》。

图5-5　A股上市银行盈利驱动因素变化情况（2009—2012年）

2012年，工商银行的利息收入为721439万元，占营业收入的比重达到77.8%；利息支出为303611万元，利息净收入达到417828万元。

从利息收入的构成看，贷款及垫款利息收入达到519852万元，占总利息收入的72.1%；存款利差收入为270430万元，占利息净收入的64.7%。

2012年，工商银行的平均总存贷利差为4.21%，而净利息差为2.49%，净息差（净利息收益率）为2.66%。

表5-6　　　中国工商银行利息收入支出情况表[1]（2011年、2012年）

单位：人民币百万元，百分比除外

项目	2012年			2011年		
	平均余额	利息收入/支出	平均收益率/付息率（%）	平均余额	利息收入/支出	平均收益率/付息率（%）
资产						
客户贷款及垫款	8386531	519852	6.20	7329882	416338	5.68

续表

项目	2012年			2011年		
	平均余额	利息收入/支出	平均收益率/付息率（%）	平均余额	利息收入/支出	平均收益率/付息率（%）
投资	3839495	138159	3.60	3673043	121077	3.30
非重组类债券	3488859	130267	3.73	3272997	112086	3.42
重组类债券 [2]	350636	7892	2.25	400046	8991	2.25
存放中央银行款项	2652396	41766	1.57	2402963	38332	1.60
存放和拆放同业及其他金融机构款项 [3]	853392	21662	2.54	475867	13783	2.90
总生息资产	15731814	721439	4.59	13881755	589580	4.25
非生息资产	901978			675753		
资产减值准备	(211109)			(185263)		
总资产	16422683			14372245		
负债						
存款	12509843	249422	1.99	11364657	188650	1.66
同业及其他金融机构存放和拆入款项 [3]	1694972	43461	2.56	1389833	32809	2.36
已发行债务证券	264493	10728	4.06	150578	5357	3.56
总计息负债	14469308	303611	2.10	12905068	226816	1.76
非计息负债	842263			574991		
总负债	15311571			13480059		
利息净收入		417828			362764	
净利息差			2.49			2.49
净利息收益率			2.66			2.61

注：（1）生息资产和计息负债的平均余额为每日余额的平均数，非生息资产、非计息负债及资产减值准备的平均余额为年初和年末余额的平均数。

（2）报告期内重组类债券包括华融债券和特别国债，请参见"财务报表附注四，10.应收款项类投资"。

（3）存放和拆放同业及其他金融机构款项包含买入返售款项；同业及其他金融机构存放和拆入款项包含卖出回购款项。

资料来源：中国工商银行2012年度报告（A股）。

从以上数据可以看出，利息收入仍是工商银行2012年营业收入的主体，占比达到77.8%，而存贷利差收入又是利息净收入的主要来源，占比为64.7%；同时，4.21%的存贷利差以及2.49%的净利息差和2.66%的净息差说明，存贷利差收入不仅对利息净收入的贡献多，而且超过其他生息资产利息收入成为效率最高的利息收入来源。

因此，从我国商业银行的情况看，存贷利差收入是商业银行良好盈利的主要贡献力量。长期以来，我国一直维持着较高的存贷利差。尽管自2002年以来，我国的存贷利差有了明显的下降，但仍然保持在平均3%～4%的水平，例如，2011年一年定期存款利率是3.5%，而1～3年的贷款利率达到6.65%，利差在3个百分点以上。而欧洲的商业银行存贷利差常年保持在1%～2%，我国台湾地区仅在1%。

基于通常的标准，我们用净息差来衡量我国商业银行生息资产的盈利能力，2005—2012年的净息差详见表5-7。

表5-7　　　　　　A股上市银行净息差情况表（2005—2013年）

单位：%

2005年	2006年	2007年	2008年	2009年	2010年	2011年	2012年	2013年
2.48	2.61	2.89	3.01	2.30	2.43	2.63	2.59	2.42

数据来源：《中国银行业发展报告2012—2013》、《中国银行业发展报告2013—2014》。

这里有必要对净息差进一步做些说明。从国际上看，美国、意大利商业银行的长期平均净息差在3.98%、3.49%，而2012年上半年，美国银行、摩根大通银行、花旗集团和富国银行的净息差分别为2.85%、3.06%、3.15%和4.33%[①]。有人据此认为，与国际上相比，中国商业银行的净息差并不高，由此认为中国商业银行的利差（或息差）也不高。需要指出的是，净息差与存贷利差或利差是完全不同的概念，净息差（Net Interest Margin, NIM）指的是银行净利息收入和银行生息资产的比值，计算公式为：净息差＝（银行全部利息收入－银行全部

———————————

① 资料来源：凤凰财经、21世纪财经。

利息支出）/平均生息资产规模。因此，我们可以把银行的净息差理解成其他行业的"营业利润率"，其反映的是商业银行综合运用生息资产的盈利能力，是衡量利率市场化条件下的商业银行定价能力和经营能力的一个重要指标。净息差高并不说明存贷利差高，而恰恰反映了国外一流商业银行良好的定价能力和经营能力，事实上，很多利率市场化国家的存贷利差是非常低的。由于生息资产包括贷款、债券投资资产、同业资产、存放央行资产等多种资产，在成熟市场经济国家，尽管存贷利差较低，由此获取的盈利有限，但商业银行通过在各种投资和交易资产的合理有效配置，仍然可以实现较高的净息差。理论上讲，净息差应该是收益、风险、流动性、成本等因素的函数。但在我国，由于现阶段金融市场化程度还不够，商业银行投资渠道有限，贷款仍然是商业银行的主要生息资产，利息收入也主要是来源于贷款，净息差水平总体上简化为资金供求关系，而银行获得稳定净息差的能力又取决于其存款资源的占有能力。原因在于：（1）出于风险厌恶，银行并不会贷款给出价最高的企业，实际放贷量也不会随市场利率达到均衡，贷款主要流向具有政府隐性担保的主体。因此，生息资产收益率与银行资产经营能力相关程度小，且上浮空间有限，其整体水平主要取决于经济周期。（2）利率管制造成实际上的存款低利率甚至负利率，因此，存款量越大、存款中的活期存款比重越高，计息负债成本率越可控，息差弹性越足。因此，一方面净息差本身的意义对于我国商业银行来说并不显著和有效，另一方面，用与国外商业银行净息差的比较来说明我国商业银行的利差不高其实是混淆了概念。

专栏5.3 商业银行的存贷利差、净息差和净利差

存贷利差比较容易理解，即商业银行贷款平均收益率与存款平均付息率的差额，公式可表示为：贷款利息收入/平均贷款规模–存款付息支出/平均存款规模。

净息差（Net Interest Margin, NIM）有时也称为净利息收益率，其实是

净利息收入的收益率，即净利息收入与平均生息资产规模的比值，公式如下：净息差=净利息收入/平均生息资产规模=（利息收入−利息支出）/平均生息资产规模=（平均生息资产规模×生息率−平均付息负债规模×付息率）/平均生息资产规模=生息率−（平均付息负债规模/平均生息资产规模）×付息率。生息率主要看客户贷款及垫款平均收益率和债券投资平均收益率，前者与公司贷款期限结构密切相关，也与消费贷款结构和占比有关，后者与债券投资水平有关，即债券的品种配置和期限配置能力。付息率主要看存款结构。

净利差（或称为净利息差）与净息差是两个不同的概念，净利差代表了银行资金来源的成本与资金运用的收益之间的差额，相当于毛利率的概念，而净息差代表资金运用的结果，相当于净资产收益率的概念。净利差的公式表示如下：净利差=生息率−付息率。

净利差与净息差之间的关系十分密切。在数量关系上，二者可大可小，主要取决于平均生息资产规模与平均付息负债规模孰大孰小。如果您翻阅上市银行年报，就会发现净息差总是大于净利差，原因就在于平均生息资产规模大于平均付息负债规模，道理很简单，生息资产不仅来源于付息负债，还有部分来源于所有者权益，或者说资本净额。由于平均生息资产规模和平均付息负债规模的差距不会太大，本质上对净息差产生影响的还是净利差水平。净利差的高低则依赖于生息率和付息率的差值，即低成本吸收资金，高收益运用资金，净利差就会比较大。

二、信贷规模

有了稳定的净息差，商业银行只需扩大生息资产规模便可以获得可观的收入，而在我国利率还没有完全市场化、存贷利差高于净息差以及贷款在生息资产中占主体地位的情况下，商业银行对规模形成了较强的路径依赖，对利率则缺乏敏感性，单方面扩大信贷规模便成为合乎逻辑的选择。而良好的外部环境正好为商业银行创造了条件。一方面，2003年以来，我国经济持续快速增长，

GDP年均增速在10%以上。由于我国正处于工业化和城市化进程中，固定资产投资远高于GDP增速，资金整体需求较快，处于一种债务经济扩张期。在我国目前还是间接融资为主的情况下，商业银行占据了主导地位，大量的贷款投放拉动了银行生息资产规模的不断扩张，再加上较高的稳定利差，银行的利息收入自然大幅增加。另一方面，宽裕的流动性环境、高储蓄率、近乎国家担保的信用等级以及投资渠道不足等因素造成即使在低利率环境下，银行的存款来源也非常稳定，保证了充裕的低成本的可贷资金。

表5-8　　　　银行业金融机构各项贷款情况表（2003—2013年）

单位：亿元

2003年	2004年	2005年	2006年	2007年	2008年	2009年	2010年	2011年	2012年	2013年
169771	188566	206839	238280	277747	320129	425597	509226	581893	672875	766000

数据来源：中国人民银行。

因此，从数据分析看，我国商业银行近年来的良好盈利源于利息收入主导模式下的贷款规模快速增加，依靠较高的利差获得了可观的利息收入。当然，商业银行在金融创新、中间业务、综合经营等方面也有所发展，但在这种情况下，总体来看商业银行在金融创新、完善金融服务和发展中间业务等方面动力不足，主要是通过做大信贷资产规模这种"量"的方式从而实现快速扩张和盈利。

第三节　改革红利

当然，在市场化改革前，我国商业银行更是固定利差下的利息收入主导模式，且贷款规模在整个社会融资中占比更高，但商业银行（尤其是国有商业银行）的经营状况却异常糟糕。因此，客观地说，市场化改革确实给我国商业银行带来了显著的变化，一方面资本实力、资产质量、经营效益等整体实力大幅提升；另一方面，通过引进、消化、吸收国际先进经验，结合我国实际，系统推进了资本、信贷、财务、资金、运行、营销、风险等重要领域的深层改革，内部管理等能力持续增强；再者，银行业结构持续优化，日趋强化的市场竞争机制增强了银行的活力。这些都使商业银行的服务供给能力得以大幅提升，经营管理水平和风险控制能力得以显著加强，为商业银行的平稳运营和盈利水平的提升奠定了良好的基础。从这个角度讲，我国商业银行的良好表现正是市场化改革红利的释放。

一、财务重组：短期效益提升

在国有商业银行股份制改革中，财务重组既是基础，也是使国有商业银行摆脱历史包袱、轻装上阵的手段，对国有商业银行来说可谓重要的改革红利，使其效益得以短期大幅提升。

中国银行和建设银行于2003年12月率先进行了财务重组，工商银行2005年4月开始财务重组，农业银行2008年10月也进行了财务重组。与1998—2002年的国有银行商业化改革相比，此次的股份制改革投入的资源更多，仅仅向最先进行改革的工行、中行、建行三家行注入的外汇资本金就达到600亿美元，三家行通过上市筹集到的资本金总额达到1790亿元人民币和1489亿港元。财务重组后，各家银行的资本充足率和不良贷款情况大为好转（见表5-9和表5-10），比较成功地解决了国有商业银行的历史包袱，使其在一个比较高的起点上重新开始商业化经营。

表5-9　　　　　　　　四大行财务重组前后资本充足率比较

单位：%

	财务重组前	财务重组后
工商银行	5.52（2003年）	9.89（2005年）
中国银行	8.7（2002年）	10.04（2004年）
建设银行	7.0（2002年）	11.29（2004年）
农业银行	N.A（2007年）	9.41（2008年）

数据来源：各行年报。

表5-10　　　　　　　　四大行财务重组前后不良贷款率比较

单位：%

	财务重组前	财务重组后
工商银行	21.24（2003年）	4.69（2005年）
中国银行	25.6（2002年）	5.13（2004年）
建设银行	15.3（2002年）	3.92（2004年）
农业银行	23.57（2007年）	4.32（2008年）

数据来源：各行年报。

二、行为模式转变：效率偏好与规模竞争

尽管财务重组短期内大幅提升了效益，但对于商业银行来说，与短期的绩效改善相比，行为模式的变化更为重要，即长期来看是否遵循市场化和商业化的经营模式和行为。否则，即便短期内绩效有所改善，长期来看也缺乏可持续性。

很多研究也专门关注我国商业银行市场化改革后的表现，尤其是贷款行为的转变等方面。Garcia-Herrero等（2006）从整体上对中国银行业改革及其可能的影响进行了初步评估，认为一系列的改革在总体上对中国的银行体系带来了积极的变化。李艳虹等（2010）通过构造商业银行综合财务实力的评分体系，将国有商业银行的财务重组和股份制改造置于国际银行业的大背景中和改革前

后8年内，进行横向和纵向比较分析，数据表明，我国银行业改革成效显著，但对财务实力短期内的大幅改善需辩证地看待，完善银行公司治理机制仍然任重而道远。蔡卫星、曾诚（2011）运用2002—2007年中国省际面板数据，从贷款行为的视角研究了引进境外战略投资者对国有商业银行的影响，结果显示，国有商业银行与其他商业银行的贷款行为存在着明显的差别，国有商业银行贷款增长率与盈利能力呈负相关，而其他商业银行贷款增长率与盈利能力显著正相关，这说明与国有商业银行相比，其他商业银行贷款行为更符合商业导向；引进境外战略投资者并没有带来国有商业银行整体贷款行为的显著改善。同样是运用2002—2007年中国省际面板数据，蔡卫星、曾诚（2012）又考察了市场竞争与产权改革对中国商业银行贷款行为的影响，得出三个主要结论：一是从整体看，中国商业银行贷款行为的商业导向仍然有待改善，表现在商业银行贷款增长率与盈利能力显著负相关；二是市场竞争改善了商业银行的贷款行为，推动了商业银行贷款行为向商业导向转变；三是产权改革对商业银行贷款行为没有显著影响。侯晓辉、张国平（2009）通过一个引入战略投资者监督机制的委托—代理模型，对国有商业银行改制过程中，在保持国有股控股地位的前提下，引进国外大型金融机构作为战略投资者的公司治理效应进行了理论分析，研究表明，引进战略投资者股东，增加对国有商业银行经理人的监督，能够有效提高他们的努力水平，并抑制其以政策性负担为借口的卸责行为。

市场化改革给商业银行带来的变化涉及方方面面，尽管各方研究得出的结论并不完全一致，但总体来看，市场化改革还是给商业银行尤其国有商业银行的行为模式带来了改变，这里主要关注一下效率偏好和规模竞争。

（一）效率偏好

在国有银行商业化改革阶段，国家由于控制成本增大逐渐由控制偏好转为效率偏好，而由于政策性负担和软预算约束问题，国有商业银行在经营中根本不关注效率，最终风险和损失都可以由国家承担。国有商业银行也主要是为上级部门实现政治性目标而进行的非经营努力，把精力更多地放在游说和建立人际关系这类非生产性活动上，完成政府所交代的政策性任务，从而偏离了利润目标。在当时的情况下，效率偏好并没有出现在国有商业银行的效用函数中或权重很低，与国家的效用函数并不一致，这种内在不一致性影响了国有商业银行的经营绩效。

市场化改革开始后，随着国家的逐步退出，商业银行尤其是国有商业银行建立和完善了市场化的治理机制和激励约束机制，效率偏好开始在商业银行的效用函数中大幅提升。首先，政策性负担减少。随着国有企业的改革和发展，其经营状况大为改善，国有商业银行原来维持国有企业经营和运转的政策性负担已经大大减少；同时，由于产权已经多元化，国家也不可能仅仅通过行政命令干预商业银行，商业银行也不可能再完全依赖国家对其经营损失负责，国家和国有商业银行之间的预算约束开始硬化，商业银行逐渐成为市场中的竞争主体，而追求效率和效益是任何市场主体的天然特性。

其次，评价规则逐渐市场化。市场化改革后，我国商业银行已逐渐融入国际市场，在经济市场化和金融开放背景下，对商业银行的评价规则也必然市场化和国际化，其中各种效率指标是评价体系的重要依据和内容，社会上和各商业银行自身也开始关注商业银行的绩效表现和排名等指标，如历年的商业银行竞争力报告、世界银行排名等都引起了广泛关注。

再次，激励机制推动效率偏好。市场化改革后，尽管国有商业银行的经营管理人员主要还是由国家任命，但与之前不尽相同的是，由于国家逐渐转向效率偏好，经营绩效好、社会认知度高的商业银行经营管理人员更易得到晋升；同时，在商业银行内部，职务的晋升、工资收入等也更多地实现了市场化，遵循效益导向和效益优先的原则。

对我国商业银行市场化改革来说，效率偏好是非常重要的元素和基础，只有商业银行的效用函数转为效率偏好，商业银行才会逐步实现经营行为的市场化和商业化。

（二）规模竞争

在市场化改革前，我国银行业市场竞争程度较弱。理论上讲，银行业的竞争应包括产品、服务、技术、管理、人才等各方面的竞争。事实上，市场化改革前商业银行也积极追求规模，但并不是基于竞争和效率偏好，而是控制偏好。2003年商业银行市场化改革以来，在效率偏好等因素的综合作用下，我国商业银行的竞争加剧，但主要体现为规模竞争。

首先，在利差收入主导的模式下，追求规模是商业银行效率偏好的合乎逻辑的选择。根据上一节的分析，在目前的盈利模式下，商业银行只要做大贷款规模，就能实现利润的上升。因此，无论是大型银行，还是中小银行，都积极追求规模扩张，抢占市场空间，银行业之间的规模竞争日趋激化。

其次，宏观调控和信用扩张为商业银行规模竞争创造了条件。对于中国这样一个处在转轨之中的发展中国家而言，宏观调控一直是双轨并行，总是少不了在市场手段之外加上行政手段，在总量调控之外加上结构性调控（中国经济增长与宏观稳定课题组，2010）。商业银行不仅是经济体系的重要组成部分，为经济发展提供资金，而且是经济金融稳定的基础，是宏观调控的重要手段（盛松成，2006）。总量调控体现在商业银行的信贷总量投放上，而结构调控则表现为商业银行自身的信贷筛选功能和政策指导性投向方面。2003年以来，我国经济进入一个上行周期，政策较为宽松，信用扩张较快，客观上为商业银行迅速扩大规模、进行规模竞争提供了条件。

再次，激励机制助推规模竞争。商业银行在盈利的驱动下，奉行"大的才是好的"，在激励机制上，揽存多的奖励就多，规模大的支行行长升迁就快。在这种激励下，银行经营就是要做大规模，存贷款越多越好，拼命设网点、铺摊子，追求分支机构扩张。各银行之间也更多的是规模竞争，制定年度目标时多以资产规模为目标，以行业规模排名、超过某家银行为激励，社会上也经常是着重关注商业银行的资产规模及排名，"以规模论英雄"的激励和导向明显。

应该说，在效率偏好和规模竞争的驱使下，我国商业银行实现了快速发展和壮大，盈利水平大幅提升，改革成果显现，同时也较好地支持了经济发展。但银行业竞争约等于银行规模竞争的现象也说明，依赖存贷差盈利、金融产品和业务单一与同质化、缺乏特色竞争力等问题仍旧困扰着中国银行业，给商业银行的可持续发展带来了挑战。

第四节　经济增长中的信贷支持：商业银行的作用

在第二章，我们分析了国有银行在经济转轨时期为公共部门和国有部门提供了金融支持，发挥了重要作用。进入21世纪，尤其是2002年开始，我国经济进入了一个新的快速增长周期，主要表现为投资和出口的拉动模式，随着商业银行市场化改革的推进，与中国经济增长模式相匹配的信贷金融体系对投资的高速增长起到了决定性的驱动作用（中国社会科学院课题组，2007），提供了信贷支持。同时，投资的快速增长也拉动了信贷供给，商业银行在这一时期实现了快速发展。

一、投资、出口与经济增长

在经济发展方面，我国主要是应用总需求的分析范式和相关政策，投资、消费和出口组成了经济增长的"三驾马车"。2001年12月中国加入世界贸易组织后，进入了一个新的经济发展周期，在这一时期，中国基于外部需求和投资需求的增长模式得以确立，出口和固定资产投资成为了增长的主要因素。

金融危机前，我国外贸出口一直强劲增长，成为推动经济高速增长的重要因素之一。在经济全球化背景下，受益于加入世界贸易组织，2001年以来，中国的对外贸易连续6年保持在20%以上的快速增长，其中2002—2007年出口平均增速高达29%。到2007年，中国的外贸依存度（进出口总额与GDP总量之比）已经接近70%；货物出口占GDP的份额也持续攀升，2006年最高达到35.9%。受国际金融危机的影响，我国外贸进出口自2008年11月以来连续大幅下挫，但2008年全年出口较上年依然实现了17.2%的增长；2009年3月外贸开始企稳回升，但2009年出口相比2008年还是下降了16%。2010年以来，出口增速有所下降，基本维持在个位数；货物出口占GDP的份额也有所下降，但基本还维持在25%左右的水平。总体来看，加入世界贸易组织后至国际金融危机前，外需成就了我国出口的高速增长，从而推动了经济的快速增长。

2002年以来，我国的固定资产投资一直保持较高的增速，成为推动经济增长的另一个重要因素。2002—2009年，固定资产投资增长率一直保持高位，2009年更是高达30%。2010年后开始回落，但基本也都超过了20%。投资率^①方面，从2002年的37.8%增长至2011年的48.3%，2012年略微下降至47.8%；同时，消费率^②从2002年的59.6%持续下降至2010年的48.2%，2011年以来略有回升。从图5-6可以看出，我国的固定投资增长波动高于经济增长率，并且两个变量在波动趋势上呈现非常一致的"协整"关系，这进一步印证了我国经济增长模式中的投资驱动特征。

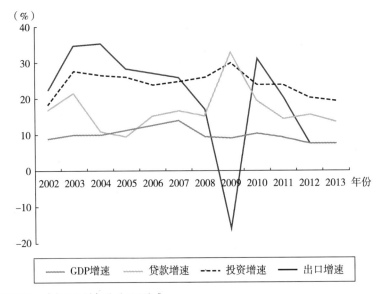

数据来源：《中国金融年鉴（2013）》。

图5-6　中国GDP、贷款、投资、出口增速（2002—2013年）

总体来看，在这一时期，投资和出口贡献了我国GDP增长的大部分^③，且投资增速与GDP增速走势几乎一致。当然，这一时期我国依赖投资和出口的经济增长模式有其客观合理性。首先，经济的发展阶段决定了经济增长模式。这一阶段正是我国城镇化和工业化快速发展的时期，也是我国从低收入国家逐步到中等收入国家的阶段。从国际的情况看，这一时期一般投资率都较高。日本

---

① 投资率又称资本形成率，是指资本形成总额占支出法国内生产总值的比重。
② 消费率即最终消费率，是指最终消费支出占支出法国内生产总值的比重。
③ 比如，在2007年，出口和固定投资构成了GDP的78.7%（朱安东、[美]大卫·科茨，2011）。

战后逐步从低收入国家转变为发达国家，于1966年人均GDP达到1000美元，当年的投资率为33%，在随后的4年间投资率出现加速上升，1970年达到最高值39%，至1974年一直维持在35%以上的高位，随后开始下降。韩国1977年人均GDP达到1000美元，当年的投资率为30%，至1980年加速上升至36%的高点后回落。如果按照钱纳里的模型[①]，日、韩等东亚出口导向型国家在工业化阶段投资率为30%~40%的水平，变化的拐点在35%左右。2002年，我国人均GDP达到1000美元，当年的投资率为37.8%，此后加速上升；2011年我国人均GDP约为5600美元，已属于中等偏上收入国家，当年的投资率达到最高值48.3%，此后有所下降。从以上情况看，我国在这一时期的投资率基本符合国际上的规律，但与日本、韩国、新加坡等国家相比，在经历同一发展阶段时我国的投资率明显偏高。

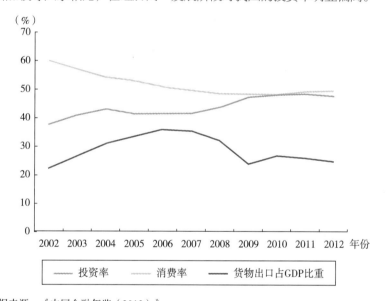

数据来源：《中国金融年鉴（2013）》。

图5-7 中国投资率、消费率、出口份额情况（2002—2012年）

---

① 美国发展经济学家钱纳里（Chenery, 1975）利用结构主义分析方法，通过实证检验得出在整个工业化进程中，投资率、消费率与经济增长之间具有动态相关性。他认为，一国的经济增长方式、经济体制、经济政策以及社会文化因素均影响该国投资与消费比例的形成，并导致发展水平相近国家之间的投资率、消费率差异。但总体上在工业化时期，随着经济增长，投资率存在一个从低到高、再从高到低并趋于稳定的演变过程，类似一个"鞍马形"曲线。

其次，形势的变化使得中国经济增长不得不依赖于投资和出口。在1991—2001年期间，中国85%的GDP增长是由于国内需求的增长引起的（朱安东、[美]大卫·科茨，2011）。到了2001年，尽管从国际标准来看，中国的GDP增长率仍然很高，但低于从1998年算起的长期平均水平。消费价格从1998年起几乎不上涨或下跌显示了需求的不足。政府在进一步加速经济增长上面临压力。同时，收入不平等、产业化的医疗、教育和住房带来的负担使得储蓄率上升，居民消费在GDP中的份额处于较低水平且不断下降。这使得中国经济快速增长只能依赖需求的其他方面——投资和出口，而2001年后正好提供了这一机遇。第一，2001年中国加入了世界贸易组织，这鼓励了国际贸易，特别是出口，并且中国的制造业部门在随后几年中逐渐地被吸引到出口市场；第二，从2002年开始房地产泡沫逐渐在中国形成，这促进了经济中更多的投资；第三，1998年开始了规模巨大的政府基础设施投资，包括建设港口、机场、地铁和高速公路等，这持续地增加了2001年后投资所占的份额。

二、投资、出口增长与信贷配置

从资本形成机制的历史来看，政府财政和金融机构起到了至为关键的作用。改革开放前及改革开放之初，我国的金融系统从属于"大一统"的金融管理体制，金融机构基本上是以一种依附于财政机构的形式存在，财政融资型的资本形成机制在此期间占据主导地位。其后，随着财政能力的下降，金融机构（尤其是国有银行）发挥了"财政"职能，为我国经济转轨提供了金融支持。在2001年以来投资和出口驱动经济增长的这一时期，一方面对比我国投资与金融机构各项贷款的变化趋势（见图5-6），可以看出二者有着较为显著的一致性；另一方面，快速增长的出口拉动了企业扩大再生产，在非金融企业部门新增负债及股票融资结构中，贷款牢牢占据主体地位，很好地满足了企业扩大生产和投资的资金需求；商业银行发挥着"信贷支持"作用。

首先，经济处于经济周期的不同位置和经济增长的不同阶段，对信贷资金的需求有所不同。在经济周期的上升阶段，信贷需求增加。每一轮经济快速增长之前，投资开始加速，物价开始回升，货币供应量和银行信贷资金也开始高速增长。2013年我国国内生产总值已达57万亿元，较2003年翻了两番多，在以投资和出口拉动为主要引擎的发展模式下，经济总量的快速增长直接带动了社会融资需求的迅猛增加，融资总量从2003年的3.4万亿元增长到2013年的17.3万亿元，而这些融资需求中有60%以上都是依靠银行贷款得以实现。在资金需求的拉动下，银行业贷款规模快速增长，2003—2013年贷款规模年均增长16.3%，2008—2013年更是达到19.1%。

其次，我国直接融资比重过低，企业融资进一步依赖信贷资金。银行业一直是我国金融领域的主力军，在整个国民经济建设中占据着十分重要的地位，如2011年末银行业资产占金融资产总量的比例达到90.76%，而同期证券业仅占3.95%，保险业仅占4.87%[①]。我国直接融资比例长期较低，融资结构以间接融资为主，尽管近年来直接融资发展迅速，2013年间接融资占比已降到了51.4%，但仍然处于绝对主导地位，这还不包括银行表外的大量资产。从非金融企业资金需求的来源看，其长期资金需求的绝大部分都是通过银行中长期贷款来满足。企业部门新增负债及股票融资结构中包括贷款、债券、股票、未贴现的银行承兑汇票、国外负债等，如图5-8所示，2002—2012年，贷款始终占据主导地位，2009年最高时贷款占比达到78.7%，2010年最低时也有54.5%。

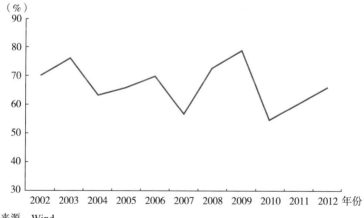

数据来源：Wind。

图5-8　中国企业部门新增负债及股票融资中贷款占比情况（2002—2012年）

---

① 数据来源：张文武. 理性评估商业银行盈利水平. 中国金融，2012（7）.

　　最后，商业银行信贷扩张具有内在动力。根据前面的分析，商业银行市场化改革后，行为模式开始转变为效率偏好和规模竞争，信贷扩张具有内在动力。同时，商业银行出于控制信贷风险考虑并受制于投资渠道狭窄，也偏好于发放中长期贷款。

　　因此，在我国出口和投资驱动经济高速增长的这一时期，高速增长的出口和投资需要大量的资金支持，而市场化改革后的商业银行正好具备了条件，提供了信贷支持，同时也实现了自身的规模扩张和快速发展。应该说，随着我国商业银行市场化改革的逐步推进，信贷和投资之间的纽带关系已经从原来的"财政型"和"管制型"开始逐步转换为"市场导向"的运行方式。但是，任何体制性变迁都存在路径依赖的现象，我国投资增长和信贷配置之间的关系仍然存在显著的"非市场化"特征和痕迹。从局部视角来看，非市场化的信贷集聚和转换机制的绩效在一定程度上印证了斯蒂格利茨（1999）的"金融约束论"的有效性，这种资源配置方式有效地推动了经济的转型和增长以及投资的高速增长，但是也会带来大量的不良资产，累积经济和银行体系的系统性风险。应该看到，信贷体系对于我国投资效率的提高和资源配置效率的改善并未起到有效的疏导作用，还需要进一步的市场化改革。事实也是如此，近年来，在商业银行亮丽成绩单的背后，问题和风险也开始逐渐显现，引发关注。

第六章　高奏凯歌的背后：
问题与风险

在上一章，我们展示了商业银行十年来改革和快速发展的情况，以及其对经济增长的信贷支持作用，可谓成绩斐然。但这并不意味着我们可以高唱赞歌、万事大吉。恰恰相反，我国商业银行还主要是一种粗放式的发展方式，市场化改革远没有结束，还存在很多问题，任重而道远。尤其是自2011年以来，商业银行利润增速开始下滑，不良贷款出现双升，被快速发展所掩盖的问题和风险开始凸显，对此应该有清醒的认识。

第一节　商业银行存在的主要问题

一、商业银行的政策性金融职能：两个矛盾

随着商业银行市场化改革的推进和治理结构的不断完善，商业银行逐步走向市场化和商业化经营，原来承担为国有企业提供金融支持的政策性负担大为减弱[1]。但是，作为发展中国家和转型国家，我国经济社会发展中的政策性金融需求还广泛存在，商业银行承担政策性金融职能的问题依然不容忽视。

（一）政策性金融机构发展缓慢与政策性金融需求旺盛的矛盾

一般来说，政策性金融是指在一国政府的支持下，以国家信用为基础，运用各种特殊的融资手段，严格按照国家法规限定的业务范围、经营对象，以优惠性存贷利率，直接或间接为贯彻、配合国家特定的经济和社会发展政策而进行的一种特殊性资金融通行为。它是一切规范意义上的政策性贷款，一切带有特定政策性意向的存款、投资、担保、贴现、信用保险、存款保险、利息补贴等一系列特殊性资金融通行为的总称。从当今世界各国的情况来看，政策性金融普遍存在，这其实有其深刻的经济学理论基础。新古典经济学认为，在现代市场经济的基本结构中，市场机制和原则虽然构成社会经济资源配置和经济运行协调的基础，但却不能解决经济社会中的所有问题。这不仅因为市场机制本身有其作用的边界，而且若干非经济因素也使市场机制产生许多失效的现象，即所谓的"市场失灵"。作为现代市场经济资源配置的主要途径之一的金融市场，在调节金融资源的配置中，由于金融市场的不充分竞争和金融机构本身的特性，导致不能有效地配置金融资源，即也存在着"金融市场失灵"。对于金融资源配置中市场机制失灵的问题，就需要政府通过创立政策性金融机构来矫正，以实现社会资源配置的经济有效性和社会合理性的有机统一。因此，政策

---

[1] 这当然也得益于国家财政能力的增强以及国有企业改革和经营状况的改善。

性金融机制并不是完全同市场机制相反的行政机制，它具有财政"无偿拨付"和金融"有偿借贷"的双重性，是两者的巧妙结合而不是简单加总。尽管随着各国经济与社会向更高层次发展，政策性金融的种类、业务方式和运行范围与领域可能有种种变化，但它的基本机制与功能将长久存在并发挥作用。即使在市场化机制比较发达的国家，政策性金融也长期存在并起到很好的补充作用，例如，在金融最发达的美国，也将其农业政策性金融机构法定为永久性机构，这正是从长期实践中深思熟虑的结果。

专栏6.1　国外政策性金融的基本运作模式

1. 财政融资模式和信贷融资模式。

从融资渠道看，国外政策性银行的运作模式可以分为财政投融资模式和信贷融资模式两种基本类型，目前采取财政融资模式的相对较少。财政投融资模式的主要特征是强有力的财政支持，表现为政策性金融机构能获得长期、大量的无偿或低成本的财政性资金，享受财政担保、亏损补贴、税收优惠等政策。日本开发银行是财政融资模式的典型代表，其从财政投融资计划中获得的资金额超过其当年资金来源的90%。信贷融资模式的典型特征是依靠国家信用在市场上融资，表现为政策性金融机构在政府担保和其他方面的支持下，完全按信贷融资规则和方式从事融资活动。这种模式的政策性银行一般都具有较高的债信等级和完善的经营机制及手段，资金力量雄厚，信贷资产质量良好。

德国复兴信贷银行成立初期，资金来源主要是政府的ERP特别基金，经过多年的发展，目前德国复兴信贷银行主要通过国内、国际资本市场筹资，筹资金额占整个资金来源的91%左右，政府资金仅占9%左右。韩国开发银行（KDB）也采用信贷融资模式，虽然从1954年成立到1962年的近10年时间里基本依靠财政融资，但到1999年政府借款仅占3%左右，而且还是贷给政府指定的项目，绝大部分资金依靠在国内外资本市场发行债券或借款。

从德国复兴信贷银行和韩国开发银行融资结构的变化可以看出，在不同的发展时期，财政融资模式和信贷融资模式是可以相互转换的。一般来说，政策性银行在创立之后的一段时间内，主要由政府提供财政资金支持。随着政策性银行的发展成熟，其信贷融资能力逐步增强，财政资金的支持力度便逐步减弱。

上述两种运作模式的区别在于：以财政融资为基础的政策性银行，是财政政策的延伸，可实现一部分财政政策目标；以信贷融资为基础的政策性银行，其本身就是市场的重要组成部分，在保证资产安全的前提下，为重要经济领域和行业的发展提供持续不断的支持。

2. 单一内资融资模式与内外资结合融资模式。

根据各国政策性金融资金是否运用外资来分，政策性金融分为单一内资融资模式与内外资结合融资模式。

一般来说，发达国家的资金比较充裕，因此政府对政策性金融的支持主要依靠调动国内资金，而较少或不必考虑利用外资（如德国、法国等）。发展中国家则更多地依赖外资为政策性融资。主要原因：一是发展中国家经济不发达，能够提供的资金较少；二是其金融体系处于初级发展阶段，融资能力弱，政策性金融承担了部分本应由商业性金融承担的职责；三是发展中国家要实现加快经济发展、赶超其他国家的目标，加重了政策性金融承担的任务。上述原因，使很多发展中国家（如韩国、泰国等）借助于利用外资。依赖外资可以弥补政策性金融的资金缺口，同时也使政策性金融的独立性受到一定影响。

3. 业务独立模式与业务交叉模式。

从政策性金融业务与商业性金融业务是否交叉来看，可以分为业务独立的政策性金融模式与业务交叉的政策性金融模式。

一般而言，作为贯彻政府意图或干预经济活动的特殊工具，政策性金融有自己独特的业务活动领域，不与商业性金融业务交叉。美国、法国的政策性金融机构大都如此。但对于像泰国这种国内资金严重短缺的国家来说，情况会有所不同。泰国的部分政策性金融机构为了扩大国内资金来源，从事吸收存款（包括活期存款）业务，从而产生了与商业银行的业务交叉和竞争问题。日本政策性金融长期以来与民间金融之间的关系是协调的，不存在竞争问题。但近十多年来，由于经济持续低迷，资金需求减少，政策性金融机构与商业性金融机构开始相互涉足对方的领域，以开拓业务、维持生存。

4. 发达国家模式与后发展国家模式。

政策性金融可以分为发达国家的政策性金融模式与后发展国家的政策性金融模式。美国、法国等国家，属于发达国家的政策性金融模式；日本、韩国、泰国等国家，是比较典型的后发展国家的政策性金融模式。两种模式的不同点主要表现在：

发达国家经济比较发达，金融体系比较完善，政策性金融机构承担的任务较少；而后发展国家经济发展相对较晚，金融体系不够完善，政策性金融承担的任务较重；发达国家政策性金融的职责在较长时期内保持相对稳定，政策性金融体系的结构较为简单明了。而后发展国家政策性金融承担的职责具有一定的阶段性，机构形式多种多样，体系结构相对多变；发达国家的政策性金融更多地体现公益性和公平性原则，服务对象主要是农业、住房、中小企业等；而后发展国家的政策性金融更多地体现开发性和公共性原则，服务领域和对象更为广泛；发达国家的政策性金融与商业性金融之间基本上不存在业务交叉和竞争问题，而后发展国家或多或少地存在这一问题；发达国家政策性金融的资金来源主要从市场筹措，后发展国家政策性金融的资金来源则相对较多地依赖政府财政和利用外资；发达国家政策金融机构并不完全和全部为政府所有，政府的直接干预较少；而后发展国家政策性金融机构基本上为政府所有，政府的直接干预相对较多。

［资料来源：商瑾等.各国政策性金融的基本运作模式及若干启示.商业时代，2013（11）.］

中国经济经过三十多年的改革，基本上建立了比较完备的社会主义市场经济体系。但不可回避的是，西方发达国家的市场体系和制度安排是一个自发的过程，是"公共选择"的结果，但中国的改革和制度安排几乎都是国家自上而下设计和推动的，因此无论是市场环境还是经济制度都存在不完善的地方，"市场失灵"的问题会更加严重，市场中还会存在较为严重的机会主义行为和道德风险，经济市场化进程中还面临各种困难和问题。在这种情况下，政府出于政治稳定和社会公平的考虑，也会依赖于政策性金融。政策性金融作为政府宏观调控的工具之一，有利于较好地解决政府无法直接解决的许多问题。现实中，解决区域经济发展的不平衡、支持农业发展、促进对外贸易与投资、加强环保产业、支持中小企业发展、促进各项社会事业的发展等问题，除了财政方面的政策外，更应注重政策性金融的作用。我国经济基础差，市场发育程度低，政府要支持的领域更多，要调控的范围更广，因此更需要依靠一个体系完整、功能齐备的政策性金融的有力支撑。

从理论上讲，政策性金融主要由政策性银行承担，这也是设立国家开发银行[①]、中国农业发展银行和中国进出口银行三家政策性银行的初衷。过去十多年间，银行体系的商业化改革和市场化改革快速推进，但政策性金融还存在很多空白。从三大政策性银行近十年来的贷款情况看（见表6-1），尽管政策性银行的贷款总额有了较大幅度增加，但占当年所有贷款的比例一直不高，一直在10%～15%。需要指出的是，政策性银行贷款的大幅增加很大部分来自2007年启动商业化改革的国家开发银行贷款的快速增长[②]，2008年后国家开发银行的贷款增加较快，而农业发展银行和进出口银行的贷款增加一直比较缓慢。从国际上看，据统计资料表明，在日本经济高速增长时期，政策性金融系统运用

---

① 2007年年初全国金融工作会议确定，国开行在三家政策性银行中率先进行改革。按照建立现代金融企业制度的要求，全面推行商业化运作，自主经营、自担风险、自负盈亏，主要从事中长期业务。2008年12月，在商业化改革启动近两年后，国家开发银行股份有限公司正式挂牌成立。中国银监会年报的术语解释中使用的是"政策性银行及国家开发银行"的表述，为了方便讨论，本书仍沿用原来的表述，将三家银行统称为政策性银行。

② 商业化改革后的国家开发银行同时经营商业性金融业务，其贷款并不完全是政策性金融贷款，因此，事实上政策性金融贷款的数额要小于表中数据，占比也更低。

的资金量，相当于日本最大的13家商业银行资金总和的45%以上，有时甚至达到87%以上（如1975年）。在德国，政策性金融在经济发展中的作用也不言而喻。1948年，德国复兴信贷银行（KfW）成立，成立之初被定位于对联邦政府有特殊政治或经济利益的项目进行融资。其在为中小企业提供资金的过程中，解决了德国近三分之二的就业问题。

表6-1　　　　政策性银行贷款及占比情况表（2004—2013年）

单位：亿元，%

机构/年份	2004	2005	2006	2007	2008	2009	2010	2011	2012	2013
国家开发银行	14095	17318	20176	22720	28986	37084	45097	55259	64176	71483
农业发展银行	6895	7871	8844	10224	12193	14513	16710	18738	21844	25027
进出口银行	1253	1928	2317	3211	4512	5919	7076	9143	11830	14509
政策性银行合计	22243	27117	31337	36155	45691	57516	68883	83140	97850	111019
银行业金融机构贷款合计	188566	206839	238280	277747	320129	425597	509226	581893	672875	766327
占比	11.8	13.1	13.2	13.0	14.3	13.5	13.5	14.3	14.5	14.5

数据来源：中国银监会年报、各政策性银行年报及笔者计算。

尽管我们无法准确量化政策性金融需求，但可以肯定的是，以目前政策性银行的信贷水平和能力，很难完全满足我国的政策性金融需求。

（二）商业银行市场化与承担政策性金融业务的矛盾

商业银行实施市场化改革以来，我国商业银行发展迅速，而政策性金融机构的改革和发展相对滞后。与成熟经济体相比，我国经济社会改革和发展中的政策性金融需求不仅广泛存在，而且有很多问题急需解决。在政策性金融机构不足以满足政策性金融需求的情况下，国家会转而寻求商业银行尤其是国家控股的商业银行承担部分政策性金融职能，如中国农业银行设立了"三农事业部"。更进一步的问题在于，与发达国家政策性金融和商业性金融界定严格清晰、政策性金融机构和商业性金融机构各司其职的情况不同，在我国的很多领域，融资需求到底应该是由政策性金融承担还是由商业性金融承担模糊不清，比如，"三农"问题①和县域经济发展问题。世界银行有关人士也认为，目前在中国地方政府的融资中，政策性、商业性边界切分不清，原本很多政策性业务却由商业性金融承担。然而，商业银行已进行了市场化改革，逐渐成为市场中的"经济人"，追求效率和效益，出于风险和效益的考虑，市场化改革后的商业银行不应该也不愿意承担政策性金融职能。

在这种矛盾下，国家通过制度安排，使商业银行尤其是国家控股的商业银行的经营者兼具有"政治人"和"经济人"双重角色②，使其贷款目的具有复杂性，包括货币收益与诸如权力、职位升迁、政治地位、社会名望等各种非货币收入，从而促使其承担部分政策性金融职能。

事实上，随着市场化改革的进展，政策性金融和商业性金融理应明确界定，也必须分开承担。对市场化中的商业银行来说，重要的是社会责任而不应是承担政策性金融职能。

（三）关于商业银行的社会责任

很多时候，有人认为商业银行承担政策性金融职能并没有什么问题，是一种社会责任，将政策性金融职能和商业银行的社会责任混为一谈，因此，有必要专门对社会责任进行说明。

社会责任与政策性负担、政策性金融有本质区别。商业银行的社会责任是内生于其自身的发展之中，是其可持续发展的题中应有之义，市场化程度越高，社会责任愈显重要；而政策性负担则是商业银行因行政干预所承担的外部成本，与市场化和商业化相悖。在商业银行的市场化改革和发展中，也应对社会责任问题进行关注。

---

① 理论上讲，"三农"是典型的政策性金融领域，或至少应是政策性金融为主，而由于农业发展银行业务领域的限制和自身能力的局限，"三农"领域很多时候是由商业性金融承担。

② 如对国有控股的大型商业银行的主要经营管理者给予"副部级待遇"级别，而且在监管者与被监管者之间可以相互调动，这些都说明金融机构管理者的政治银行家色彩，离真正的银行企业家经理人市场还有相当长的距离。

　　1924年，美国人谢尔顿最早正式提出了"公司社会责任（CSR）"概念，即企业在经营过程中既要注重经济效益，又要关注社会利益的管理理念，主要包括企业对公关、客户、员工和对投资人的责任。现代西方社会在企业业绩评估时已经把社会责任作为一项重要指标，如《财富》和《福布斯》均在企业排名评比时加上了"社会责任"作为评分标准之一。反对企业承担社会责任的观点认为，在自由经济中，企业有且只有一项社会责任，那就是在法律和道德等规则约束下，尽可能为股东多赚钱。作为股东的代理人，企业管理者没有权力从事那些不能增加企业盈利的社会责任活动，关注投资者以外的人的利益最终会减少股东的福利（Friedman，1962）。但是，越来越多的关于企业社会责任与企业财务业绩关系的实证研究表明，二者多呈正相关关系。如Pawa 和 Krausz（1996）对21项研究回顾发现，企业社会责任与企业财务业绩之间呈正相关关系的文献有12篇，呈负相关关系的文献为1篇，没有关系的文献有8篇。Griffin和 Mahon（1997）对51篇文献回顾得出的结论是，呈正相关的有23篇，呈负相关的为12篇，16篇则得出了无关或没有明确结论的混合证据。而Roman、Hayibor 和 Agle（1999）通过对47份有效样本的研究，发现正相关关系的文献为29篇，负相关的3篇，无关或没有明确结论的15篇。尽管实证研究结论没有取得高度统一，但是多数文献还是支持企业社会责任的履行有助于提升企业财务业绩的判断，从而为企业社会责任并不是一项损害股东利益的有代价的活动提供了经验证据。当然，履行社会责任并加以披露不仅可带来财务利益，还将带来无形的良好企业形象或者声誉，以及有形的资本市场上股价的提高、风险的降低或者资本成本的降低等。

　　一般认为，商业银行的社会责任是指商业银行对外关系的处理问题，即商业银行在其经营过程中如何处理与国家发展、社会公众利益的关系。在全球化背景下，商业银行的社会责任范围比较宽泛，其中包括：公平合理用工、投资社区服务、保护环境和可持续发展融资等。西方发达国家商业银行对社会责任的认识比较深刻，也非常重视，实施的领域和内容也比较广泛。如美国花旗集团认为：企业公民对社会责任的履行是企业必不可少的业务组成部分，这不仅对社会有益，而且从长远来看也是建立花旗品牌和对业务投资的一条重要途径。越来越多的国外商业银行将社会责任列入银行的战略目标管理,加入国际社会责任机构约束自身的经营活动,按照国际社会责任标准经营业务,或每年对外公布企业社会责任报告等。

相对于国外同行,我国商业银行在履行社会责任方面总体上起步较晚,直到2005年之前,尚无商业银行披露独立的社会责任报告。2006年6月,上海浦东发展银行公开发布了《企业社会责任报告》,成为我国首家发布社会责任报告的商业银行。紧接着10月,招商银行作为唯一一家商业银行,联合其他单位发起成立了"中国企业社会责任同盟"。在此背景下,从2007年开始,商业银行建立社会责任履行机制、公开发布社会责任报告步入了加速发展时期。2007年以来,有关监管部门陆续出台各类《指引》和《意见》,积极推动商业银行建立绿色信贷机制,促进节能减排,落实环保政策,强化银行业社会责任意识。截至2013年底,已有15家银行出台了社会责任战略规划,12家银行形成了社会责任指标体系,15家银行制定了信息披露、工作指引、公益捐赠等方面的社会责任专项制度。

总体来看,随着我国商业银行的商业化、市场化、现代化和国际化,社会责任方面有了较快发展,但与国际上先进商业银行相比,仍存在很多问题和差距:

1. 尚未全面建立起履行社会责任的理念,认识尚不到位。我国商业银行虽然在一定程度上认识到履行社会责任的重要性,但从披露的社会责任信息来看,这种认识应该说还多停留在表面层次,并没有普遍上升到战略高度。

2. 社会责任没有嵌入到银行治理结构与经营流程之中,执行力度较差,不能实现企业社会责任与日常经营的有机结合。与国外领先银行的实践相比,我们可以看出明显的差距,如花旗与汇丰银行通常在本年度制订来年的企业社会责任计划,内容详尽,涉及多个领域并有所侧重。计划制定时集合多数股东的意见,目标明确后计划生成,并有专门的辅助企业社会责任计划实施的管理系统;期中指定专门的经理对报告的细节负责,跟踪计划的进展;年底逐条对照落实情况并以此为基础制定来年的企业社会责任计划。

3. 社会责任与报告披露功利思想严重,选择性披露动机强烈。在履行社会责任方面,部分银行一定程度上还秉持着"行善赚钱"的思想,将慈善行为作为银行改善公共关系的一种"广告"，其目的还在于获取利润或其他收益，企业社会责任不过是一种获利手段。

4. 缺乏完整统一的监管措施与指导办法，银行履行社会责任压力小，披露行为任意性大。有关监管部门对商业银行履行社会责任多依靠"窗口指导"，并坚持"自愿报告"原则，强制力度不大。

表6-2　　　我国银行业金融机构社会责任推进管理制度体系

社会责任推进管理制度	银行
社会责任专项规划	
《国家开发银行社会责任专项规划》	国家开发银行
《中国民生银行社会责任规划》	中国民生银行
《2011—2014年浦发银行企业社会责任发展战略规划》	上海浦东发展银行
《杭州银行履行企业社会责任规划纲要》	杭州银行
社会责任治理制度	
《交通银行股份有限公司董事会社会责任委员会工作条例》	交通银行
《交通银行股份有限公司企业社会责任政策》	交通银行
《社会责任管理体系工作手册》	中国民生银行
社会责任工作办法	
《中国农业银行社会责任工作指引》	中国农业银行
《企业社会责任工作指引》	上海浦东发展银行
《关于进一步规范全行社会责任工作的通知》	兴业银行
社会责任信息披露	
《社会责任信息披露管理办法》	中国工商银行
《中国建设银行股份有限公司年度社会责任报告编制披露工作规程（试行）》	中国建设银行
《中信银行股份有限公司社会责任报告管理办法》及《补充说明》	中信银行

资料来源：中国银行业协会。

针对存在的问题，我们应积极借鉴国外商业银行行之有效的经验，进一步通过将履行社会责任嵌入到发展战略、治理架构、企业文化与业务流程之中，制定明确的社会责任目标和执行计划并加强评估，建立统一的企业社会责任指标评价体系与报告指南等方式，通过各方努力，强化商业银行的社会责任意识。2008年爆发的全球金融危机凸显了金融消费者权益保护的不足，金融机构的社会责任问题也为各方所诟病，很多国家都陆续设立了金融消费权益保护机构或部门，进一步加强对金融机构的行为监管，强化金融消费者权益保护。我国也陆续在中国人民银行、中国银监会、中国证监会、中国保监会成立了消费者/投资者权益保护部门。

二、治理结构："形似"与"神似"

在第四章的第二节，我们讨论了商业银行的治理结构问题，以及其对提高商业银行绩效的作用。我们不妨再归纳一下，良好的治理结构应包括三个方面：管理层、董事会、股东和其他利益相关者之间的一整套关系；决策、执行和监督相互制衡并有效运转的治理架构；良好的激励和约束机制。在我国商业银行的改革和发展中，治理结构一直是各方所关注的问题，并在改革中不断完善。

（一）"形似"基本具备

应该说，经过多年来的市场化改革，以国有商业银行股份制改革为标志，我国商业银行借鉴国际经验，逐步建立了比较符合现代商业银行制度的治理结构。2013年7月，中国银监会发布了最新的《商业银行公司治理指引》，将商业银行公司治理定义为股东大会、董事会、监事会、高级管理层、股东及其他利益相关者之间的相互关系，包括组织架构、职责边界、履职要求等治理制衡机制，以及决策、执行、监督、激励约束等治理运行机制；指出商业银行良好公司治理应当包括但不限于以下内容：（1）健全的组织架构；（2）清晰的职责边界；（3）科学的发展战略、价值准则与良好的社会责任；（4）有效的风险管理与内部控制；（5）合理的激励约束机制；（6）完善的信息披露制度；并从公司治理组织架构，董事、监事、高级管理人员，发展战略、价值准则和社会责任，风险管理与内部控制，激励约束机制，信息披露，监督管理等方面进行了详细的规定。整体来看，我国商业银行公司治理结构的"形似"已基本具备。

在股权结构方面，随着市场化改革的推进，我国商业银行国有股法人股比例有所下降，股权分散程度有所提高，但整体而言还相对比较集中。工农中建四大银行属于国家控股，国家持股比例都达到了50%以上；股份制商业银行的股权结构相对比较分散，不一定有实际控制人，但大股东仍然是国家，有的是地方性的，有的是中央的，第一大股东持股比例一般不高于20%；城市商业银行的股权结构都较为分散，大众持股较多，尽管第一大股东不一定是地方政府，但实际上主要受地方政府控制。

在治理架构方面，我国商业银行现行的模式分别借鉴了英美模式和德日模式，分别在股东大会下设置了董事会和监事会。董事会主要发挥决策功能，并对高级管理层执行董事会决策情况进行督导和考核评估，同时，根据商业银行情况单独或合并设立了专门委员会，如战略委员会、审计委员会、风险管理委员会、关联交易控制委员会、提名委员会、薪酬委员会等。监事会是公司治理的重要组成部分，既要监督高级管理层，又要对董事会进行一定的监督。高级管理层是在董事会授权范围内，负责银行的日常经营管理工作。另外，党委也在商业银行公司治理中发挥着重要作用，党委与董事会相协同，在重大决策方面，需要经过党委会研究，如银行发展战略、人才培养等方面。目前比较通行的做法是，董事长（或行长）同时是党委书记，高级管理层主要成员同时是党委委员。

在激励约束机制方面，商业银行基本上都按照《商业银行公司治理指引》要求制定了董事和监事评价机制、高级管理人员薪酬机制以及员工绩效考核机制，但还不够合理有效，目前主要还是以短期激励为主，银行高管薪酬主要还是基本工资和绩效奖金，股票期权等其他形式的长期激励措施并没有广泛应用，长期激励不足。上市银行高管存在剩余索取权的缺失，虽然已有多家银行公布了股票增值计划，但银行业的剩余索取权与剩余控制权不相匹配。

专栏6.2　中国工商银行公司治理架构

2006年10月27日，工商银行于上海及香港同步上市，实现了从国有独资商业银行到股份制商业银行，再到国际公众持股公司的历史转变。按照中国《公司法》《证券法》等相关法律法规和现代金融企业制度的基本要求，工商银行建立了由股东大会、董事会、监事会和高级管理层组成的现代公司治理架构，初步形成了权力机构、决策机构、监督机构和管理层之间决策科学、执行有力、监督有效的运行机制。

目前，工商银行董事长和行长分设，董事会和监事会及高级管理层均设立有专门委员会，股东大会、董事会、监事会和高级管理层的职责权限划分明确。董事会、监事会和高级管理层依据公司章程和议事规则等规章制度，各司其职、有效制衡、互相协调，不断完善公司治理、加强风险管理和内部控制，不断提高公司的经营管理水平和经营绩效，以为股东创造持续卓越的投资回报为根本目标。

1. 股东大会。股东大会是权力机构，依法对重大事项做出决策，包括决定经营方针和投资计划，审议批准年度财务预算方案、决算方案，审议批准利润分配方案和弥补亏损方案，修订章程、股东大会、董事会和监事会议事规则等。

2. 董事会。截至2013年年底，工商银行共有董事15人，其中设董事长1名，独立董事6名。董事会设董事会秘书1名。中国工商银行股份有限公司董事会向股东大会负责，负责执行股东大会的决议，决定经营计划、发展战略和投资方案以及股东大会授权的其他事项等。董事会下设战略委员会、审计委员会、风险管理委员会、提名委员会、薪酬委员会和关联交易控制委员会六个专门委员会。

3. 监事会。监事会是监督机构，向股东大会负责，对财务活动、风险管理和内部控制、董事会和高级管理层及其成员履职尽责情况进行监督。截至2013年底，工商银行监事会人数为7人，其中股东代表监事2名，外部监事2名，职工监事3名。监事会下设监督委员会。

4. 高级管理层。行长等高级管理人员负责组织经营管理活动。行长主要依据法律、法规、规章和章程规定以及股东大会、董事会的授权行使职权。截至2013年年底，工商银行高级经营管理层设行长1名，副行长5名，其他行领导4名。

工商银行各项治理细则如下：

《中国工商银行股份有限公司章程》

《中国工商银行股份有限公司股东大会议事规则》

《中国工商银行股份有限公司董事会议事规则》

《中国工商银行股份有限公司监事会议事规则》

《中国工商银行股份有限公司董事会战略委员会工作规则》

《中国工商银行股份有限公司董事会审计委员会工作规则》

《中国工商银行股份有限公司董事会风险管理委员会工作规则》

《中国工商银行股份有限公司董事会提名委员会工作规则》

《中国工商银行股份有限公司董事会薪酬委员会工作规则》

《中国工商银行股份有限公司董事会关联交易控制委员会工作规则》

《中国工商银行股份有限公司信息披露制度》

《中国工商银行股份有限公司独立董事年报工作制度》

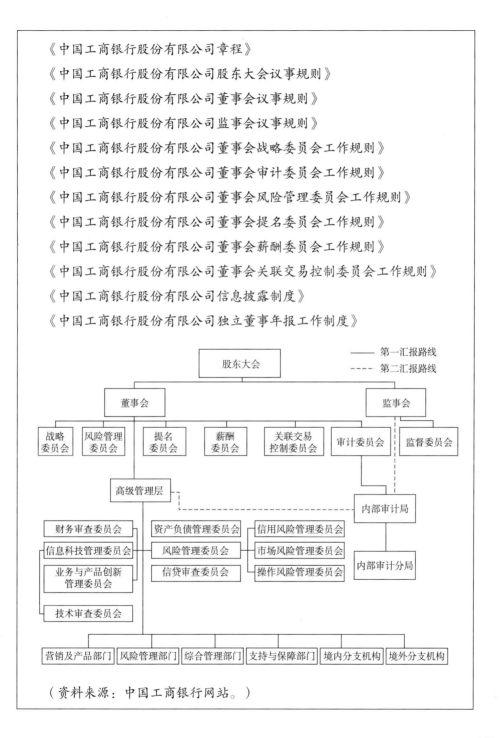

（资料来源：中国工商银行网站。）

（二）"神似"尚有差距

对于我国商业银行来说，治理结构不仅仅是要"形似"，更重要的是发挥好治理结构的作用，提高银行竞争力、有效防范风险、保护投资者和存款人利益、实现高质量可持续发展，逐步成为现代先进商业银行，真正实现"神似"。从目前的情况来看，我国商业银行在治理结构的有效性方面还存在一些问题，"神似"尚有差距。

1. 整体来看，"行政型治理"色彩依然浓厚。

我国作为兼具新兴市场和转轨特征的经济体，银行治理系统在近二十年中经历了与其他国家完全不同的发展历程，呈现出独有的整体特征，可以概括为由"以政府行政干预为特色的治理模式"（行政型治理）逐步向"经济型治理"转型，并且行政型治理和经济型治理二元长期并存。行政型治理的存在带来了一些治理风险：经营目标行政化可能带来股权不相容风险；资源配置行政化易导致偏离资源最优配置状态风险；人事任免行政化会导致软预算约束风险等。

2. 产权所有者缺位。

根据传统的产权理论，产权所有者享有剩余索取权且具有真正的人格化代表时，将有激励和监督经营者的强烈动机，即使是在所有权与经营权相分离的委托代理模式中，所有者也有足够的积极性去克服信息不对称，提高监督和激励的效率。商业银行进行股份制和市场化改革的目的之一就是通过股份制这种现代企业制度形式，形成对银行经营者的产权约束，从而解决商业银行尤其是国有商业银行中普遍存在的所有者缺位现象。但从目前的情况看，国有商业银行的所有权属于国家，其他股份制商业银行的股东也大多是国有企业，国有资产改革和演化过程中的所有者缺位问题仍然是受困扰的一大难题。由于缺乏代表国家行使所有权利的有效机构，没有一个真正对国有资产负责的持股主体，因此国有股不能从根本上解决所有者缺位的问题。从目前商业银行的大多数个人股东情况来看，股东短期化行为严重、盲目追求分红，对选择银行的管理者、银行的经营方针和重大决策漠不关心。而所有者缺位的结果导致监督缺位，特别是对董事会缺乏监督制约，反映在有的银行极少有股东向股东大会提出审议事项或向股东大会提出质询案，要求董事会的有关成员接受质询；有些银行股东大会的召开随意性大，时间不固定，会议通知内容不完整，而对股东提出的异议置之不理。以上现象表明，商业银行的最高权力机构股东大会没有充分行使职权。

3. 权力制衡机制不平衡。

第一，内部人控制问题。内部人指商业银行的董事、高级管理人员等。所谓内部人控制，是指决策权已不再掌握在股东手里，而是掌握在管理人员手里，表现在决策机构董事会的主要构成已不再是股东，而是管理人员。合理而完善的公司治理结构能够通过公司的制度安排，确保股东及利益相关者的合法权益不受公司管理者的侵犯。而我国商业银行的股东大会、董事会、监事会、高级管理人员四者之间的权力制衡机制不平衡，导致该拥有的权力没有得到，不该拥有的却被赋予，内部人控制问题比较突出。

第二，从董事会来看，董事会的主要职能有二：一是决定公司经营方针和战略决策，尤其是对公司长期投资战略的决定和检查；二是对经营层人员行为进行监督。但在实际中，一方面商业银行的董事会基本上是通过听取行长工作报告的形式来对银行的重大事项进行审议，并不直接进行决策，另外，董事会在银行的风险管理、重大资产处置和重大投资等方面发挥的作用还远远不够，这与以董事会为决策核心的现代公司治理结构相差甚远。另一方面，经营层占据董事会多数席位的情况司空见惯，形成了内部董事占据优势的格局。至于非执行董事，由于经济利益不大、时间不足或者不愿得罪管理层以便继续留任等种种原因也很难起到良好的监督作用。

第三，监事会监督能力有限，监督缺位。一方面，我国商业银行没有专职的执行监事，监事只是在监事会上发挥作用，属于"开会监事"，监事会监督职能弱化；同时，受董事会势力的影响，监事会基本不能履行对董事会的监督职能，对经营管理层也很难有效履行监督职能。另一方面，很多商业银行的监事会目前与银行内部的稽核部门不存在指导关系，稽核部门向行长负责，稽核报告不向监事会提供，监事会通过听取高级管理层汇报来了解银行情况，这也在一定程度上制约了监事会真正履行监督的职责。

第四，决策与执行一体化，高级管理层缺乏制度约束。目前，商业银行的董事长一般同时都是党委书记，行长则同时任副董事长、执行董事、党委副书记，监事长、其他副行长一般都是党委委员，很多还是执行董事，这种具有我国特色的任职方式导致了权力过分集中于高级管理层。党委会和行长办公会是商业银行内部决策机制的核心，主要讨论全行经营管理中的重大事项、人事安排等。由于高级管理层基本上都是党委成员或执行董事，导致高级管理层既参与制定银行的总体发展战略和年度发展计划，又负责具体执行，决策与执行一体化，权力过分集中于高级管理层，而对于高级管理层的制约缺乏相应的制度安排。

4.缺乏有效的激励和约束机制。

公司法人治理结构的核心是委托代理关系，关键问题是降低所有者与经营者之间委托代理关系中的代理成本问题，而解决这一问题最重要的条件就是要解决好公司的激励和约束机制，并以外部市场和法律监管相配合，最大限度地削弱代理人在委托代理关系中的道德风险，使得各相关权利主体的利益最优化。目前，我国商业银行的激励和约束机制远远不能称之为有效。首先，在用人机制方面，我国还没有真正形成银行家职业经理人市场，同时，各商业银行党的关系或在中央一级的组织部门，或者地方的组织部门，有的由有关部门代管①，在"党管干部"的原则下，商业银行各级领导干部并不是按照市场化的原则选聘，主要还是根据党的关系的隶属由组织部门考察任免，行政色彩依然浓厚。其次，商业银行目前主要是董事会对经营管理层和经营管理层对员工的激励措施，没有形成一整套对董事、监事、高管层的激励机制。如股东大会普遍没有建立起良好的对董事、监事的绩效评价体系，董事会、

---

① 目前的情况是，工农中建交五家大型银行党的关系由中央的组织部门管理，股份制商业银行党的关系有的在地方的组织部门，有的由中国银监会管理，各城市商业银行的党的关系基本上都由地方的组织部门管理。在这种情况下，商业银行的主要领导干部基本上是由组织部门决定和任免。

监事会也未对其成员履行职责的情况进行很好的评价，并依据评价结果进行奖励或处罚，从而难以对董事和监事起到激励和约束作用。再次，激励考核机制和薪酬体系不合理，主要是短期为主，没有形成对董事、监事、高管层的短期、中长期的综合激励考核机制，导致银行经营存在短期行为。对于商业银行，不仅要关注其盈利能力，更要关注其风险，与收益相比，风险具有滞后性。这种扭曲的激励机制导致银行管理者过度注重短期利益，忽视长期风险。

专栏6.3　德国商业银行的公司治理经验

德国的商业银行在公司治理形式方面与我国有类似之处，股权结构相对比较集中，而且以机构投资者为主；同样设有监事会。

德国商业银行的整个公司治理分为内、外两层。外层主要是银行利益相关人对银行的监督，主要包括政府部门、中介机构、客户、投资机构等，这些外部相关人通过直接或间接的方式影响银行的经营管理。信息披露制度是实现对银行进行外部治理的重要手段。信息披露要按照相关法律要求进行，要说明公司的未来发展情况；当实际经营与原来设定的财务和战略目标有严重偏离时应及时予以解释。年度报告中披露银行集团执行董事会和监事会的持股情况，及其与上期比较所发生的变动情况。各银行要遵守相关法规，详细解释并披露规则和程序的变更，定期更新财务报告。坚持外部独立审计制度是实现公司治理的重要措施。在德国，要求银行根据国际公认会计准则编制财务报告。

内层就是指内部治理结构，在此结构中处于最上层的是股东大会，接下来是监事会，在监事会之下是执行董事会。

1. 监事会。

在德国商业银行的治理结构中，监事会的权力相当大。监事会的任务是与执行董事会一同维护公司的长期持续经营，定期对执行董事会提出经营管理的建议，并对其经营进行监管，还可以任命或罢免执行董事会成员。监事会委托审计师对银行的年度财务报表进行审计。监事会的专门委员会包括主席委员会、审计委员会、借贷和市场风险委员会、调解委员会等。主席委员会负责向执行董事会提供咨询，并制定由监事会执行的决策。审计委员会负责解释关于年度财务报表的汇报和审计的问题，负责委托年度财务报表的审计师，并指出审计的重点。借贷和市场风险委员会负责对公司的市场风险和借贷管理进行监管，负责管理那些需经监事会批准的借贷活动和交易活动，要求执行董事会对重大的借贷组合、市场和技术问题予以汇报。调解委员会可以向监事会提出执行董事会成员的人事建议。

2. 执行董事会和集团管理委员会。

执行董事会主要负责制定公司发展战略并联合监事会对公司发展战略进行评估，同时及时披露相关信息。根据德国关于股份公司的法律，执行董事会应遵循公司政策和规则，维护公司利益。执行董事会决定在其成员间如何分配责权。执行董事会应及时披露会对银行股价产生影响的信息，定期向监事会报告公司的进展、收入和利润、风险状况、风险管理和控制，报告关于集团管理委员会的人事政策。如果银行的经营状况或风险状况与计划相比发生了重大变化，必须及时通知监事会主席，监事会主席在必要时召开监事会特别会议。执行董事会制定公司的战略，与监事会一同对战略进行评估并确保它的实施。执行董事会应确保公司遵循法律规定及公司治理条款，应及早发现并了解危害银行发展的问题，然后采取应对行动。德国法律规定，德国公司内部的重要决策必须由董事会成员全体同意才能执行。在董事会内部，主席和其他成员的权力地位处于同一水平。这种治理模式凸显出监管的地位，也就是凸显出治理中的约束，有利于维护利益各方的权益。集团管理委员会由集团委员会成员和执行董事会所提名的高级经理组成。它直接负责银行的日常经营。

[资料来源：邹浩.德国商业银行治理结构分析及其对我国商业银行的启示.现代农业科学，2008（4）.]

三、银行同质化问题

2003年以来，我国银行业市场集中度不断下降，银行业竞争程度有所提高。但是，大型银行、中小银行的业务结构、收入结构、发展模式、目标客户、金融产品和服务等方面存在同质化的现象，整个银行业还比较粗放。

（一）同质化的主要表现

1. 发展战略趋同。

从表面上看，我国存在不同市场定位的多元化商业银行体系，如大型商业银行、股份制商业银行、城市商业银行和农村信用合作社等。然而，我国各类银行都在力争做大做强，出现了全国性银行向海外发展、区域性银行向全国及海外发展、地方性银行向区域性及全国发展、农村信用合作社向城市发展的趋势。比如，在成立之初就已确立"服务地方经济"定位的中小商业银行也盲目跟进大中型商业银行的发展思路，以追求业务范围的拓展和市场占有率的扩大为战略发展方向。

2. 盈利模式趋同。

正如在上一章所做的分析，利息收入仍是我国商业银行的主要收入来源，盈利模式主要还是依赖存贷利差收入，而风险小、技术性和附加值高的中间业务对利润的贡献相对较小。无论是大型商业银行，还是中小商业银行以及农村信用社，都是仍以经营存贷款、支付和结算等传统业务获取存贷款利差作为利润主要来源，差异化不大，盈利模式趋同。

3. 业务结构趋同。

目前，无论是大型商业银行、股份制商业银行还是城市商业银行，都拥有从本币业务到外币业务、从零售业务到公司业务、从各类代理业务到信用卡业务的多元化业务范围。相同的业务范围并不意味着业务经营的同质化，不同的银行应根据自身优势制定体现核心竞争力的业务发展战略。从国际上看，即使是花旗银行和摩根大通银行这样的全能型跨国银行也表现出明显的经营差异化，都有符合自身特点的优势业务和发展战略。而我国各类商业银行却没有明显的差异化核心业务，存贷款业务占比非常高，资产结构以贷款为主，非信贷资产占比偏低，业务经营同质化现象严重。

4. 客户定位趋同。

各类商业银行均紧盯公司大客户和个人高端客户，而对小企业、居民、农民等小客户都不够重视。这种趋同既导致了各银行的非理性竞争，加剧了信贷资金供求矛盾，削弱了银行的风险控制能力和盈利能力，也使"三农"领域贷款难、中小企业贷款难等问题变得更为突出。

5. 金融产品和服务趋同。

客观地说，银行的产品是可以相互效仿的，是同质的。事实上，如果仅从所提供产品的种类与丰富性来看，目前我国银行之间甚至我国银行与外资银行之间都没有很大的差别，但是银行产品的竞争力不仅体现在能够为客户提供丰富多样的产品上，更体现在是否具有强大的为客户量身定制产品和服务的能力上。虽然我国银行已树立了"以客户为中心"的理念，但在实践上很多银行却依然是以产品为中心，依然是为丰富产品而创造或模仿产品，忽视了目标客户群的具体需求。在"你有什么，我也要有什么"的简单竞争策略下，我国商业银行的产品、服务乃至营销手法都高度趋同，且多以"拼价格、拼费用、拼关系"为手段，营销活动中的创新含量、科技含量普遍不足。

（二）同质化的主要原因

1. 商业银行自身原因。

一是银行的市场定位不够精细。目前我国商业银行仍缺乏对于市场的细分分析，没有针对自身实力恰当地定位目标客户。银行普遍抢滩大中城市，一些大型企业尤其是经济实力强大、业绩优良的企业，往往成为各家银行争相抢夺的客户。而那些融资困难突出的中小企业的贷款往往难以满足，农村地区银行业服务的需求也还存在很大的缺口。

二是金融创新动力不足。银行业产品的差异化来自于金融创新，而目前中国银行业市场供给推动不了创新。中国银行业还是以信贷业务为主，中间业务及表外业务尚不具有主干业务的地位，银行利润主要来自于存贷利差，在存贷利差较大的现实情形下，银行通过追求业务规模的扩大来实现盈利的增长，银行内在的金融创新动力不足。

2. 历史原因。

我国银行业经历了从"大一统"的银行体制到"二元"的银行体制，再到多种金融机构并存的过程。这在一定程度上导致中小型商业银行盲目追随大型商业银行，而大型商业银行又很难短期内彻底摆脱原有的文化、风险管理和绩效评价体系，确立自身的竞争优势。

3. 制度原因。

一是分业经营的限制与利率管理体制的限制。中国金融业目前实行的是分业经营、分业监管的模式，货币市场与资本市场、银行业与证券保险业之间的紧密联系被割断，这些限制在一定程度上阻碍银行业的金融创新，约束了银行业的发展空间，银行业务被局限在以存贷款为主的狭小货币市场范围内，中间业务的发展受到制约，产品差异度低，范围经济效应难以有效实现。利率管理体制的限制导致商业银行无法完全实现产品差异化定价。

二是监管政策缺乏灵活性。目前我国的银行监管无论在监管政策、监管方式、监管技术，还是在监管经验方面都还有待进一步提高和完善。在准入方面，设置的资格审查标准基本上采取"一刀切"的政策，中小银行要想取得某些业务资格和市场准入，政策门槛要求较高，行政审批程序复杂，这样的政策设置特别使得中小银行在业务设立和战略发展方面相互矛盾。在金融监管上，银行业创新的产品进入市场需要经过监管部门的审批，程序比较烦琐而且复杂，压抑了商业银行创新的积极性。银行监管当局逐一审批中资银行、合资银行、外资银行开发的金融服务产品，这项政策本身会造成违背监管当局初衷的不良后果。无论是中国的还是外国的银行，都比监管者更了解自己和市场，让银行自主地决定开发和提供金融产品，是现代化银行体系不断通过金融创新和竞争，提供最优金融服务的前提条件。实际上，由监管当局统一批准新产品与新业务，导致银行因业务种类趋同而在宏观上聚集系统性风险，在微观上使有进取的银行错失市场良机，最终会导致银行体系对全社会金融服务产品供给不足和质量低下。

（三）同质化带来的问题

同质化会带来一系列问题，例如，不适应市场经济发展对银行的多样化需求，不利于银行核心竞争力的培养和发挥，不利于银行业市场结构的稳定等。从整个银行业的发展和风险来看，重点有两个方面的问题值得关注：

一是同质化导致银行体系缺乏多元化，层次不够丰富，不能很好地满足经济发展对金融服务多样化的实际需求。目前，我国的银行业在经营地域、资产规模、所有制等方面已经有所差别，也涵盖了不同的类型，包括股份制商业银行、城市商业银行、农村信用合作社和农村三类新型机构等，但是，在目前的机制下，各类银行都力争做大做强、求大求全，寻求区域和资产规模的扩张，同时，为确保贷款的安全性，几乎都瞄准了大客户和个人高端客户。而经济的不断发展要求金融能够提供多样化、多层次的服务，结果是，一方面大量资金投向了大企业、大客户，甚至是国家调控的行业，而另一方面真正需要贷款的中小企业、"三农"领域等的资金需求却无法得到满足，导致其融资成本提高，整个社会的资金使用效率降低。

二是可能加大系统性风险，不利于银行业市场结构的稳定。就金融系统整体而言，同质化风险是众多不同的市场微观主体基于同一制度规则要求、相同或相近的思维模式或认知模型预期而采取相同或类似的行为，这类行为的作用力方向基本一致，不能彼此抵消，形成金融系统内部的正反馈环，强化了放大作用，在正的一面会催化金融泡沫膨胀，在负的一面会加剧金融危机冲击的恶性循环，两方面都使系统缺乏收敛性，增加了系统性风险，不利于保持金融稳定。

四、目标异化与服务不足

商业银行的目标横向有业绩、监管、风险、社会责任四个维度，纵向是在动态经济环境中平衡短期与长期利益，银行的目标具有激励和约束的双重特性（刘珺，2014）。在我国经济市场化的进程中，商业银行的作用毋庸置疑，也理应很好地发挥作用。但从目前的情况看，商业银行的一些目标出现异化，服务经济和服务社会的作用发挥得不够。

（一）业绩至上、利益短期化

目前，商业银行的组织形式多为股份制公司，股东价值的最大化应该是核心目标之一，但"之一"并不等于"唯一"，过分强调股东价值最大化导致业绩至上，目标简化为指标，净资产回报率（ROE）、风险调整后资产回报率（RAROC）、经济增加值（EVA）等被不断强化。2012年我国17家上市银行加权平均ROE为20.4%，而规模以上工业企业税后ROE约为11.68%；美国银行业在金融危机前长期平均ROE（剔除商誉后）为17.6%，长期工业企业平均ROE约为12.3%。两者对比，悬殊立现。另外，央行公布2013年上半年一般贷款加权平均利率为7.1%，而非金融企业资本投资回报率（ROIC）仅6.1%上下。由此可见，银行对经济的促进作用不及自身的利润追求，股东利益凌驾于综合目标之上，个体经济回报置于经济整体良性发展之前。

（二）规模至上、服务不足

截至2013年年底，我国银行业总资产达到151.35万亿元，而2003年年底为27.66万亿元，十年来年均增长近20%。根据美国联邦存款保险公司（FDIC）的统计，美国银行业资产2000年底约7.5万亿美元，2013年中约14.4万亿美元，年均增长率约5.66%。从总体趋势看，我国商业银行是规模至上，小的想变大，大的更要大，再大也不嫌大。结果是植根社区、服务农村、贴近中小企业的银行无论在数量上还是产品匹配上均发育不良，金融深化"留白"过多。

（三）表外业务异化

随着金融监管的加强和金融技术的提高，近年来商业银行绕开货币信贷，积极发展表外业务，通过结构性调整之术，"出奇兵"于同业理财业务，大规模扩张表外资产以突破贷款额度限制，大量叙做"通道类"业务以增加中间业务手续费收入，客观上推高了社会融资规模。2009—2013年社会融资规模均值为14.7万亿元，是2002—2008年均值的2倍多，2013年全年社会融资规模更是达到17.29万亿元，再创新高。如此大规模的社会融资，在实体经济领域的负面效应是一些企业僵而不死，优势企业过度融资，调结构步伐慢、效果弱；在金融领域的负面表现是"钱套钱"、"货币空转"、"二传手融资"、"过桥融资"盛行。

（四）脱实向虚

商业银行目标实现的平台是实体经济，即以符合实体经济的金融产品和服务强化资源配置能力和提升经济运行效率，金融被注入到实体经济中，其效用应反映在实体经济的结果里，而非独立运行、自主产出。但是，正如本轮国际金融危机前的华尔街，商业银行逐渐脱离了实体经济的真实需求，以复杂的金融工具为载体，自创资产负债、自创流动性、自创交易，形成自我循环、自我实现的独立系统，本来是重要金融创新产品的CDO[①]、CDS[②]成为了为交易而交易的自我循环，已经脱离了实际需求。另一个极端是过度服务实体经济，用超量的货币漫灌经济，用不同"脸谱"的"贷款"为企业过度融资，如同业和理财的类信贷业务等。而另一边是中小微企业和农村金融的资金"贫血"，这也是脱离实际需求。

---

① 即担保债务凭证（Collateralized Debt Obligation，CDO），资产证券化家族中重要的组成部分。它的标的资产通常是信贷资产或债券。这也就衍生出了它按资产分类的重要的两个分支：CLO（Collateralised Loan Obligation）和CBO（Collateralised Bond Obligation）。前者指的是信贷资产的证券化，后者指的是市场流通债券的再证券化。但是它们都统称为CDO。

② 即信用违约互换（credit default swap，CDS），又称信贷违约掉期，也叫贷款违约保险，是目前全球交易最为广泛的场外信用衍生品。ISDA（国际互换和衍生品协会）于1998年创立了标准化的信用违约互换合约，在此之后，CDS交易得到了快速的发展。信用违约互换的出现解决了信用风险的流动性问题，使得信用风险可以像市场风险一样进行交易，从而转移担保方风险，同时也降低了企业发行债券的难度和成本。

第二节　商业银行面临的主要风险

一、潜在增长率下滑与不良贷款上升引起的风险暴露

中国经济自2003年开始，进入了一个高速增长的黄金期，2011年以前，GDP增长率基本都在10%以上[①]。但自2011年以来，经济下行趋势逐渐显现，2012年GDP增长率下降为7.8%，2013年为7.7%。与此同时，从2011年第四季度起，我国商业银行结束了2007年以来不良贷款余额和不良贷款率持续"双降"的态势，不良贷款开始反弹，2013年末分别为5921.3亿元和1%[②]。对商业银行来说，经济下行和不良贷款上升引起的风险已逐渐显现。

（一）商业银行的"顺周期性"

银行业务经营具有显著的"顺周期性"。根据国际上金融稳定理事会（Financial Stability Board，FSB）的定义，金融系统的顺周期性是指一种相互加强的正向反馈机制。在经济上升期，获取贷款容易，资产价格也较高，再以高价的资产作为抵押品又可以获得更多的贷款，从而导致更高水平的固定资产投资，银行利润也会相应增加；而在经济衰退期，获取贷款的难度增加，资产价格不断下降，导致其作为抵押品的价值下降，带动固定资产投资增速回落，银行的盈利能力和风险抵补能力也就相应减弱。顺周期性会使银行资产规模和利润高速增长时，通常是风险大量累积的时期，而非暴露时期，银行的潜在风险往往在经济下行期间才会集中暴露，冲击银行的经营乃至整个经济的平稳运行。

对于银行顺周期的研究，国内外文献大都集中在以下三个方面：（1）通

---

① 受国际金融危机的影响，2008年、2009年的GDP增长率有所下降，分别为9.6%和9.2%，但与其他国家相比以及在我国改革开放以来的年份中，仍然是较高的水平。

② 从整个银行业来看，2011年以来不良贷款余额是上升的，不良贷款率还是下降的。2013年年末不良贷款余额和不良贷款率分别为11762.7亿元和1.5%。

过实证方法检验银行顺周期的存在性和显著性。基于1979—1999年的相关数据，Craig Furfine和Bikker，J.A等曾先后对经济合作与发展组织（OECD）的部分国家做了实证分析，研究表明信贷数量和银行利润在经济繁荣期增加，在经济衰退期下降，而银行损失准备的计提和资本充足率在经济繁荣期下降，在经济衰退期增加，银行经营具有明显的顺周期特征。王胜邦认为银行顺周期的程度取决于银行采用的内部模型方法和预测时间。方芳和刘鹏通过数据分析和模型估计，研究了改革开放以来中国金融周期和经济周期的关系，发现中国的金融系统存在着顺周期效应，并在20世纪90年代以后逐渐显著。（2）分析银行顺周期的形成机制，其中以研究巴塞尔新资本协议的顺周期性居多。Okivuolle、Peura和Anson J.Glacy等认为巴塞尔新资本协议中的内部评级（IRB）和风险价值（VAR）等方法的使用在一定程度上使风险计量更加科学，但同时也使得资本约束更具有顺周期性。孙天琦和张观华对巴塞尔新资本协议中资本监管的顺周期性做了一个较为全面的文献综述，并阐述了顺周期性对货币政策的影响。赵光毅和王锐分析了顺周期性的根源，认为除了风险度量和时间尺度问题，激励机制扭曲和集体效应问题是导致顺周期的重要因素。综合国内外文献，银行的顺周期性是银行顺周期的内生性、资本监管、贷款计提规则、公允会计准则以及激励机制的顺周期性等因素共同作用的结果。（3）如何解决资本的顺周期问题。建立动态的资本监管机制已成为国内外学者的共识。Naoyuki Yoshinot等从理论视角分析了如何根据各国具体国情及经济周期的变化情况来构建动态资本，实现资本监管的逆周期。Bernanke则认为建立前瞻式的拨备制度是缓解顺周期性的一个可行方法，但如何在促进银行合理计提拨备的同时，限制相关的道德风险和不影响相关财务指标的透明度，还需要银行部门和会计、税收部门的合作。周小川认为对金融机构尤其是对银行业金融机构的监管中，资本充足率要求是最重要的约束机制之一，为了克服现有资本充足率的顺周期性，可以让负责整体金融稳定的部门发布季度景气与稳定系数，金融机构和监管机构可以使用该系数乘以常规风险权重后得到新的风险权重，进而得出资本充足率要求和其他控制标准来反映整体金融稳定的逆周期要求。

（二）潜在增长率下滑

2008年，政府通过"四万亿"刺激计划成功避免了国际金融危机导致的经济下滑，较好地发挥了稳增长的作用。但自2011年以来，我国宏观经济下行趋势明显，主要表现在：GDP增长率下滑，劳动力增速下降，城镇化增速放缓，出口下滑明显，房地产投资增速下滑，等等。如果说本次经济下行主要是经济周期的影响，那么经济探底后即会再次进入一个上升区间。但从目前我国的情况看，问题很可能不仅仅是周期性下滑，而是潜在增长率的结构性下滑。

古典经济学理论认为，经济潜在增长率主要由三大因素决定：劳动力、资本和全要素生产率。在很多情况下，潜在增长率放缓主要是因为生产率增长乏力。研究表明，美国发生危机前劳动生产率下降明显，2007年第二季度至2008年第二季度期间美国的潜在增长率从2.8%的十年均值水平降至2%；据日本经济产业研究所的数据，日本在20世纪80年代的生产率增速低于70年代。

由于劳动力和生产率增速下滑，我国出现了潜在增长率放缓的迹象。首先，从生产率来看。出口市场份额的变化能够有效反映整个制造业竞争力和生产率的变化，最新经济研究显示，生产率更高的企业会走出国门参与全球竞争，因此，如果整个国家的生产率增速放缓，出口商在全球市场上的市场份额必将缩小，即使出口并非该国经济增长的支柱行业。市场份额分析表明，我国在2010年之前竞争力迅速提升，但此后进展停滞。这表明，加入世贸组织后生产率快速增长的阶段很可能已经结束。自2008年以来中国三大主要的竞争力因素——人口、被低估的货币和政策红利——均有所削弱。人口方面，2008年之前中国的人口发展趋势对生产率有利，但此后逐渐逆转为不利因素。劳动年龄人口方面，联合国预计中国的劳动年龄人口将在2015年达到峰值，但统计局的数据显示，在经历了20年持续上升后，中国的劳动年龄人口已于2012年开始首次下滑。同时，货币方面，2005—2012年人民币对美元汇率升值22.9%，实际汇率已累计升值25.7%，人民币相对部分新兴市场货币的升值幅度更为明显。劳动力市场偏紧和货币走强导致中国劳动者与新兴市场劳动者之间的工资差距显著扩大，对实体经济造成显著影响。

因此，当前的经济下行并不完全是经济周期因素，潜在增长率也出现下滑。如果把潜在增长率的结构性下滑误解为周期性下滑，并采用扩张性政策来刺激经济增长，将导致实际GDP增速进一步偏离潜在水平。在这种情况下，重要的是艰巨的结构性改革，否则，潜在增长率下滑将会产生更加深远的影响。

（三）不良贷款上升的风险

由于我国间接融资占主体地位，银行业与实体经济关系密切，"顺周期性"问题更为突出。我国银行业还没有经历一个较为完整的经济周期的考验。自2003年这一轮商业银行改革以来，我国经济基本上处于上行周期，银行业也未遭受更多考验。即使面临2008年全球金融危机冲击时，仍能通过此后两年近20万亿元的信贷投放实现以量补价，成就我国银行业史上最快的增长时期。但随着经济下行的出现，银行业开始面临考验：一方面，银行业的利润增速将会随之放缓。如上一章的分析，我国商业银行的主要利润来源是利息收入，而利息收入主要由信贷数量和利差决定。在经历了过去几年的巨量信贷投放之后，随着货币政策回归常态，信贷已不具备继续快速增长的基础，而利差也将因加息周期结束而见顶，并随着利率市场化的加速而收窄，银行业将很难再现30%以上的利润增速。另一方面，经济增速的放缓，经济结构调整的力度加大，"两高一剩"、出口行业、政府融资平台贷款、房地产业等行业的风险上升，被高增长所掩盖的信贷风险将逐步显现，银行不良贷款会进一步暴露。同时，由于我国目前的经济下行不仅仅是周期性问题，还存在潜在增长率下滑，面临艰巨的结构调整任务，在调整中很可能导致一些行业受到影响以及经济下行周期拉长，商业银行将面临更大的信贷风险暴露压力。

除了商业银行"顺周期性"的影响外，对于我国商业银行来说，情况可能更加严重。一是商业银行存在重规模、轻质量的现象，贷款标准下降。经历了2008年的信贷扩张后，商业银行受短期利益诱导未能及时遏制信贷增长的步伐，出现了非理性扩张。在分支机构方面，一些银行大量新设分支机构，尤其是在江浙等经济发达地区；在信贷投放量方面，受"大信贷"效应影响，银行为了抢夺大集团客户，争相向集团客户多头授信、过度授信、放宽贷款条件、降低贷款利率，对集团客户授信决策往往仅依据财务报表作出判断，在实际操作中也放宽了信贷流程与审核，进而在信贷环境整体宽松的大背景下，越发忽略了集团客户内部关联交易的资金风险。二是贷款集中度问题。在此次的信贷扩张过程中，商业银行信贷资金普遍流向铁路交通、技术改造、城市设施、环境保护、电网改造、居民住房等，信贷的一个重要特征是"贷大、贷垄断"，信贷资金使用分布严重不均，加大了信贷风险。

这种信贷的高速扩张，助长了不少大企业陷入高负债、高速度、低效益的不良循环，并导致其将富余的资金投资房地产等其他高风险领域。产业空心化和利率双轨制导致的炒钱游戏，将普通百姓、地下金融、政府官员、正规担保公司、银行连接在了一起，同时也将高利借贷链越拉越长。在整个利益链条上，任何一个环节崩盘，必将产生连锁效应，而贷款参与其中的这种投资风险，最终又转嫁到了银行。从历史上看，在银行贷款超常增长3年左右，就会有一个相对集中的不良贷款爆发期。

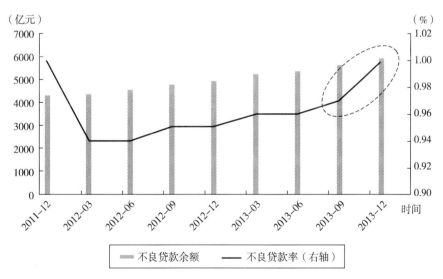

资料来源：中国银监会、交行金研中心。

图6-1　商业银行不良贷款变化情况（2011.12~2013.12）

从数据来看，截至2013年年末，我国商业银行不良贷款余额持续了9个季度的增长态势，达到5921亿元，较年初上升992亿元，同比增速20.13%。商业银行不良贷款率升至1%，较2012年底增长5个基点，尤其是2013年第四季度不良贷款率上升较快，显示出商业银行资产质量面临较大压力。当然，从总体上看，商业银行不良贷款水平仍相对较低，拨备也较为充足。但从关注类贷款[①]和逾期贷款[②]的情况看，反映贷款恶化速度的迁徙率指标呈现出反弹趋势，不良贷款下迁的压力较大。商业银行关注类贷款自2009年开始出现上升，2012年第二季度末，关注类贷款余额为1.46万亿元，同期贷款损失准备规模为1.32万亿元。尽管拨备规模较为可观，但如果考虑到关注类贷款的劣变可能，情况则不容乐观。逾期贷款方面，2012年，国内各大型商业银行当年新增逾期贷款呈现上升趋势，五大行中，除中国银行基本持平外，其他四大行2012年内新增逾期贷款增幅均超过30%，而五家主要股份制银行2012年当年新增逾期贷款较上年同期增幅高达135%。2013年上半年，上市银行逾期贷款增长1167亿元，而同期不良贷款仅增长389亿元，逾期贷款与不良贷款之间的差额已由2009年的-9亿元扩大到2103亿元，逾期贷款增长大幅高于不良贷款。这种差异在一定程度上反映出商业银行对逾期贷款的展期和重组趋于保守，而以往较严格的逾期贷款认定为不良贷款的政策有所转变，但如果未来逾期贷款和不良贷款间差距持续扩大，则逾期贷款逐步认定为不良的压力巨大。交通银行研究中心报告分析，2014年在GDP增长率7.5%左右的背景下，商业银行全年不良贷款率可能增长到1.1%～1.2%的水平；如果GDP增长率接近7%，则不排除不良贷款率增长至1.3%～1.5%的可能性。

行业性和区域性风险的蔓延也不容忽视。银行不良贷款由过去的出口外向

---

① 根据贷款五级分类原则，商业银行需依据借款人的实际还款能力进行贷款质量的五级分类，即按风险程度将贷款划分为五类：正常、关注、次级、可疑、损失，后三种为不良贷款。关注类贷款是介于正常类贷款和不良贷款中间的一类贷款，是指尽管借款人目前有能力偿还贷款本息，但存在一些可能对偿还产生不利影响的因素，如这些因素继续下去，借款人的偿还能力受到影响，也就是说可能劣变为不良贷款。关注类贷款往往被视为资产质量异动的预警。

② 逾期贷款是指借款合同约定到期（含展期后到期）未归还的贷款。

型企业逐渐向产能过剩行业迁移；从2012年下半年开始，长三角地区多家股份制银行的不良贷款率超过10%，并已逐步向山东、福建、广东等其他沿海地区蔓延，中西部地区银行信贷资产质量也逐步受到影响。尽管受益于我国银行业的快速发展，目前商业银行的资本充足率和拨备覆盖率较高，抵御风险能力增强，但由于银行业资产规模庞大，潜在增长率下滑与不良贷款上升的一点风吹草动都足以对银行业产生重大影响。

专栏6.4　中国银监会数据显示 2013年银行业不良"双升"

2014年2月13日，中国银监会发布主要监管指标情况表。数据显示，2013年全年银行业不良贷款余额超过2万亿元，达2.22万亿元，较2012年全年的1.86万亿元不良贷款上升3554亿元，同比上升19%。同时2013年第四季度末，银行业不良贷款率为1%；全面银行业不良贷款率为0.9725%，较2012年全年不良率上升0.0275%。在不良"双升"的同时，2013年银行业拨备覆盖率逐步下降，平均全年拨备覆盖率近288.55%。2013年，银行业受利率市场化冲击明显。数据显示，全年平均净息差近2.62%，较2012年下降0.13个百分点。此外，中国银监会数据显示，截至2013年12月末，银行业金融机构总资产达151万亿元，总负债达141万亿元。近期，监管高层指出，"两高一剩"产能分布较密集的地区，信贷风险可能进一步显性化。监管高层指出，从信贷风险的变化趋势看，一是信用风险有从长三角地区向其他东部省市和中西部地区多点扩散的势头；二是信用风险有从钢贸、光伏、船舶等困难行业向上下游行业和关联产业链蔓延的势头，钢贸领域的违规业务模式有被复制到煤炭、木材、水产贸易等领域的迹象；三是不仅中小企业风险上升，大型企业集团的风险暴露也在增加，因企业互联互保引发的风险传染比较严重，部分地区的钢贸、煤炭企业从"抱团欠款"转向"抱团逃废债"。

（资料来源：安邦《每日金融》，2014年2月13日，总第3944期。）

专栏6.5　中国各大银行贷款减记规模骤增

（英国《金融时报》，2014年3月31日）

中国各大银行去年注销的贷款规模增加一倍多，表明随着全球第二大经济体增速放缓，金融压力不断加大。

中国最大的五家银行占据贷款总额过半，据它们的2013年年报显示，它们减记了590亿元人民币（折合95亿美元）无法追回的贷款。这比2012年高出127%，也是过去10年期间这些银行经过救助脱离资不抵债、进行资本重组和上市以来最高的一年。

减记规模骤增，是动荡局面影响中国金融体系的最新表现。中国债市3月份迎来首例真正违约，今年两款备受关注的影子银行投资产品最后时刻得到兑付而免于违约，而一家小型农村银行上周遭遇短暂的挤兑。

数据也表明，第一季度经济放缓比预期更为严重，这意味着中国将迎来1990年以来经济增速最低的一年。

形势恶化促使人们预计中国政府将很快出手支持经济。"不能忽视经济下行压力加大等困难和风险，"中国总理李克强上周表示，"（我们）为今年继续应对经济波动做好了政策储备。"

中国的银行在过去十年的高速增长期间建立起了坚固的防御体系，现在它在经受考验。由于银行早已为可能的亏损拨备了大量资金，它们得以在不影响盈利能力或缓冲资本的情况下将减记加倍。

包括中国工商银行（ICBC）在内的五大银行2013年利润增长7%～15%不等，不及2012年，但仍处于健康水平。由于银行采取了减记，银行业坏账率去年仅略有上升，从0.95%增至1%。

但市场对中国各银行股票的估值表明，投资者认为这些银行的不良贷款规模可能高达官方数据的5倍。

標準普尔（Standard & Poor's）中国银行业分析师廖强表示，银行似乎还拥有充足的拨备资金应对经济放缓。但他担心银行通过减记人为压低不良贷款率。

他表示："一些银行担心，如果不良贷款率超过理想范围，它们可能招致负面报道，所以它们在减记方面比较积极。"

中等规模银行尤其如此，去年6月中国遭遇"钱荒"，银行间拆借利率飙升至两位数，它们首当其冲受到影响。

监管机构近期放宽了减记规则，方便银行剥离不良债务，腾出资产负债表的空间。

二、地方融资平台贷款的潜在风险

（一）地方融资平台的基本情况

地方政府融资平台及其贷款（以下简称"平台贷款"）是特定历史背景下的产物，发端于1988年的政府投融资模式转变，成型于1994年开始的分税制改革，在最近10年城市经济发展中蓬勃兴起。2008年国际金融危机爆发后，我国为应对国际金融危机推出了大规模的经济刺激计划，地方政府纷纷通过设立投融资平台融资，债务大幅增加。审计署发布的报告显示，截至2010年年末，全国地方政府平台债务余额为10.7万亿元，其中银行贷款为8.47万亿元，占79%。2013年12月30日，审计署公布了新一轮政府性债务审计结果，截至2013年6月底，中央政府性债务余额为12.38万亿元，地方政府性债务余额为17.89万亿元。这是迄今官方对中国政府性债务最全面、系统的摸底。与2010年相比，不到3年时间地方政府债务规模增长了67%。从债务率来看，省、市、县负有偿还责任债务的债务率高于100%的占比均有上升。在债务总量、债务率逐步上升的同时，地方政府的偿债能力逐年下降。省、市、县借新还旧率超过20%的占比均有所上升。

表6-3 　　　　　　　2013年6月底地方政府性债务资金来源情况表

单位：亿元

债权人类别	政府负有偿还责任的债务	政府或有债务	
		政府负有担保责任的债务	政府可能承担一定救助责任的债务
银行贷款	55252.45	19085.18	26849.76
BT	12146.3	465.05	2152.16
发行债券	11658.67	1673.58	5124.66
其中：地方政府债券	6146.28	489.74	0
企业债券	4590.09	808.62	3428.66
中期票据	575.44	344.82	1019.88
短期融资券	123.53	9.13	222.64
应付未付款项	7781.9	90.98	701.89
信托融资	7620.33	2527.33	4104.67
其他单位和个人借款	6679.41	552.79	1159.39
垫资施工、延期付款	3269.21	12.71	476.67
证券、保险业和其他金融机构融资	2000.29	309.93	1055.91
国债、外债等财政转贷	1326.21	1707.52	0
融资租赁	751.17	193.05	1374.72
集资	373.23	37.65	393.89
合计	108859.17	26655.77	43393.72

资料来源：审计署。

　　从2010年起，地方政府融资平台的快速扩张引起了监管层的重视，中国银监会连续几年把地方融资平台风险列为银行业三大风险之一，并相应采取了一系列措施。2010年6月，《国务院关于加强地方政府融资平台公司管理有关问题的通知》（国发〔2010〕19号）出台，标志着地方政府融资平台贷款清理规范工作全面开始。2013年4月，中国银监会印发《关于加强2013年地方政府融资平台贷款风险监管的指导意见》，再次强调银行业金融机构需按照"保在建、压重建、控新建"的基本要求，继续控制平台贷款总量，并且不得新增融资平台贷款规模。与此同时，还要求对融资平台贷款实施全口径统计以及完善名单制管理，防止其变相融资。

（二）商业银行面临的风险

根据最新审计结果，审计署依然认为"债务风险可控"，主要基于以下三个方面：一是债务率在国际通行警戒线以下；二是未来中国经济平稳快速增长将为债务偿还提供根本保障；三是大量债务对应的优质资产也是偿债保障。对商业银行来说，具体看，银行贷款占比由2010年底的79%下降到57%。但这并不能说明商业银行地方融资平台贷款的风险有所好转和降低，相反，应该对其潜在风险有更加充分的认识：

第一，从贷款初衷来看，存量地方融资平台贷款大部分是在政府应对金融危机、以投资刺激经济增长的背景下地方政府超越自身财政实力片面追求政绩的产物。多数贷款用于政府公益性基础项目或福利性项目，社会效益尚可，经济效益很难说清。在合法的项目商业化运作模式未确立之前，项目本身很难有与贷款偿还要求相适应的现金流，第一还款来源如果不能从一开始就落到实处，银行将直接面临产生不良贷款的风险。

第二，从贷款本质来看，地方融资平台债务尽管表现形式多样，但本质是一致的，即显性或隐性以地方政府财力、财产作为贷款的最终保证，以公益性项目的实施为主要目的，以各种名目的"公司"为主要筹资与运作平台，属于典型的财政过度透支行为。从表面来看，贷款的合法性与一般的商业贷款无明显差异，贷款的安全性甚至要优于一般商业贷款。但本质上，不管出于什么目的，地方融资平台贷款一开始就打上了地方政府信用保证的烙印，而按照有关法律，地方政府本身并不具备商业信用担保职能，因此，一旦保证不能兑现，商业银行将直接面临法律风险。

第三，从承贷主体偿债履行的可行性来看，贷款的本质决定了项目和贷款承载公司并不具备完全法律意义上的法人主体地位，而公益性项目多是收支两条线，一旦融资平台项目投资不能不间断产生足以偿还贷款本息的现金流，商业银行贷款资产的效益性和流动性首先就会受到威胁；一旦公益性抵质押资产因各种原因不能及时、足额变现，商业银行贷款的"三性"原则就会受到地方融资平台贷款的全面挑战。

第四，从债务偿还的连带责任来看，尽管地方融资平台贷款是政府为应对金融危机、刺激经济增长的产物，但从法律上来说，就像国家已不再为国有企业承担债务责任一样，上级政府也不应为下级政府承担连带债务责任，中央政府对各级地方政府各种名目的平台贷款更不承担连带责任。《商业银行法》出台后所产生的各种地方融资平台贷款风险，从法律上来讲，只能由地方政府自己来埋单，如果地方政府资不抵债，那就只能由商业银行自己埋单。

第五，从地方政府财政偿债能力来看，尽管与其他一些国家比较，我国各级地方政府融资平台贷款总额与国家财政收入和GDP的比例还不算高，似乎政府融资平台贷款额度还不算大，风险还不是很大。但政府融资平台贷款究竟有多大风险，必须看各级地方政府融资平台贷款总额与自身财政收入与GDP 的比例，必须看各级地方政府财政收入、GDP 增长对债务总额的消化能力和最终偿债能力。毫无疑问，各级政府发展能力、潜力不同，对融资平台债务的及时、足额偿债能力也不同。因此，对于商业银行来说，政府融资平台贷款不是有无风险的问题，而是有多大风险的问题。

除信贷风险外，商业银行面临的流动性风险也非常突出。政府拉动内需的项目主要涉及中长期贷款，且行业集中，客户集中，必然导致银行中长期贷款比例失调，还易产生贷款期限错配、资产业务不匹配等问题，影响商业银行资产负债的期限结构和商业银行的信贷结构。由于这种"短存长贷"的情况存在，同时一些地方政府融资平台存在多头融资、多头授信现象，加大了银行信贷资金用途监控的难度，贷款回收又不确定，同时存款又有分流的趋势，增大了银行的流动性风险。此外，平台贷款风险并非孤立存在，而是与房地产贷款、影子银行、理财产品等重点领域信用风险息息相关。一旦融资平台的资金紧张，就会不可避免地在融资渠道上更多地借助理财业务和影子银行业务，而理财和影子银行业务结构的复杂性及风险的隐蔽性则会进一步增加平台融资的风险。

（三）地方债务的最新变化及风险

2010年以来，地方债务的结构、风险特征发生了明显变化，债务治理和改革的难度在不断加大。2010年平台贷款收紧后，地方政府融资平台加大了向影子银行的融资力度，转而通过短期理财、城投债、信托、融资租赁等渠道融资，期间，甚至出现了向企业和个人集资等明显违规行为。这些融资方式具有典型的规避监管、借短融长、透明度较低、风险易交叉传染和融资成本偏高等特征。事实上，这些资金的最终来源仍以银行为主，易形成银行的不良贷款风险。

目前，各方普遍认为地方债务风险主要体现在以下方面：财政、金融风险交叉传染，道德风险，债务期限错配风险等，而流动性风险则更为紧迫和突出。数据显示，2013年下半年和2014年是地方偿债高峰，政府负有偿还责任的债务占总债务的比重分别是23%和22%。而地方政府项目缺乏有效的资金来源，未来债务偿还还只能依赖于借新还旧和土地出让金收入。地方融资平台的流动性风险将显著加大商业银行的融资平台贷款风险。2014年中央经济工作会议提出，把控制和化解地方政府性债务风险作为经济工作的重要任务。

表6-4　　　2013年6月底地方政府性债务余额未来偿还情况表

单位：亿元，%

偿债年度	政府负有偿还责任的债务		政府或有债务	
	金额	比重	政府负有担保责任的债务	政府可能承担一定救助责任的债务
2013年7月至12月	24949.06	22.92	2472.69	5522.67
2014年	23826.39	21.89	4373.05	7481.69
2015年	18577.91	17.06	3198.42	5994.78
2016年	12608.53	11.58	2606.26	4206.51
2017年	8477.55	7.79	2298.6	3519.02
2018年及以后	20419.73	18.76	11706.75	16669.05
合计	108859.17	100	26655.77	43393.72

资料来源：审计署。

三、房地产贷款风险

从机制上看，在我国目前的房地产金融体系中，房地产融资风险过度集中于商业银行。首先，房地产开发企业融资渠道比较单一，房地产信贷风险比较集中。在我国房地产投资资金来源中，企业的自筹资金一般维持在25%～35%，商业银行房地产开发贷款一般占18%～25%，此轮调控以来有所下降，从2008年的19.2%下降到2011年的15.1%，2012年轻微上升至15.3%；同时，非银行融资占比并没有显著上升，海外债（利用外资）和房地产信托在开发商资金来源中占比很低，近年来二者合计不过5%上下。在除银行贷款之外的其他资金来源中，统计数据显示，有50%～60%的资金来源于商业银行的消费贷款，比如，定金及预收款从2008年的40.3%上升至2012年的43%左右，在市场火爆的2009年则高达47.4%，换句话说，正是购房者通过首付款和银行按揭贷款为开发商"输血"。综合来看，商业银行通过房地产开发贷款和按揭贷款为房地产企业提供了资金，且占比很高，房地产开发企业对银行资金依赖较强，使得房地产产业的绝大多数风险集中到了商业银行，一旦出现风险，易向银行转移。

其次，房地产贷款①占商业银行贷款总额的比重依然较高，结构性风险聚集。整体看，房地产贷款占各项贷款的比重由2006年末的16.33%上升至2013年末的21%。其中，2009年底，11家上市银行的房地产贷款占比则高达24.2%，个别银行已超过了中国银监会规定的30%的红线；2010年以来有所下降，其中2011年末房地产贷款同比少增7704亿元，增速回落13.5%，2012年增速继续呈下滑趋势，但2012年末房地产贷款占各项贷款比例仍达到19.8%。2013年，在住房交易量活跃、房价攀升、投资增长等因素带动下，房地产贷款增速又开始持续回升，全年房地产贷款增加2.34万亿元，同比多增9987亿元，增量占同期各项贷款增量的比例达到28.1%；从贷款类别看，房产开发贷款、地产开发贷款和购房贷款余额分别占房地产贷款余额的24.1%、7.4%和61.7%。同时，由于我国缺乏成熟经济体发达的贷款二级市场（证券化），银行体系大量的房地产贷款缺乏流动性，资金"短存长贷"期限错配问题更加严重，导致房地产市场波动与银行业稳定高度相关。

再次，商业银行的房地产信贷风险管理和监控也需要加强。一段时期以

---

① 根据央行的解释，所谓房地产贷款，是指房地产开发贷款、购房贷款和证券化的房地产贷款。其中，房地产开发贷款又包括地产开发贷款和房产开发贷款两部分。

来，商业银行出于对经营利润的追求，往往只重视房地产信贷业务的市场拓展，对风险和控制认识不够，也缺少科学、完整的房地产信贷风险度量指标体系，风险管理精细化程度不高，信贷管理手段还比较落后；另外，个人抵押贷款业务也存在操作风险，有些机构对个人贷款申请的审查并不严格。

从静态看，个人住房贷款和房地产开发贷款的不良率均明显低于商业银行的整体不良贷款率。但从动态来看，由于房地产贷款属于中长期贷款，大部分开发贷款尚未到还款期，而七成左右的个人住房贷款累计还款时间不足4年，房地产贷款违约风险还有待时间检验。目前，房地产贷款占各项贷款的比例在20%左右，如果加上以房地产为抵押的贷款，以及房地产上下游涉及的50多个行业，与房地产直接或间接相关的贷款实际占比会更高。

由于房地产市场与银行业的高度相关性，其波动风险不容忽视，容易引致银行业的不稳定。2012年第四季度以来，房地产市场再次出现快速上扬：市场成交量持续放大，部分城市需求激增；房价出现快速上涨，部分城市涨幅较大；房地产投资增速加快，开发资金增速大幅上升。同时，市场区域分化明显，在一线城市房价快速上涨的同时，部分三四线城市则面临房价下行压力。例如截至2013年末，温州房价已连续27个月同比下降，房价持续下行导致银行抵押品出现不同程度的缩水，不良贷款率开始上升。同时，从中长期看，房地产市场泡沫快速积聚和破裂风险更值得重视，一些国家的教训表明，金融风险与房地产泡沫紧密相连。近年来，中国银监会一直把房地产贷款风险列为重点关注的风险之一。

专栏 6.6　国外房地产行业信贷风险的教训与经验

1. 日本和美国都经历过房地产由萧条—繁荣—崩溃的整个周期，对我国有重要借鉴意义。

一是要防止经济增长过度依赖房地产。在危机发生前，两国政府都出台了刺激住房供给和需求的政策和制度，使得房地产投资占GDP比例始终保持高位，并依靠拉动房地产上下游行业消费持续拉动经济。

二是要严格标准，审慎个人贷款投放。日本和美国都将按揭贷款作为低风险优质业务，放松个贷审核标准并向个人住房提供长期低息贷款，使住房的投资和投机需求不断增加，危机爆发后，收入停止增长，按揭贷款出现违约。

三是不能仅靠增加供给平抑房价。危机爆发前，日本政府基于住房供给不足是房价上涨主要原因的判断，大量增加住房供给，房地产泡沫破灭后，投机性住房投资需求大幅减少，但供给由于惯性仍大量增加，房价加速下跌。

四是应审慎开展金融产品多层级衍生。美国次贷危机中三分之二的房贷款项已经通过资产证券化的方式出售，遭受损失的是二级市场的投资者。在中国的金融市场还不够成熟、各方面的风险防范能力还比较脆弱的时候，应审慎进行复杂的金融衍生产品开发。

2. 德国和中国香港房地产业贷款质量较好，采取的风险管控经验值得借鉴。

一是鼓励储蓄，商贷成数较低。德国采用"先存后贷"合同储蓄模式，仅30%的住房贷款来自于商业贷款；中国香港控制地产及物业按揭贷款在贷款中的比重不高于四成，明确"豪宅"按揭成数应不高于六成或840万元，防止过度借贷，对降低房贷风险起到了良好作用。

二是德国所有房贷都实行实行固定利率制，抵押贷款固定利率期限平均为11年半，对房贷市场起着稳定器作用。

三是保障社会不同阶层的住房需求，根据人口结构明确规定所有住房中福利房的比例，市场差价由政府向开发商提供补贴。

四是重视租赁市场的法规建设和管理。德国政府对租房合同和租金核算都有详尽规定，房租超过"合理房租"50%就构成犯罪。

五是限制房地产投机。德国政府对投资者的房租收入征收25%的所得税、房租最高限价政策，明确禁止"二房东"现象，限制房地产投机的利润空间。

[资料来源：四川银监局课题组. 银行的房地产贷款风险传导机制及对策研究. 西南金融，2013（4）.]

四、影子银行与表外业务风险

（一）影子银行的基本概念和特点

影子银行（shadow banking）于2007年由美国太平洋投资管理公司执行董事麦考利首次提出，目前国际金融监管组织对影子银行的定义已基本达成一致。根据2011年4月金融稳定理事会（FSB）发布的《影子银行：范围界定》的研究报告，影子银行指"游离于银行监管体系之外、可能引发系统性风险和监管套利等问题的信用中介体系（包括各类相关机构和业务活动）"。影子银行引发系统性风险的因素主要包括四个：期限错配、流动性转换、信用转换和高杠杆。

金融稳定理事会（FSB）对影子银行给出了较为明确的定义和特征描述，但由于各国金融结构、金融市场发展阶段和金融监管环境的不同，影子银行的形式也各不相同。美国的影子银行体系主要包括货币市场基金等投资基金、投资银行等围绕证券化进行风险分散和加大杠杆等展开的信用中介体系；欧洲的影子银行体系则主要包括对冲基金等投资基金和证券化交易活动。

客观地说，影子银行是金融创新的必然结果，是传统银行体系的有益补充，在服务实体经济、丰富居民投资渠道、推进利率市场化、满足经济社会多层次多样化金融需求等方面发挥了积极作用。但由于影子银行往往从事高杠杆率、不透明性、期限错配的业务操作，同时不受监管部门监管，一旦出现市场波动，很容易造成流动性不足等情况，可能引发系统性风险。

（二）我国影子银行的界定和规模

对中国来说，在欧美发达国家影子银行体系中占据主导地位的机构和活动目前尚不广泛存在。中国的影子银行主要是在2009年金融危机后，政府发布四万亿元刺激计划才开始形成和快速发展的。根据央行的定义，中国的影子银行可以概括为：正规银行体系之外，由具有流动性和信用转换功能，存在引发系统性风险或监管套利可能的机构和业务构成的信用中介体系。对于中国的影子银行，各方给出的规模相差较大，包括范围也有所区别，如瑞信认为中国影子银行规模在2012年已达到22.8万亿元，瑞银估计其规模介于13.7万亿元到24.4万亿元之间，FSB最新全球影子银行监测报告显示，截至2012年底，中国影子银行规模占全球的比重为3%，总量为2.13亿美元（约合人民币13万亿元），同比增速42%，增速居全球之首，高出第二位的阿根廷近20个百分点。

2013年底，《国务院关于加强影子银行监管有关问题的通知》印发，其中认为中国影子银行包括三类：一是不持有金融牌照、完全无监管的信用中介，包括新型网络金融公司、第三方理财机构等；二是不持有金融牌照、存在监管不足的信用中介机构，包括融资担保公司、小额贷款公司等；三是持有金融牌照，但存在监管不足或者规避监管的业务，包括货币市场基金、资产证券化、部分理财业务。而综合已有的研究成果，通常将我国的影子银行体系分为三部分：一是商业银行影子银行业务，即"银行的影子业务"。商业银行为规避监管限制，获取监管套利，将部分表内业务转出表外形成的，主要包括表外理财业务、委托贷款等表外业务，借助信托公司、证券公司等机构提供资产和风险"出表"的"通道"。该类业务与其传统业务关联紧密并相互转化和影响，受到的监管与传统银行监管有较大不同，成为中国影子银行体系的重要组成部分。银信合作是最普遍、最重要的运作模式：商业银行通过与信托投资公司合作，设立信托投资计划或购买资金信托计划份额，将募集的理财资金投放于信托贷款、票据、债市、股市、商品市场，甚至是艺术品投资等领域。二是开展信用业务的非银行金融机构和产品。信托公司、典当行、融资性担保公司、小额贷款公司和货币市场基金等机构围绕银行信贷业务，展开产品和合作创新，跨领域机构和产品发展迅速，其经营主体和投资、融资活动都在传统监管视线之外，风险产生和传染机制更为复杂和隐蔽，其投融资行为极易与传统银行信贷发生直接、隐蔽的联系。三是依托网络等新技术提供支付、结算、投资、融资等金融服务的新型信用中介，如非金融机构支付、网络借贷、众筹融资平台等。

（三）商业银行面临的风险

毋庸置疑，影子银行的确发挥了一定的积极作用，在我国目前间接融资比例仍然较高、对银行信贷依赖较大的背景下，影子银行往往成为企业，特别是中小企业融资的重要渠道，一定程度上满足了经济发展多元化背景下多层次的信贷需求。但对于金融体系来说，又积累了一定的系统性风险，加剧了金融的脆弱性，同时对实体经济产生影响，主要体现为：一是当大量资金通过影子银行募集投向房地产市场或者产能过剩领域，以及用于偿还大量政府到期债务时，容易形成经济结构调整中的隐患，对实体经济不利；二是影子银行具有的期限转换、流动性转换、信用风险转移和高杠杆特征使其具有较高的系统风险隐患；三是影子银行体系通过监管套利削弱了巴塞尔协议等微观审慎监管的效果。

对于商业银行来说，首先，银行通过规避监管和套利行为直接参与影子银行业务，快速推高了影子银行规模。为应对控制贷款额度为基础的宏观调控措施，银行将表内活动转向表外，如迅速涌现的各类理财产品，一方面为实体经济融资提供了有效的通道，但却存在借短融长、期限错配、规避监管和监管套利行为，其中大量资金池业务存在信息透明度差等问题，是具有典型影子银行特征的业务，蕴含潜在金融风险；另一方面，过低的利率也使银行研发其他产品进行揽储，以及迫于盈利压力转向高回报产品而忽略了其长期风险。

其次，影子银行和传统银行业务紧密联系，产生了较高风险，影子银行的发展可能成为一个风险来源和放大器。一方面，传统银行体系为影子银行提供项目推介、份额代销和赎回、资金托管等服务，并以自身信用为影子银行提供隐性担保，一般投资者很难分清是银行业务还是影子银行业务；另一方面，传统银行体系与影子银行之间通过同业业务或直接购买份额等方式发生大量资金往来。2013年末，银行通过拆借、回购等方式为影子银行提供流动资金1万亿元，同比增长25%；商业银行直接购买影子银行股权及类证券化资产2.9万亿元，同比增长106%。同时，影子银行在商业银行存放1.2万亿元，同比增长35%。传统银行体系已经成为影子银行重要的权益投资者与流动性提供者，传统银行体系与影子银行体系关联性大大增强。

从目前的情况看，银行深度参与了影子银行业务，因而可能被要求补偿损失从而损害银行的资产负债表，导致整个金融体系信贷收缩。无论银行贷款还是影子银行，资金的重要投向是房地产、地方融资平台等领域，因此，信贷收缩可能会同时引发房地产危机并挤破地方政府债务泡沫。

目前，影子银行风险初露端倪，主要集中在信托产品和网络借贷领域。以信托为例，2012年以来不断出现信托产品面临违约的事件，虽经各方极力斡旋最终都得以按期兑付，但随着兑付的集中到期和企业融资压力加大，违约出现的可能性在不断增加。据统计，2013年因违约风险而提前终止的信托产品共2506只，比2012年增长46%，且呈逐月上升趋势，这些信托产品主要集中在矿业、房地产和产能过剩行业。到期难以按期兑付的信托产品有20只。2012年、2013年成立的信托产品中，在随后两年到期的约4000只，到期规模超过8000亿元，其中2014年的5月、6月、7月是兑付高峰，分别有488亿元、472亿元和440亿元信托产品到期兑付，到期兑付压力很大。信托产品常常横跨多个金融市场，并和银行体系有着千丝万缕的联系，信托产品集中到期加大了信托公司的兑付压力，其风险很容易在金融体系传播、蔓延，进而威胁到整个金融体系的稳定。

专栏6.7　信托兑付违约事件或进入爆发期

（深圳特区报，2014年2月21日）

近段时期以来，信托行业兑付危机四伏：春节前，中诚信托诚至金开项目30亿元兑付出现问题。19日，吉林信托松花江（77号）信托项目第五期规模为1.09亿元的产品再次逾期。此前，该信托项目已经有四期共7.6亿元没有按时兑付。

1.信托违约风险陆续爆发。

据了解，吉林信托松花江（77号）项目规模为9.727亿元，共六期，筹集的资金用于山西联盛能源有限公司受让山西福裕能源有限公司子公司投资建设的450万吨洗煤项目、180万吨焦化项目和20万吨甲醇项目的收益权，托管于建行陕西省分行。

继前四期产品逾期后，19日五期产品也出现违约。投行人士称，联盛集团负债近300亿元，财务费用居高不下，严重缺乏债务清偿能力。此外，还有十多家民营企业与联盛集团有担保关系，涉及巨额信贷资金。而松花江号（77号）六期也将于3月上旬到期。

来自中国信托业协会的数据显示，2013年，信托公司信托资产总规模为10.91万亿元，与上年的7.47万亿元相比，同比增长46.00％。

随着信托业的高速发展，风险也在不断积聚。2012年信托行业到期清算出现问题的信托项目大约有200亿元，2013年被媒体曝光的信托项目风险事件又有十多起，问题项目总金额也呈上升态势。

"信托计划的期限多在2至3年，随着信托计划逐步到期，风险自然会逐步爆发。"广州广证恒生证券研究所有限公司副总经理、首席研究官袁季说。

目前，多家证券公司已对信托业兑付风险集中爆发提出警告。光大证券研报称，今年上半年，信托业将面临巨大的兑付压力。今年1月、3月、5月、6月的信托到期规模都在200亿元以上，其中5月达到368.27亿元，是全年高点。基础产业类信托兑付高峰在5月；房地产信托到期主要集中在上半年，并且呈逐月上升态势，在5月份达到高点；而工商企业类信托有多个兑付高峰，风险主要集中在第一季度和8月份。

2. 煤炭和地产业是最大"出血点"。

兑付危机袭来，哪里可能是最大"出血点"？

中信证券研报称，可能在中小企业私募债、景气向下和产能过剩行业的债务、部分地方政府性债务；此外，中上游景气度较差行业的信托计划违约风险相对较高，工商企业类信托的信用风险显著提升。

一些行业人士则有更直白的表达：煤炭和房地产类信托。

据对网上公开资料的不完全统计，2012年发生的信托违约风险事件达13起，2013年达14起。光大证券对这27起信托违约事件进行了梳理分析。报告认为，信托违约事件大部分集中于房地产信托计划和工商企业信托计划中。案例中隶属于房地产信托计划的有15个，工商企业信托计划11个，金融类信托计划1个。

据介绍，出风险的11个工商企业信托计划中，煤炭行业占5起，化工行业占2起；而在违约最集中的房地产信托项目中，涉及一线城市的4起、二线城市5起、三四线城市6起。其中一线城市的房地产信托计划违约风险多由项目之外的道德风险问题引发；而二三四线城市的房地产信托风险则多由项目本身资金链出现问题而致。

从已公开的2013年业绩快报、预告来看，去年上市煤企经营业绩整体腰斩几乎已成定局。而在房地产领域，2013年，40个大中城市中，一线城市的土地溢价率是二线城市的近2倍，三线城市的近3倍，整个市场结构性分化极为明显。国研中心的调研报告更称，三四线城市出现泡沫破裂现象。

"信托违约的发生和当前的市场状况是相匹配的。"袁季说，今年上半年的信托业兑付危机一是再度为产能过剩的煤炭、房地产行业敲响了警钟；二是有可能进一步加剧这两个行业内部的两极分化，推动行业的结构性变化。

五、流动性风险

商业银行流动性包括资产流动性与负债流动性两个方面：资产流动性是指银行在资产不发生较大损失的情况下迅速变现的能力；负债流动性是指银行在尽可能短的时间内以尽可能低的成本筹措到所需的资金。商业银行的主要业务是吸收存款和发放贷款，通过杠杆化运作和期限转换完成资金来源与资金运用的对接。通过资产与负债的期限错配来获取收益是商业银行经营的特点，这就使得银行在经营活动中客观上存在着流动性风险。

流动性风险的主要表现为：（1）由于资金短缺使银行无法满足存款人的取款要求；（2）由于可用资金不足银行无法满足借款人的资金需求；（3）在不利的市场条件下银行被迫进行高成本融资或以低价出售资产来换取可用资金。流动性风险严重时不仅导致商业银行出现经营亏损，甚至破产和倒闭。因此，商业银行必须保持充足的流动性来履行债务支付义务，由此也要求商业银行在经营过程中，不断提高对流动性风险的管理能力，不断平衡流动性和盈利性的关系，避免出现资产负债期限的过度错配，以及资产或负债期限、客户等的过度集中。另外，商业银行的信用风险、市场风险和操作风险等也会引发流动性风险，出现支付困难和无法清偿到期债务等问题。因此，流动性风险通常也是商业银行经营风险的最终表现。

在此次国际金融危机中，许多银行尽管资本充足，但仍因缺乏流动性而陷入困境，金融市场也出现了从流动性过剩到紧缺的迅速逆转。危机后，国际社会对流动性风险管理和监管予以前所未有的重视。巴塞尔委员会在2008年和2010年相继出台了《稳健的流动性风险管理与监管原则》和《第三版巴塞尔协议：流动性风险计量、标准和监测的国际框架》，构建了银行流动性风险管理和监管的全面框架，在进一步完善流动性风险管理定性要求的同时，首次提出了全球统一的流动性风险定量监管标准。2013年1月，巴塞尔委员会公布《第三版巴塞尔协议：流动性覆盖率和流动性风险监测标准》，对2010年公布的流动性覆盖率标准进行了修订完善。

流动性风险是商业银行最基本的风险之一。但对我国的商业银行来说，之所以要重点关注，是因为存在一些特殊的情况和突出的问题。

首先，从宏观层面上看，由于一直以来经济结构性问题没有根本解决，在国际金融危机爆发后，我国又投放了大量的货币和进行了大量的投资，导致结构问题和周期问题相互交错，致使货币在流动中出现了不均衡。

其次，商业银行资产业务的潜在流动性风险突出。在实际操作中，一些商业银行比较关注当期收益，资产结构的集中度较高，而对由此可能带来的风险隐患关注不多。尤其是2009年以来，我国银行业的信贷资产大幅增长，且主要都投放到了一些中长期的基础设施建设项目上，致使信贷结构更单一、集中度更高：一是总资产中的信贷资产占比高。大银行约为50%，中小银行除了准备金、备付金外基本都是贷款。二是中长期贷款占比高。70%的贷款为中长期贷款，不少银行10年期以上的贷款占比超过了15%，部分银行甚至更高，且基本都持有到期。三是贷款的行业集中度较高。主要集中在交通（公路、铁路、港口、航空等）、电力、城建、房地产等领域，一旦这些行业的市场需求发生变化或行业出现周期性调整，违约贷款就会大幅度增加，不仅信贷资产会面临严重损失，还会造成流动性风险加大。四是客户集中度高。在贷款总量大幅增加的同时，贷款客户并没有相应增加，大量的新增贷款在既有的客户间不断叠加，80%的贷款集中在不到10%的客户身上，户均贷款数额大。

再次，资产与负债的期限错配过度。我国银行业资产长期化、负债短期化的趋向明显。由于投资是拉动经济的主要因素之一，与投资相配套的长期贷款需求十分旺盛，而存款则随着投资渠道的增加而呈短期化趋势。为追求当期收益最大化，部分银行不顾长期的风险隐患，在定期存款比率降低的同时，中长期贷款的比率快速提高，两者间缺口不断扩大，使期限错配问题更加突出。尤其是在宏观流动性收紧、存款业务增幅趋缓、资产业务违约风险加大、有效资产难以及时变现和到期负债需及时偿付背景下，这种过度的错配很容易触发银行的流动性风险。过度错配使一些资产规模较大的银行也时常发生支付困难，不得不向央行借入资金、被迫高息拆入资金或出售一些高收益且低风险的票据资产，以缓解流动性的压力。

更为严重的问题在于：第一，一些银行忽视流动性风险管理，表外业务发展过快，主动通过期限错配获取高额回报。例如，银行发行了大量的理财产品，这些资金大部分进入了仍能提供高回报率的房地产、政府投融资平台等，业内人士预计，银行业这部分资产的期限错配平均应该在半年以上。一旦银行理财融资出现问题，银行业风险就会暴露。第二，一些银行同业业务①杠杆率较高，靠同业滚动短期负债来对接长期资产。通过梳理银行同业业务发展情况发现，一些中小银行同业资产占一级核心资本的比例较高，业务模式相对激进，通常这一比例最高值出现在每年的6月末，最高甚至达到9～10倍。而大型商业银行的这一比例基本维持在1倍左右。第三，自2012年第四季度以来，中

---

① 商业银行同业业务不受存贷比约束，无须缴纳存款准备金，且交易对手为金融同业，整体风险较低，可称为生息业务盈利的有力补充。近年来我国商业银行同业业务增长较为迅猛，2009—2012年银行业同业资产规模年均增长36.4%，分别是总资产增速的2倍和贷款增速的2.2倍；同期同业负债年均增长25.8%，分别比总负债增速和各项存款增速高7.6个和8.7个百分点。问题在于，一些激进型银行为追求高收益，进行监管套利，存款依赖同业资金，通过期限错配将低成本的同业资金更多地投向经过包装的信托、房地产等高风险、高收益项目，导致严重的流动性风险。

国社会融资规模高速增长，显示出信贷政策比较宽松，然而经济走势却呈现出与资金环境的背离，即货币资金加速增长，但是经济增长乏力，甚至呈现出回落迹象。这反映了新增信贷一部分没有流入实体经济，而是在金融体系内部空转，支持银行表外业务及其他一些监管套利行为。第四，部分银行过于依赖央行在关键时刻的资金投放，习惯于将备付金水平维持在较低水平，极易受到市场变化的冲击；或是将流动性应急机制建立在从外部融入资金的基础上，当总体流动性趋紧时，这种应急机制也就"形同虚设"。在这种情况下，2013年6月，市场资金面出现罕见的紧张局面，6月20日，银行间隔夜拆放利率和回购利率均超过13%，隔夜回购利率竟创出30%的历史最高点，市场出现"钱荒"和"恐慌"。2013年6月以后，商业银行同业资产扩张速度放缓，同业资产与各项贷款的增速差缩窄，同业负债增速多数月份低于各项存款的增速，同业业务杠杆有所降低，期限错配程度有所下降①。2014年5月，人民银行、银监会、证监会、保监会、外汇局联合发布《关于规范金融机构同业业务的通知》，以鼓励创新和防范风险为两条主线，旨在规范我国金融机构同业业务发展，降低企业融资成本，提高金融体系支持实体经济的能力。

2014年2月，中国银监会制定并发布了《商业银行流动性风险管理办法

① 据安邦《每日金融》2014年4月13日报道：2013年以来，在银监会要求及2013年6月"钱荒"的影响下，中国银行业开始收缩同业业务，相关业务断崖式下跌。一些对同业业务依赖较为严重的城商行，更因此承受着资产规模缩水的压力。据厦门银行发布的最新一期债券募集说明书显示，截至2013年6月末，厦门银行总资产667.7亿元，较2012年底911.2亿元的规模，罕见地下跌了26.8%。资产中的存放同业项和买入返售类资产更是分别大幅下滑52%和84%。说明书称，发行人的总资产规模（虽然）有所下降，主要是发行人根据市场新的形势变化主动降杠杆、调结构使得买入返售金融资产和存放同业款项下降幅度较大所致。除厦门银行外，另一家披露2013年业绩的徽商银行，上年底同业资产也从922.81亿元高点跌去过半，急速回落至490亿元，进一步导致该行规模增长放缓。需要指出的是，像这种资产规模大幅缩水，目前只发生在对同业业务高度依赖的部分城商行。比如，截至2012年末，厦门银行总资产规模911.21亿元，贷款在总资产中仅占比18.3%。相比之下，在2012年高点时，该行同业资产（包括存放同业及其他金融机构款项、拆出资金、买入返售金融资产）达358亿元，在总资产中占比达40%，超过信贷资产两倍有余。同样，截至2012年末，徽商银行的买入返售金融业务在总资产的比重也升至22.5%，仅次于贷款。由此来看，不论是厦门银行，还是徽商银行，都在为此前的激进业务埋单。在相关风险受到严密注视下，两家银行，以及具有类似业务结构的其他银行，也将被迫走上转型之路。

（试行）》（以下简称《办法》），以促进我国银行业加强流动性风险管理，维护银行体系的安全稳健运行。并指出："近年来，随着我国银行业经营环境、业务模式、资金来源的变化，部分商业银行出现资金来源稳定性下降、资产流动性降低、资产负债期限错配加大、流动性风险隐患增加等问题，流动性风险管理和监管面临的挑战不断增加。随着金融市场的深化，金融机构之间的关联越发密切，个别银行或局部的流动性问题还易引发整个银行体系的流动性紧张。2013年6月，我国银行间市场出现阶段性流动性紧张现象，既有一系列预期和超预期等外部因素的原因，也暴露了商业银行流动性风险管理存在的问题，反映其流动性风险管理未能适应业务模式和风险状况的发展变化。因此，加强流动性风险管理和监管的必要性和紧迫性日益突出。"《办法》将银行同业和理财业务也纳入流动性监管体系下。与传统的流动性风险指标相比，《办法》提出的新核心指标——流动性覆盖率，对同业业务采用了较高的现金流出系数。监管层希望指标能够在反映流动性风险方面更为敏感，有助于约束商业银行对同业资金的过度依赖。同时，银监会要求商业银行应于2014年9月底前实现全部同业业务的专营部门制。

专栏6.8　货币市场预警："钱荒"致"恐慌"

（《财经》杂志，2013年7月2日）

6月下旬，中国货币市场出现罕见异常情况，令监管者、投资者和公众一度心惊。

6月20日，上海银行间市场隔夜拆借利率涨578.4个基点，收于13.444%；七天期回购利率上涨292.9个基点，收于11%；一个月期限回购利率上涨178.4个基点，收于9.4%附近。当天临近收盘，隔夜拆借利率创下高达30%的罕见交易纪录，七天回购利率也一度飙升到28%。而在中国，符合法律保护的高利贷也仅为超过基准利率的4倍，即年化回报率为24%。

中国人民银行自6月以来就一贯持续收紧公开市场流动性，自身流动性风险管理较差的机构风险暴露，众多银行间机构，尤其是中小商业银行需要借入资金以满足头寸需要，但作为主导借出方的国有大银行却选择了谨慎借款。一时间，供需双方在短时间内出现了严重不平衡，银行间拆借利率因此猛涨。

6月21日起，虽然上述利率迅速回落，但短时间的流动性紧张引起其他金融市场恐慌。一项事后证明为乌龙的某国有大银行违约传闻，一度蔓延到整个市场。

6月23日上午，另一家国有大银行的交易系统出现"系统升级"故障，众多储户当天上午的柜台取现和电子银行业务被迫中止约45分钟，这更让商业银行普遍缺钱的谣言四处扩散。所幸的是，有关商业银行迅速澄清传闻，从而避免了挤兑事件。

上述银行间市场流动性紧张事件，在经过一个周末发酵之后，传导至中国股票市场，随即带来巨大动荡。6月24日，A股上证指数大跌5.3%，一度跌破1949点，深成指更大跌6.73%。次日，悲观情绪加速蔓延，两市恐慌性坠落，上证指数一度下跌近6%，创2008年以来最大跌幅。

6月25日晚间，一直"静观其变"的中国货币当局表态称，"已向一些符合宏观审慎要求的金融机构提供了流动性支持。"据《财经》记者了解，A股市场的大跌显然给决策层带来了更大压力，因为市场稳定向来是维护社会稳定的重要内容。

至此，这场持续多时、爆发近一周的"钱荒"风波，以中央银行的应急出手而暂时平息，A股亦在6月25日下午提前完成V形逆转。6月26日，上海银行间市场拆借利率相应回落，市场情绪趋稳，一场麻烦暂时过去了。

这场自我诱导式的短暂危机，一方面体现了管理层对银行资产错配和大量表外资产的不满，但略为收紧的货币政策遭遇强劲博弈对手，市场如此激烈反应，也在倒逼货币政策适度放松。

更重要的是，这场短暂的危机说明：中国央行不会永远满足商业银行的要求而不断注入流动性，这需要各金融机构主动管控流动性缺口；中国并非不能发生金融危机。

比较积极的看法则是，这次类似危机的严重警示，对抑制中国商业银行不顾后果地扩张表外资产、进行大量资产错配的操作有矫正作用。更有人认为，这是对中国金融体系的另类压力测试，清晰勾勒出了中国金融系统风险传导的路径，应引起决策层重视。

一些业界人士相信，这次触发的货币市场异常事件，将促使监管机构对银行业资产结构问题和流动性风险管理更加重视，从而早下决心着手解决积累经年的关键性问题。

但此次短暂危机也有代价：造成市场短暂的波动和恐慌；也损伤了培育数年的上海银行间同业拆借市场利率的稳定性，为其一段时间内成为中国基准利率增加了难度。

对于主张市场化改革的人士而言，此次异常事件最为麻烦的可能是，一直被讨论的利率市场化改革，或因此暂时受到挫折。因为这次危机比较直接地暴露了部分金融机构管理流动性的能力欠缺，监管当局不得不担忧其承受利率市场化改革的真实能力。

不过，决策层最近清晰表达了对金融去杠杆化的意愿，希望引导资金更优化配置，支持实体经济发展。但仅靠行政手段逼迫资金流向无法逐利的行业或前景不清晰的领域，这实质是实体经济在各领域的投资预期出现了问题，根源在实体经济不景气和投资空间有限。

为此不少专家建议，中国应首先意识到，资金大量流向房地产和地方政府融资平台是有很大风险的，为此必须改变根本成因，及时给市场以清晰的信号，让大家看清未来改革将给资金提供哪些可投资的空间，以引导和激发民间投资热情。

这次货币市场异常事件，也考验了中国宏观调控的政策决心，管理层是否有勇气选择承受一定的痛苦而提早纠偏。

专栏6.9　专家指银行"钱荒"四大根源
（证券日报，2013年6月28日）

市场真的"很差钱"吗？答案是否定的。截至5月末，我国M_2余额104.21万亿元，同比增长15.8%。然而，与此相反的是，银行间同业拆借隔夜利率自6月下旬以来不断上涨，20日盘中更是蹿升至30%的惊人位置。"钱荒"的多米诺骨牌也砸向了股市，上证综指、深成指双双创出四年以来的新低，A股市场至今惊魂未定。

银行、股市与中小企业"联手"大喊缺钱；但另一方面却是，货币供应量充裕，资金在金融机构间循环往复获取利润，游资仍在寻找炒作空间，民间借贷依旧风风火火。

事实上，从相关数据来看，中国的金融市场并不缺钱。央行数据显示，今年前5个月我国社会融资规模达9.11万亿元，比上年同期多3.12万亿元。广义货币M_2存量达104万亿元，同比增长15.8%。

工商银行近日的公开表态可谓佐证。工商银行目前境内人民币存款余额约14.2万亿元，贷款余额约8.4万亿元，人民币存贷比保持在60%左右，远低于75%的法定标准。在缴存法定存款准备金后，债券、同业融资、超额备付金和现金等高流动性资产余额超过4.6万亿元，丝毫没有差钱的迹象。流动性充沛状况居全球同业领先地位。

中国银监会公布的最新数据显示，截至今年5月末，银行业金融机构总资产139.57万亿元，比上年同期增长16.3%。

对于"钱荒"一说，业内专家指出四大根源：

一是银行疯狂扩张。"钱荒"出现的原因有很多种，而从根本上来讲，还是由于银行随心所欲扩张所致，表现在表外融资规模的扩张，表内贷款的大规模增加。一方面，过去由于经济持续扩张，银行不甘于传统的贷款业务而利用银信合作将表外资金及部分表内资金投入地方政府融资平台和房地产领域，同时因为项目周期和银信产品周期不一致而导致资金出现缺口，最终造成资金在同业之间空转。

国务院发展研究中心金融研究所所长张承惠指出，内地银行业当前出现的"钱荒"现象，是过去几年商业银行随心所欲扩张自己的业务规模，达到一个极点后集中爆发的表现。

截至2012年末，银行理财产品余额达7.1万亿元人民币，比2011年末的4.59万亿元增幅高达55%。由此看来，银行大肆扩张表外资产、大量发行理财产品，不顾资金期限匹配的风险是发生"钱荒"的主要原因。

二是年中的存贷比考核。历年来，临近月末、年中、年末之时，银行便会出现一定的资金紧张状况，在存贷比考核的影响下，每逢关键时点，银行都会投入到"抢钱大战"中去。而今年政府为了约束社会融资规模过快扩张与银行同业业务期限错配风险，采取了控制货币增量和纠正存量的方式来打击资金空转。因此在资金价格飙升之际，央行不仅未曾向市场注入流动性，反而两次发行央票回笼了少量资金。

同时也基于往年预期，导致6月上旬银行大规模地向市场投放信贷，商业银行体系内资金减少。而央行态度的转变让商业银行的预期落空，纷纷转为增加存款，同时部分有剩余资金的大行也不愿拆出资金，导致银行间流动性降低。

三是外汇占款下降加剧资金紧张。5月外汇占款增速明显下降，仅增加668.6亿元，较4月2943.5亿元的新增量大幅缩水77%，资本流入局面发生改变。有券商研究人员预计，6月外汇占款可能处于净下降的状态。此外，外管局要求商业银行根据外汇贷存比补充外汇头寸，限期为6月底，这部分头寸补充收缩银行间资金约2000亿元。

美联储缩减QE的预期增加，也加大了热钱的逃离。而央行面对流动性趋紧并未轻易出手干预，从而进一步加剧了资金的紧张局面。

四是6月5日准备金补缴。瑞穗证券首席经济学家沈建光估算这部分规模大约在1000亿元。

中央财经大学金融学教授郭田勇也表示，中国的资金在总量上并不荒，"钱荒"是个结构性问题。钱没有通过银行信贷进入实体经济，而是在一系列加杠杆的金融运作后，变成了"钱生钱"的虚拟游戏，在银行业内空转。资金在各个金融机构间循环往复获取利润，却无形中提高了中国实体经济经营者的融资成本，也使金融风险不断积聚。

第七章　商业银行经营环境的变化：
　　外部压力与挑战

上一章，我们重点关注了商业银行近年来暴露出的主要问题和面临的主要风险。除此之外，商业银行还深受外部环境和相关制度的影响。应该说，2003年以来我国商业银行的改革和快速发展很大程度上也得益于有利的外部环境和条件。但随着经济金融形势、市场环境的变化和相关改革的推进，近年来商业银行面临的外部压力和挑战陡增。

第一节　经济金融环境的变化

2003年以来，我国商业银行之所以实现了快速发展，与较好的宏观环境是分不开的。

从国际上看，2008年金融危机爆发前的较长一段时期一直比较有利，全球经济自20世纪80年代中期以来实现了较为高速的增长，至2008年金融危机终结，2009年出现负增长。如图7-1所示，自2003—2008年金融危机爆发，世界GDP年增长率一直稳定在4%左右，保持了比较可观的增长速度。金融方面，进入21世纪以来，在金融全球化的大背景和新古典经济学金融深化理论的影响下，主要发达经济体采取放松金融监管、低利率的宽松货币政策等，推进金融深化和金融自由化，金融市场发展迅速，流动性增加，大大高于全球GDP的增长速度。2003年，全球金融资产约118万亿美元，约为全球GDP的3倍；2005年增长到140万亿美元，2006年为167万亿美元，约为全球GDP的3.5倍，比2005年增长了17%，这一增长率是1995—2005年年均8%增长率的两倍多；到了国际金融危机前的2007年，全球金融资产总额已到GDP的4.5~4.6倍。因此，至少在国际金融危机爆发前的这段时期，全球经济和金融的快速发展以及宽松的环境为商业银行创造了良好的外部环境。

从国内看，2003—2011年，在出口和投资的强劲拉动下，经济上我国进入了一个快速增长周期，GDP增速在大部分年份里都达到了两位数。金融方面，流动性充足，市场环境宽松，贷款增速和M_2的增速都维持在高位。金融危机爆发后，由于我国推出了经济刺激计划，商业银行不仅没有受到太大影响，反而享受了盛宴。在2011年前，国内的经济金融环境为商业银行的快速发展提供了良好的外部条件，也正是在这段时期，商业银行实现了资产规模的快速扩张和利润的大幅增长。2011年之后，国内经济金融所积累的问题开始暴露，形势开始变得复杂、不容乐观，商业银行面临的问题和压力开始凸显。

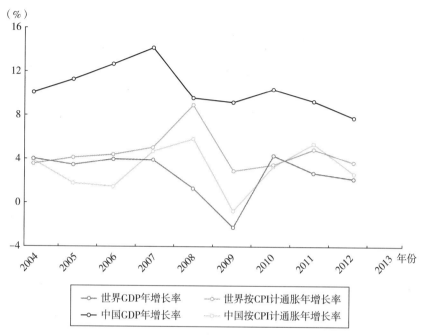

（％）

资料来源：新浪财经。

图7-1　世界GDP、中国GDP年增长率情况（2004—2013年）

一、国际经济金融形势的变化及影响

2008年爆发的国际金融危机不仅终结了全球经济高速增长的上升趋势，也使国际经济金融形势和格局发生了重大变化。

（一）全球生产和贸易格局发生变化

1. 发达国家去工业化进程有所放缓，发展中国家工业化进程受到一定程度的影响。

国际金融危机后，发达国家反思过度追求经济服务化、虚拟化的教训，纷纷推出"再制造"战略，力图凭借自身在科技创新、高端人才、生产效率等方面的优势重振制造业，试图在具备比较优势的产业或价值环节上提高竞争力，扩大市场份额。新兴经济体则通过产业升级和对外直接投资，延伸、扩展产业链，从而突破传统国际产业分工对发展空间的约束。美国主导的"跨太平洋伙伴关系协定"，东盟推进的"区域全面经济伙伴关系"等，将对亚太地区一体化格局产生重大影响。美欧自贸区、日欧自贸区等，也可能在发达经济体之间形成紧密联系，制约发展中国家的市场拓展。

2.全球贸易保护主义逐渐抬头，贸易摩擦出现频率不断升高。

国际金融危机使得贸易格局从发展中国家偏爱贸易保护主义转变为发达国家偏爱贸易保护主义，发达国家为了保护其传统产业，增强竞争力，保持就业和经济增长，极端奉行贸易保护主义的政策主张，往往对发展中国家的"过于低劣的产品质量和过于低廉的价格"发起进攻以保护他们"去工业化"所付出的代价。同时，"隐形保护主义"也越来越多，比如采用行业补贴等非关税贸易保护手段，限制银行贷款投向，或是以环境保护之名歧视外国商品和服务等。

3."新兴市场"在国际上占有越来越大的比重，引起了发达国家以及率先成长的发展中国家的高度关注。

在危机爆发前的2004—2008年，发达国家对全球经济增长的贡献率就已经低于发展中国家（44%∶56%）。在危机爆发后的2008—2012年，二者的差距扩大至13%∶87%。相应地，发达国家和发展中国家经济总量之比，已从20世纪80年代的约4∶1变为目前的约2∶1。受发达国家经济持续低迷的拖累，近两年发展中国家的经济增长也有所放慢，但仍明显高于发达国家。

4.经济结构和生活习惯发生重大改变。

国际金融危机发生后，对发达国家和发展中国家的经济结构和生活习惯产生了重大影响，发达国家提高储蓄率和发展中国家提高消费率成为一种发展态势。

（二）金融形势复杂多变

1.全球金融体系发生变化。

随着美国在全球经济总量中所占份额的进一步下降，以及世界贸易和投资数额的持续扩张，美元国际结算货币的霸主地位、美国金融市场作为全球资源配置中心的地位受到严重挑战。受这些因素的影响，美国金融体系在全球的地位逐渐下降。同时，发展中国家在国际金融体系中的地位和作用有所增强。2009年G20峰会上发表的《领导人声明》中，二十国领导人同意将新兴市场和发展中国家在国际货币基金组织的份额至少增加5%，将发展中国家和转轨经济体在世界银行的投票权至少增加3%。另外，国际金融危机使人们看到了失去监管的金融市场的破坏力，各国主权投资基金与金融创新会更加谨慎，加强金融监管已成为全球共识，强调金融谨慎发展原则以及回归实体经济成为一种良性发展之所需。

2. 金融市场波动加剧。

国际金融危机爆发后，主要经济体为了共渡难关，曾及时搭建了G20平台，采取了协调一致的反危机措施，对于全球经济走出危机发挥了重要而积极的作用。但是，在形势渐趋稳定之后，各国进行政策协调的意愿明显降低，各种贸易和投资保护主义抬头。特别是一些主要国家，在制定宏观经济政策时仅从本国利益出发，基本不考虑国内政策的外溢效应。例如，美国、欧盟和日本为了刺激国内经济，均实行了大规模的量化宽松货币政策。这在初期的确起到了缓解危机的作用，但长期实行后，造成全球范围内的流动性过剩，通胀压力上升，短期资本流动大幅增加，资本市场和外汇市场剧烈波动等。这些都对新兴经济体乃至全球的宏观经济稳定构成了新的威胁。随着经济复苏形势迥异，主要国家货币政策逐步出现分化。受经济和就业状况改善支撑，美联储正式开启退出量化宽松（QE）操作[①]；欧元区通缩风险显现，欧洲央行在2013年两次降息强化货币宽松力度，更是在2014年6月将主要再融资利率削减至0.15%，隔夜存款利率削减至-0.1%，进入负利率时代；日本推出量化质化货币宽松政策（QQE）以刺激经济；迫于资本外流压力，巴西、印度、印度尼西亚等新兴国家被动加息，货币政策波动性有所上升。上述分化与波动加大了跨境资本流动，加之气候、地缘、政治等外部因素作用，国际金融市场持续动荡。

---

① 从2014年1月开始，美国开始将目前每个月购买债券的规模从850亿美元削减至750亿美元。

新兴经济体经济增长面临出口下降和国际资本流向逆转的风险，可能加剧全球金融市场的波动。受发达经济体经济复苏乏力的影响，新兴经济体外需明显不足。2011年以来，巴西、印度、俄罗斯以及南非等国家面临较大的经济下行压力，经济增速较前两年明显下降。国际金融危机爆发以来，大量资本流入新兴经济体，尤其是进入亚洲国家，推动资产价格上涨。以雷曼兄弟倒闭为转折点，前三年从美国到新兴市场的资本流动为700亿美元，后三年猛增到2000亿美元。如果这些资本出现突然回流，新兴市场的金融体系将失去充足的流动性，造成汇率贬值，主权风险溢价抬升，并进一步传递到企业部门，抬高经济活动融资成本。

（三）小结

总的来看，2008年国际金融危机爆发以来，世界经济金融运行及政策应对经历了从应急到调整阶段的转换，尽管在大规模经济刺激和金融救助政策的推动下，近几年来全球经济逐步企稳复苏，但应当看到，目前世界经济金融体系已由危机前的快速发展期进入深度调整期，可能在较长时期内处于低速增长状态，商业银行未来所面临的外部经济金融环境会持续复杂动荡，不确定性增大，已与危机前相去甚远。一是全球经济复苏进程将在长期内呈现不稳定与不平衡的特征。发达经济体受债务高企、削减财政赤字压力增大等因素影响，实质性的结构调整尚未真正启动，从而导致经济复苏曲折艰难。新兴经济体在全球经济金融格局中的地位不断上升，但尚未成为主导型力量，与发达经济体在贸易、投资等方面的依赖关系仍未改变，在转变经济增长方式、增强金融体系的稳定性方面仍有很长的路要走，全球经济复苏曲折艰难且不平衡。二是国际金融市场的剧烈动荡已成常态化。主权债务危机的反复发酵、资金风险偏好的频繁变化、主要货币汇率的大幅波动、跨境资金无序流动等因素导致金融体系的不稳定性上升，从而对商业银行的风险防控提出了极大挑战。

二、国内经济金融形势的变化及影响

从外部看，由于国际环境复杂多变，可能对我国造成多重影响。随着世界经济缓慢复苏，部分发达经济体货币政策出现调整，跨境资本流动日益频繁，可能对国内市场流动性、资产价格等产生扰动。全球金融市场、大宗商品价格持续波动，将使我国企业面临更大的市场风险。同时，国际市场争夺更趋激烈，外需稳定面临较大挑战。从国内看，近年来经济金融形势发生了较大变化，经济下行压力和结构性问题交织，加入世界贸易组织的边际效益开始递减，产能过剩、环境污染、金融风险暴露等一系列问题开始凸显。对商业银行来说，这种外部形势的变化必会对其经营和发展产生压力和影响。

（一）宏观经济增速放缓

我国经济已经历了30年尤其是近10年来超过双位数的高速增长，在每一个阶段都有一些支撑经济高速增长的重要因素，但从目前和未来的一段时间看，拉动经济增长的诸多因素都已出现变化、转折或减弱的趋势，宏观经济增速的下滑已是明显趋势，并且很可能在中长期内都面临经济的中低速增长。

1.出口对经济的拉动会越来越弱。

多年来，我国出口都保持两位数以上增长，对经济增长的拉动作用明显。一方面，从趋势看，在如此大的出口基数上长期保持高增长已不现实。另一方面，在金融危机和债务危机的冲击下，西方国家的实体部门已受到影响，举债高消费的模式也已不可持续，其经济增长和消费需求会出现下降，对中国的出口增长产生重大影响；加之人民币总体来看是在升值的上升通道中，企业的生产成本不断增加。以上多重因素的叠加使我国目前和未来的出口形势不容乐观。从图7-2可以看出，除了因2009年受国际金融危机影响出口大幅下挫、2010年快速回升实现了30.5%的增长外，2011年开始，我国出口的高速增长态势已经难以延续，出现明显下降，2011年、2012年、2013年出口增速分别为15.2%、5.0%、6.2%。即使未来我们能够维持现有的出口额或保持出口低增长，出口对经济增长的拉动也会变得越来越弱。

2.投资增长率逐步下降。

在近些年我国经济的快速发展中，投资对经济增长的贡献率较高，是拉

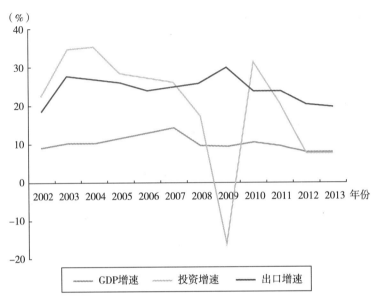

资料来源：笔者根据公开数据整理。

图7-2 我国GDP、出口、投资增速情况（2002—2013年）

动经济增长的重要因素。但从今后情况看，城市基础设施建设、交通项目、房地产、新建工业项目等拉动投资增长的重要因素都已发生一定程度的变化。城市化进程是推动城市基础设施建设的主要动力，但在高房价、就业难和城乡居民权利不同等的情况下，城市化的进程在放缓，城市基础设施投资的增长自然会受到影响。公路铁路近些年处于大发展时期，投资呈快速增长，但交通方面的需求是有限度的，即使目前没有达到饱和状态，也会进入一个稳定发展的时期。房地产近些年在拉动投资增长方面起到了重要作用，但目前城市商品房存量巨大，房地产市场开始降温，转折初现，今后几乎不可能再现房地产投资大幅增长的情形。经过多年发展，我国企业生产能力已达到空前规模，多数行业都会出现产能过剩的局面，随着内需不旺，出口进入低增长期，新建工业项目的投资也很难出现高增长局面。尽管我国的储蓄率达到约50%，根据宏观经济均衡的条件"储蓄=投资（*S=I*）"，未来投资增长仍有较大空间，但随着经济结构的调整和优化，粗放式的投资增长必将改变，更加转向于优化投资结构，完善投资体制，提高投资效率①；同时，我国人口结构的拐点正在出现，会引起储蓄率停止上升甚至开始下降，投资增速也会放缓。如图7-2所示，我国投资增速自2011年开始出现了明显的下降趋势，2013年降至19.6%。因此，从未来的趋势看，投资增长率逐步下降已是必然，单纯依靠投资高速增长拉动经济快速增长已不可能。

3. 国内消费需求提升任重道远。

作为拉动经济增长的"三驾马车"，我国的出口和投资已经出现转折趋势，但国内消费尤其是居民消费并没有明显起色。消费包括政府消费和居民消费，从消费的经济贡献看，2002—2012年，最终消费率由59.6%降至50.4%（见图7-3），而投资对GDP的贡献率由22.4%提高至48.8%；从政府消费和居民消费在最终消费的占比看，政府消费占比从1997年的23.3%上升到2012年的27.8%，居民消费占比由1997年的76.7%降至2012年的72.2%。而根据国际货币基金组织《国际金融统计》，发展中国家居民消费占比平均约为76%。按照北京国民经济研究所副所长王小鲁早些时间的研究，1990年以来，中国的居民最终消费占GDP的比重持续下降，到2004年已经下降到42%的低水平，这已经低于过去中国计划经济时代的水平，甚至低于"大跃进"之后的三年经济困难时期。另外，美国著名的中国经济问题专家、华盛顿彼得森国际经济研究所（Peterson Institute for International Economics）的高级研究员拉德（Nicholas R. Lardy）博士在2008年10月1日发表了一篇题为《中国经济放慢脚步》的文章，在这篇文章中，拉德称："中国的家庭消费支出在过去10年中增长较慢，现在仅占总产出

---

① 2001—2007年期间，中国资本形成与GDP之比平均达到40.4%，远高于全球平均水平和类似收入国家水平。2008—2012年，政府采取了大规模刺激政策以后，这个比率进一步提高到47%。资本形成与GDP之比上升，同时伴随GDP增速的显著下降，结果是每增加1单位产出需要的新增投资（边际资本产出比，incremental capital-output ratio，ICOR）迅速上升。从国际标准看，ICOR一般在3左右，中国金融危机之前是3.5～4之间，金融危机以后陡然上升，2012年以来已经超过6。金融危机以后中国每增加1单位产出所需要的新增资本大幅增加，意味着宏观意义上的投资回报很低。走出困境的出路是提高投资效率。从高投资、低效率组合向中等投资、更高效率组合过渡，这需要诸多条件的支持，降低投资增速是必要条件之一。（张斌. 中国刺激政策需要结构性调整. 英国《金融时报》中文网，2014年8月27日.）

值的三分之一略高，是全球所有国家中最低的"。从图7-3可以看出，我国消费
自20世纪90年代中后期以来呈现明显的下降趋势，最终消费率从2000年最高时
的62.3%下降到2010年最低时的48.2%，居民消费率从1999年最高时的46.7%下
降到2010年最低时的33.2%。2011年开始消费率有所反弹，但幅度不大。究其
原因：一方面，居民收入分配制度不合理。由于在过去一二十年的高速经济增
长过程中，政府财政收入和企业利润都快速增加，但劳动收入占GDP的份额却
持续下降，导致中国家庭的消费支出在过去10年里增长甚慢。另一方面，居民
的社会保障体系不完善。在近些年中国的改革过程中，由于一些体制和制度原
因，出现了收入差距不断拉大、社会保障体制不到位等问题，导致了消费者信
心和需求不旺的情况。

另外，如人口老龄化等人口结构的变化问题已无法避免，也可能拉低我国
的潜在经济增速。

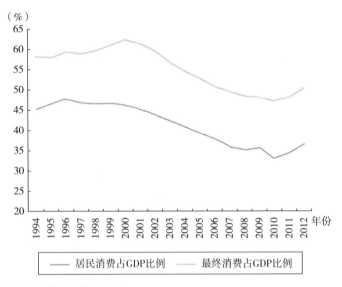

资料来源：笔者根据公开数据整理。

图7-3　我国居民消费和最终消费占GDP比例情况（1994—2012年）

总的来看，我国经济正处于增长速度换挡期、结构调整阵痛期和前期刺
激政策消化期三期叠加阶段，长期以来支撑经济高增长的要素条件和外部环境

发生了较大变化，已难以再保持之前那样的高速度增长，2012年和2013年我国GDP增速已分别下降到7.8%和7.7%，而调整和转型之路可能还会很漫长。未来较长一段时期，中国的经济增长将更加侧重质量，增速可能会略低于前几年。根据交通银行金融研究中心的预计，未来五年，中国实际GDP的增速将从过去三十年的平均10%下降到7%～8%。受劳动力成本上升和资源价格改革等因素的影响，物价平均涨幅较之过去会有所扩大，预计未来五年名义GDP增速为12%～13%。根据经验数据，我国名义GDP增长1%，大约需要贷款增长1.2%。照此计算，未来五年我国信贷余额的增速可能区间为14.4%～15.6%。同时，考虑到直接融资的快速发展，特别是债券市场的不断壮大，预计五年后我国银行贷款（人民币贷款和外币贷款之和）在社会融资总量中的比重将会从目前的65%左右下降到50%以内。初步估算，以上因素会导致我国未来五年的信贷增速在原有基础上下降1%左右。因此，在未来一段时期，我国银行业信贷的平均增速有可能会下降到13.5%～14.5%。这将会对商业银行主要通过规模扩张来获取盈利的粗放型发展方式构成较大挑战。另外，在储蓄率和投资增速放缓的情况下，要实现同样速度的经济增长，必须提高储蓄转化为投资的效率，进而要求提高金融中介的效率。

（二）结构性问题凸显，宏观政策发生变化

我国经济在多年高速增长的同时，也付出了很大代价，经济结构不合理的矛盾长期积累，发展不平衡、不协调、不可持续的问题日益凸显。

1.经济增长方式的结构性问题。

在改革开放初期，我国物质短缺，人们消费需求的释放带动了中国的经济增长。但近十年来，我国经济增长严重依赖投资和外贸的拉动，上一部分的分析和数据已经提供了说明。一方面，投资率偏高，消费率偏低。投资效率明显下降，每单位GDP增长所需要的资本增量，2013年与1995年相比增长近三倍。消费不足又与收入分配结构不合理相关，居民收入在国民收入分配中的比重偏低，影响了居民消费需求的提高。另一方面，外贸的依存度不断上升，经济增长在较大程度上依赖国际市场。外贸的增长，正面的效应是拉动了经济的发展，但从长远来看，依托于低人工成本的外贸顺差，会导致中国大量工人收入水平提升乏力，进一步加速国内需求的不足，从而进一步加大外贸依存度。长期主要依赖投资、外需拉动经济增长，会导致经济结构失衡，加大经济的不稳定性。

2.产业结构不合理，部分行业产能过剩。

从产业结构看，我国的主要问题是三大产业发展不协调、农业基础薄弱、工业大而不强、服务业发展滞后，部分行业产能过剩等。从图7-4可以看出，2003年以来，尽管第三产业占比略有上升，但上升速度并不快，2003年为41.2%，2013年最高为46.1%。而世界平均水平约为70%，中等收入国家一般也达到60%左右，一些发达国家如美国、英国、法国都达到近80%的水平。与此同时，我国工业增加值占国内生产总值的比重则已超出发达国家工业化时期的最高值。产业结构不合理，同时也加大了资源环境压力和就业压力。

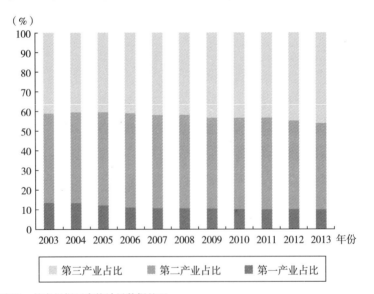

资料来源：笔者根据国家统计局数据整理。

图7-4 我国第一、第二、第三产业占GDP比例情况（2003—2013年）

部分行业产能过剩矛盾突出，企业生产经营比较困难。国际上，一个行业中的产能闲置率如果达到了四分之一，就被认为是产能严重过剩的行业。按照国际标准来衡量，当前我国绝大多数工业行业都属于产能严重过剩行列。根据国务院发展研究中心2014年初对3545家企业所在行业产能过剩情况的调查，企业设备利用率仅72%，67.7%的企业认为，要消化目前的过剩产能，至少需要3年以上的时间。截至2013年底，工业生产者出厂价格连续22个月同比下降，表明产能过剩现象依然严重。许多产能过剩行业如钢铁、水泥、有色、船舶制造等利润明显下滑，企业普遍经营困难。更严重的问题是，这些行业都属于负债率较高的行业，去产能过程容易导致这些企业出现债务危机。标普曾估计，2014年底中国非金融企业持债规模将为13.8万亿美元，多出美国1000亿美元，成为世界第一。

另外，城乡和区域结构问题、要素投入结构问题等也是在发展中面临的重要挑战。

鉴于上述情况，目前和今后一段时期，我国经济结构调整的任务还很艰巨，宏观政策较之以往也有所变化。首先，宏观政策定位更加强调稳增长、调结构和经济发展质量。随着经济增长速度的放缓和各种结构性问题的凸显，经济发展的立足点必须转到提高质量和效益上来，不再是追求经济的高速增长，而是追求尊重经济规律，有质量、有效益、可持续的发展速度。经济发展方式也不再是简单纳入全球分工体系、扩大出口、加快投资的方式，而是要转向调整经济结构、扩大内需、提高创新能力、促进经济发展方式转变等方面，实现以结构调整推进经济增长和经济增长与结构调整彼此兼容。

其次，宏观政策更趋向于稳健。"十二五"以来，我国基本上是实施"积极的财政政策与稳健的货币政策"，并开始进行定向调控，区别于前一时期"更加积极的财政政策与适度宽松的货币政策"。事实上，自2003年下半年以来，我国财政政策的方向始终是扩张性的，不过是2008年下半年后进一步加大了扩张力度。重回积极的财政政策，方向仍是扩张，区别在于强度，说明我国应对危机的刺激经济举措，已实质性地"择机退出"，转入常规调控。从现实的情况看，在边际效应递减规律的作用下，扩张性操作的药效已经有所下降。这意味着，即便再操用2008年和2009年那样超剂量、大规模的经济扩张措施，其所能产生的扩张作用也不会达到当年的程度，而副作用却非常明显。从货币政策看，2003年下半年至2008年上半年货币政策是从紧的，连续上调法定准备金率和利率，紧缩流动性。在2008年下半年开始采取一揽子反危机措施后，采取的是宽松货币政策。从2010年开始，货币政策整体开始收紧，更趋向稳健，强调相机抉择。从目前的情况看，尽管稳增长、保就业是重要任务，但防通胀的压力也不能小觑，在未来一段时期，主要还是稳健的货币政策，并可能趋向偏紧。

结构性问题和宏观政策的改变将给商业银行带来压力。首先，贷款快速增长不再可能。在目前及将来一段时期调结构、去杠杆的政策框架和货币政策维持稳健的总体基调下，银行信贷快速增长的政策空间不大；同时，流动性偏紧的格局短期内难以根本改变，银行存款增长受到较大制约，信贷投放能力受到局限。其次，贷款结构面临调整。"十一五"时期，我国工业化进程中呈现加快重化工业发展和将房地产业作为经济支柱产业的明显势头，银行贷款在行业结构上向重化工业、房地产等领域集中，在期限结构上向中长期贷款集中，在客户结构上向大企业集团和政府融资平台集中。而随着宏观政策的改变以及产业结构的优化调整、对房地产行业实施调控等，商业银行必须调整自身的经营战略、客户定位和贷款结构。

（三）金融环境不容乐观

1. 总体金融环境发生变化。

从目前和今后一段时期的金融环境看，商业银行面临不小的压力。一是资本约束日益严格。本轮国际金融危机以来，无论是国际还是国内金融监管，都显著提高了对商业银行资本数量和质量的要求，资本补充面临压力。二是利率和汇率市场化改革加快。利率市场化加快推进将对银行盈利模式、经营结构、管理水平、创新和发展能力形成全方位的考验。完善汇率市场化形成机制和加快实现人民币资本项目可兑换，也将对银行管理和规避外汇风险、交易风险、国别风险和流动性风险带来较大压力。三是金融脱媒加剧。随着股票、债券等多层次资本市场的发展，直接融资比例显著上升，对银行传统业务形成了替代效应。以第三方支付、网络借贷、网络理财等为代表的互联网金融发展迅猛，使银行面临客户、信息、渠道、资金分流的压力，对银行经营模式和服务模式形成挑战。

2. 经济的过度金融化与金融发展不足并存。

金融发展和经济增长的关系一直是经济学者和政策制定者关心的问题，在现代经济中，金融发展通过降低资本成本、动员储蓄、优化资源配置等渠道实现了对实体经济增长的支持。但是，近几十年来经济金融危机的频繁出现，使人们对金融与经济的关系有了更全面深入的思考。2012年，国际清算银行实证分析了50个发达国家和发展中国家经济体在1980—2009年30年间金融发展对经济增长的影响，并利用发达国家的数据证明了快速增长的金融业对总体经济活动产生的不利影响。该分析认为，无论是发达国家还是发展中国家，金融发展确实能够带来较高的经济增长，但随着金融深化进程的加快，在达到某一个临界点之后，过度的金融发展（如金融业和银行信贷的急剧增长）反而会拖累经济增长的步伐，对经济增长产生负面影响。主要表现在：

（1）金融发展速度过快，导致实体经济发展失衡。国际清算银行的实证研究认为，当一国私人信贷与GDP之比超过100%时，金融发展对经济增长的促进作用就会发生逆转，从有益变为有害。

（2）金融发展的规模急剧扩张，导致金融风险积聚。金融本身就天生具有一种内在的不稳定性现象，当金融过快发展达到一定程度，就会使维持金融稳定的成本大大高于金融发展的边际收益，发生经济崩溃的概率明显提高。

（3）助长经济泡沫化，对实体经济产生挤出效应。金融发展过度的一个直接后果，就是导致虚拟经济的过度发展，会导致社会信用膨胀，挤占实体经济的资金供给，占用过多的资源。进一步，金融过度发展是否对经济增长产生不利影响，取决于金融资源是配置到生产性的资本项目上，还是配置到投机性的资产上。金融业本身的投机行为和逐利行为，会使大量的资金在金融体系内"空转"，对实体经济的支持程度下降。

危机之前，全球金融体系的规模高速膨胀。例如，场外衍生品从2000年步入快速发展，到历史高峰的2008年6月，其规模增长了7倍。截至2010年6月，全球金融衍生品规模为583万亿美元，而信用衍生品规模则已经达到30万亿美元，比2004年增长了4倍多。金融衍生品的膨胀几乎达到失控地步，远远超过了实体经济的需要。

从我国的情况看，特别是2003年以来，金融业实现了快速发展，金融深化程度进一步加深，金融支持实体经济的力度空前，发挥了重要作用。但从近年来的情况看，经济发展中开始出现的过度金融化现象也值得关注。从规模指标看，我国金融业扩张很快，银行业资产规模从2003年的27.7万亿元迅速扩张到2013年的151.4万亿元，与GDP之比也从2003年的200%左右上升到2013年的260%以上；2009年初，我国的社会融资规模只有6.98万亿元，而2013年已经达到17.29万亿元，五年时间增长了将近150%，每年的复合增长率接近20%，是全球信贷增长率最高的国家。

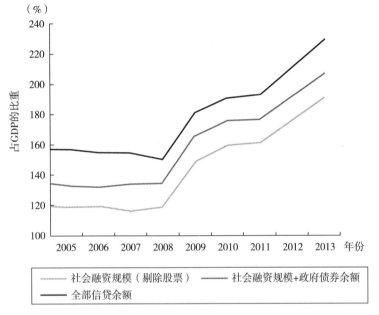

资料来源：瑞银证券。

图7-5　近年来我国杠杆率水平（2005—2013年）

从金融风险看，尽管总体上风险可控，但金融领域的系统性风险并未减缓，经济的风险可能会在金融领域聚焦。一是2008年以来我国信用扩张较快，杠杆率大幅提高。国际上，一般用"广义信贷/GDP"[①]衡量一国企业杠杆程

---

①广义信贷包括企业的银行贷款、委托贷款、信托贷款、企业债券、资产证券化余额等。

度及金融系统性风险情况。根据银监会的数据，2013年末，我国"广义信贷/GDP"由2008年末的113%上升至172%，增加了59个百分点，表明我国企业和金融体系的杠杆程度在持续提高。因此，过去我国实体经济扩张更多是杠杆率上升的结果，而经济内生增长动力不强，社会消费意愿不足，居民收入增长缓慢，加上规模庞大的债务存量，已经对经济增长形成了重压，导致实体经济运行风险加快暴露，并向金融领域传导。二是影子银行渠道的融资增速较快，资金通过信托、证券等通道大量流入房地产等高风险行业，加大了监管的难度。一些金融产品的兑付风险也开始暴露，据不完全统计，仅2012年1月～2014年1月，共有28款金融产品陷入违约危机。三是地方融资平台进入密集偿还期，系统性风险增大。目前地方融资平台不良率虽然低于整体不良水平，但地方偿债能力较差，当经济形势发生大的变化的时候，抵押资产可能无法变现。四是银行不良贷款有所反弹，部分地区面临较大压力。

从效果看，近年来金融业挤压实体经济的现象明显。大部分金融资源进入到传统的行业和产业，进入到大中型企业，而小微企业、"三农"等薄弱环节和领域的金融支持力度一直不高。同时，巨额的利润回报吸引各行各业、民间资本等进入金融行业，从事实业投资的意愿降低，"脱实向虚"和"空转"现象突出。

在这种情况下，商业银行面临的信贷风险、市场风险、流动性风险等风险的压力增大。而另一方面，我国金融发展不足的问题同时存在，金融市场发育远远不够，直接融资比例过低，有效配置资源的能力不足。随着金融业量的扩张对促进经济发展边际效用的递减，这种结构性的矛盾近年来愈发凸显。

第二节　利率市场化带来的挑战

中国利率市场化从1993年最初提出至今已过20年。其中1996年从银行同业拆借市场开始逐步实现货币市场利率市场化，2000年实现外币市场利率市场化。银行贷款利率从1998年允许上浮，至2013年7月取消贷款利率限制，耗时15年。人民币存款利率的市场化，从1998年开办单位协议存款业务，至今也已历时15年。目前，贷款利率已经完全市场化，存款利率最高允许上浮10%。除存款利率上限没有放开之外，利率市场化已接近尾声。从国际经验看，利率市场化往往会导致商业银行存贷利差收窄、盈利能力下降等问题，迫使商业银行改变原有的运营模式，寻求转型发展。随着我国利率市场化改革的持续推进，商业银行长期存在的同质化经营、内部管理薄弱等问题更加凸显，其经营管理和转型发展可能会面临更大的压力和挑战。

一、存贷利差收窄带来盈利压力

一般来说，利率市场化将对利率走势产生两方面的影响：一是官方利率与民间真实利率之间的二元结构将逐渐消失；二是利率波动的幅度及频度将加大。但由于经济体发展程度不同，波动也会出现较大差异。发展中国家因为利率管制造成的存贷利率低于市场供求决定的利率价格，因而放开管制后一般会出现存贷利率双双上升的现象，而后利差空间逐渐缩小。相关国家的经验表明，利率市场化后的初期，商业银行存贷利差通常会出现不同程度的收窄。在日本利率市场化之前的1960—1976年间，其银行业的平均利差为2.29%，而在日本利率市场化结束后的1995—2010年间，其银行业的平均利差则降至1.72%。随着存贷利差的下降，商业银行净利息收入也会减少。

事实上，在我国近年来利率市场化的进程中，扩大利率浮动已经出现导致银行利差收窄、进而影响净息差的情况，利率市场化的影响初步显现。以2012年的情况为例。2012年，存贷款基准利率两次下调，并首次允许存款利率上浮到基准利率的1.1倍，贷款利率则连续两次扩大下浮区间，下限扩大到了基准利率的0.7倍。基准利率调整和利率浮动区间扩大对息差产生了直接和显著的影响。综合连续两次降息和扩大利率浮动的影响，估算静态降低商业银行净息差20个基点左右。具体来说，从存款利率来看，在当前存款市场竞争激烈、多数银行面临贷存比限制的情况下，允许存款利率上浮迅速导致银行存款利率上升，甚至浮动到顶。从贷款利率来看，在贷款市场供求关系逐渐趋于不利于银行的情况下，降息并扩大贷款利率下浮显著降低了银行的贷款收益率。从商业银行财务角度来看，即使考虑到重定价因素，估算两次利率调整也会导致贷款收益率下降40~50个基点。

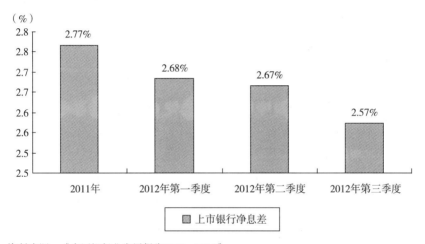

资料来源：《中国银行业发展报告2012—2013》。

图7-6　2012年上市银行净息差逐季降低

从我国的情况看，利率放开之后利差收窄是大概率事件。在负债端，利率市场化意味着商业银行的资金成本将上升[1]。与以往相比，银行业不仅面临着同业的激烈竞争，同时也将逐步失去在市场上的垄断地位。随着保险、信托、基金以及证券行业的兴起，商业银行也必须通过提高收益率来吸收存款。在资产端，债券市场不断崛起，大量优质客户转向债市进行融资，这也导致了银行议价能力的下降。对中小企业的融资尽管存在利差的优势，但坏账率也随之上

---

[1] 事实上，近年来随着竞争的日趋激烈，银行理财产品快速发展，已经抬高了银行负债端的资金成本，是一种变相的存款价格战和存款利率市场化。

升。这两者结合在一起，应该说中国银行业高息差以及资产低风险高收益的时代已经一去难返。即使利率放开之后出现存贷款利率均趋于上升的局面，由于目前贷款利率市场化程度高于存款利率，存款利率的上升幅度将大于贷款利率的上升幅度，从而也会导致利差收窄。

前面的部分我们已经讨论过，我国的商业银行是利息收入主导的盈利模式，其利润主要依赖存贷利差收入，因此，问题可能更加突出。中国银监会的定量测算表明，如果今后十年内实现完全利率市场化，银行息差可能下降60～80个基点，银行利润将降低一半，银行抵御风险能力下降，资本补充压力上升。这对习惯于固定靠息差生存的银行来说，无疑是巨大的挑战。

专栏7.1　国外利率市场化对利率的影响

一、对利差的影响

美国利率市场化过程中的年均利差有所波动，但总体说来基本稳定，利率市场化完成以后，利差有所扩大。日本平均存贷利差在利率市场化过程中，一直相对稳定，而韩国则相对降低（见附表）。台湾银行存贷款加权平均利差在20世纪80年代初曾经达到4个百分点左右，1985—1991年只有3.2%左右，1991年以后逐步下降。总体来说，在利率市场化没有完成之前，存款贷款利差在早期可能会保持管制利差水平，随着市场化程度的提高，利差将有所缩小，但基本稳定。

二、利率市场化过程中的利率趋势

美国1973年放开大额可转让存单利率，1980年放松存款利率管制，1986年利率完全自由化。放松管制的1976—1982年，利率上升幅度较大，1976年名义年均存款贷款利率分别为5.26%和6.84%，1981年分别为15.91%和18.87%，1986年以后利率趋向下降。

日本1977—1994年利率市场化改革过程中，利率水平一直相对平稳，早期略高，后期趋向下降。

韩国1976—1981年存款利率持续不断攀高，1981—1987年利率市场化改革期间，利率水平开始下降。1988年后韩国的存款和贷款利率上升，利率保持在10%相对高的水平。期间，部分利率波动较大，如1988年11月到1989年6月公司债券利率由4.4%上升到16.3%，非银行间活期利率由11.6%上升到17.5%。

附表　　　　美国等国家利率市场化后的存贷款利率及利差

单位：%

年份	美国			日本			韩国		
	存款年均利率	贷款年均利率	利差	存款年均利率	贷款年均利率	利差	存款年均利率	贷款年均利率	利差
1973		8.02		4	7.19	3.19			
1976	5.26	6.84	1.58	4.5	8.26	3.76			
1977	5.58	6.82	1.24	3.83	7.56	3.73	14.4		
1978	8.2	9.06	0.86	2.69	6.42	3.73	18.6		
1979	11.22	12.67	1.45	3.31	6.37	3.06	18		
1980	13.07	15.27	2.2	5.5	8.35	2.85	19.5	18	−1.5
1981	15.91	18.87	2.96	4.44	7.86	3.42	16.2	17.38	1.18
1982	12.35	14.86	2.51	3.75	7.31	3.56	8	11.79	3.79
1983	9.09	10.79	1.7	3.75	7.13	3.38	8	10	2
1984	10.37	12.04	1.67	3.5	6.75	3.24	9.17	10	0.83
1987	6.68	8.21	1.53	1.76	5.21	3.45	10	10	0
1988	7.73	9.32	1.59	1.76	5.03	3.27	10	10.13	0.13
1989	9.09	10.92	1.83	1.97	5.29	3.32	10	11.25	1.25
1990	8.16	10.01	1.85	3.56	6.95	3.35	10	10	0
1991	5.84	8.46	2.62	3.83	7.53	3.7	10	10	0
1992	3.68	6.25	2.57	2.76	6.15	3.39	10	10	0
1993	3.17	6	2.83	2.14	4.41	2.27	8.58	8.58	0

> 1975年巴西除对某些特定部门提供优惠利率贷款外，贷款利率、存款利率完全市场化，金融机构根据市场需求决定存贷利率，利率水平持续飙升。以年均国库券利率为例，从1973—1974年的13.8%~15.8%上升到1975年的18.3%，以后持续上升，1982—1983年达到了110%和168.6%。智利在利率市场化改革的1976—1982年实际平均存款利率达到32%。
>
> [资料来源：陈炳才.利率市场化改革的利益影响.财经，2014（17）.]

二、风险管理能力和定价能力面临考验

随着利率市场化进程的深入，利率波动的频率和幅度将会提高，并使利率的期限结构更加复杂，因此利率风险的加大是利率市场化给商业银行带来的最直接的问题。中国的银行业对利率风险还不像对信用风险、流动性风险、操作风险那么熟悉地进行识别、计量、监测和控制。由于利率风险具有同质性、系统性，影响较为广泛，因此对利率风险的管理难度也就更大。从现状来看，我国商业银行的利率风险管理基础较为薄弱，信息系统建设不够到位，制度流程建设也明显滞后于市场的发展，风险定价能力不足，缺乏市场化的利率风险对冲机制。另外，由于我国商业银行资产负债结构同质性较强，面对利率变动的冲击，同类商业银行资产负债变化大致相似，不仅会加大单个商业银行的利率风险，还可能引发银行体系的风险。

同时，利率市场化后，商业银行为缓解存贷利差收窄导致的盈利压力，可能会为获取更高收益而提高风险偏好，进一步加大商业银行的信用风险和流动性风险。在存贷款利率管制环境下，存贷款利差水平相对稳定，商业银行对于贷款价格不敏感，贷款投放倾向于资质优良、经营状况良好的低风险、大型集团类客户，这类客户主要的特点是议价能力强，信贷需求量大。在利率市场化情况下，由于资金成本的提高，如果这类贷款占比过高，将直接影响银行的盈利水平。迫于利润增长的压力，部分银行的经营策略和客户选择将会出现分化，基于高风险高收益原则，可能会加大对高风险客户的投放力度。日本的经验教训表明，利率市场化导致的存贷利差收窄迫使商业银行将更多资金投入更

具风险的资产市场，从而最终可能形成巨大的资产价格泡沫。当前中国商业银行风险管理水平虽稳步提升，但在适应利率市场化条件下的信贷扩张和风险敞口集中、全面暴露方面仍有一定差距。另外，商业银行所面临的市场风险、操作风险也会大幅度提升，且各类风险之间的关联度也将大幅提高，风险管理面临很大考验。

利率市场化的一个最重要的特点就是体现金融机构在竞争性市场中的自主定价权，这意味着银行可以根据市场的供求情况、自身需要等，对其利率进行自主定价。在风险定价能力方面，由于长期存款利率管制，银行对存款定价能力偏弱，但与股改前相比，我国商业银行的风险定价能力已经有了显著提升。内部IT系统的构建、风险调整资产收益（Risk Adjusted Return on Capital，RAROC）等考核指标的引入，已经使银行初步具备了相关能力，比如，一些银行也在中小企业贷款风险定价上积累了一定的经验。但整体上看，我国商业银行的定价能力与利率市场化条件下的要求还有一定差距，还存在定价方式粗放、模型科学性不足等问题，定价水平难以适应利率市场化后利率波动幅度增大的情况。虽然理财产品发展提升了负债定价水平，但在资金池模式及内部隐性担保情形下，负债定价的精细化、科学化程度仍亟待提升。利率市场化后银行的资金业务与信贷业务定价联系将更为紧密，银行将进一步根据市场流动性状况、客户资信情况以及自身的管理水平确定合理贷款成本。同理，风险定价能力强的商业银行也会率先在利率市场化后脱颖而出。

三、中小商业银行面临更大的压力

短期看，利率市场化对中小银行的冲击可能更为明显。

第一，目前无论在人才储备和体制机制上，还是在成本、产品定价、风险管理以及内部管理水平上，中小商业银行相比较于大型商业银行都存在劣势，要获得与大型银行相当的资产利润率，就必须提高风险偏好，如果不能同步提升风险定价能力和风险管理能力，将会面临更多的困境。

第二，中小商业银行面临更大的盈利压力。一是利差收窄对中小商业银行的影响相对更大。多数中小商业银行业务模式较大型商业银行更为单一，对利息收入的依赖程度更高。2012年，在商业银行的收入来源中，大型银行利息收入平均约占77.4%，中小银行平均约占84.2%。二是在利率市场化后，中小银行所依赖的高利差盈利模式将难以持续，在与大型银行竞争的过程中，息差可能会更快缩小。中小银行为了取得存款资金而提升利率，存款利息支出增加，融资成本上升，而短期内却无法通过调整贷款结构，将贷款集中投放到更有议价能力的领域，贷款利率上升幅度有限，这种"高存款利率、低贷款利率"的利率竞争格局将会最终导致成本上升、收益减少，大大减少中小银行的利润。三是与大型商业银行相比，中小商业银行网点数量少、品牌知名度低、议价能力弱，盈利能力更易受到利率市场化的冲击。

第三节　金融监管强化的影响

本轮国际金融危机爆发前，美国等西方国家纷纷放松监管，在"最少的监管就是最好的监管"的自由市场经济思想①指导下，国际金融市场创新日益加快，金融产品日益复杂，金融风险不断累积。国际金融危机爆发后，国际社会进行了全面的反思，其中监管不足被认为是导致国际金融危机爆发的原因之一②。近年来，很多国家进一步改革和完善金融监管体制，提高监管能力，扩大监管领域，弥补监管真空，强化金融监管。我国也陆续出台了一些新的监管制度和监管措施。总体来看，危机后金融监管更加受到重视，监管更趋强化。

一、危机后国际金融监管趋于强化

本轮国际金融危机以来，二十国集团（G20）取代七国集团（G7）成为国际经济金融治理最重要的平台，G20领导人系列峰会明确了国际金融监管的目标和时间表，定期审议国际金融监管改革进展，并确定国际金融改革的最终方案。2008年11月15日G20华盛顿峰会通过了加强金融监管的行动方案和原则，包括提高透明度和问责制、强化审慎监管、提升金融市场的诚信和改进金融监管国际合作。2009年4月2日G20伦敦峰会提出，建立强有力的、全球一致的金

---

① 美联储前主席格林斯潘推崇市场原教旨主义，相信金融机构的自我约束和市场的自我纠正能力，甚至认为"最少的监管就是最好的监管"。格林斯潘在他2007年的《动荡年代》（*The Age of Turbulence*）里认为，"政府干预往往会带来问题，而不能成为解决问题的手段"，"只有在市场自我纠正机制威胁了太多无辜的旁观者的那些危机时期里，监管才是必要的"，并认为监管往往或者总是会妨碍市场的发展和创新。

② 早在2000年，美国经济学家、前美国联邦储备委员会委员爱德华·葛兰里奇就已经向当时的美联储主席格林斯潘指出了快速增长的居民次级住房抵押贷款可能造成的风险，希望美国有关监管当局能够"加强这方面的监督和管理"；在2002年，他再次拉响警报，认为"一些次级房屋贷款机构没有任何监管，它们的贷款行为最终会危及美国人实现拥有住房和积累财富的两个美国梦想"；到2004年5月，他更是明确地指出，"快速增长的次级房屋抵押贷款已经引发贷款违约的增加、房屋赎回的增多以及不规范的贷款行为的涌现"；在他2007年9月逝世不久前发表的文章里，葛兰里奇揭示出美国的金融监管存在着严重的空白和失控问题，"次级房贷市场就像是狂野的美国西部，超过一半以上的这类贷款由没有任何联邦监管的独立房贷机构所发放"。但葛兰里奇的警告并没有得到美国主要货币和监管当局高层的重视。

融监管框架，主要包括：重新构建监管架构识别和应对宏观审慎风险；扩大金融监管范围，将系统重要性金融机构、市场和工具纳入审慎监管范围；改进金融机构的薪酬机制；提高金融体系资本质量和数量，遏制杠杆率累积；改革国际会计规则，建立高质量的金融工具估值和准备金计提标准等。

（一）巴塞尔协议Ⅲ显著提高了银行业审慎监管标准

国际金融危机发生后，巴塞尔委员会出台了加强全球银行体系资本要求、体现宏观审慎监管理念的巴塞尔协议Ⅲ，对控制全球银行业的系统性风险、维护金融系统稳定提出了更加严格的监管要求，促使全球的银行监管模式出现了新的变化。巴塞尔协议Ⅲ对银行业的主要规定为：

1. 提高资本监管要求。虽然巴塞尔协议Ⅲ规定最低总资本充足率仍然为8%，但相应提高核心资本特别是普通股本在全部资本中的占比，从而加强核心资本的防御作用。一是提高普通股充足率最低要求，由原来的2%提高到4.5%，并要求该指标于2015年1月开始执行。二是提高一级资本充足率（一级资本包括普通股和其他满足一级资本定义的金融工具），由原来的4%提高到6%，一级资本充足率指标从2013年开始分阶段执行，并于2015年达标。

2. 建立资本留存缓冲和逆周期资本缓冲。在最低资本充足率要求的基础上，巴塞尔协议Ⅲ同时提出要求建立2.5%的资本留存缓冲，由扣除递延税项及其他项目后的普通股权益组成，以便更好地应对经济和金融的风险冲击，该要求于2016年1月1日开始分阶段执行，并于2019年1月达标。此外，巴塞尔协议Ⅲ规定各国可根据自身的情况，要求银行根据自身情况在0～2.5%之间建立逆周期资本缓冲以保护银行体系受信贷剧增带来的影响，使得银行在经济繁荣时期计提资本缓冲，在经济萧条时期能应对资本下滑，提高吸收损失的能力。

3. 系统性重要银行引入应急资本机制及额外资本要求。系统重要银行由于业务规模大、业务复杂程度高，发生重大风险事件或经营失败会对银行业带来系统性风险。因此对系统性重要银行须建立应急资本机制和额外资本要求。为此巴塞尔协议Ⅲ对系统性重要银行，提出1%的附加资本要求，以求降低大银行的道德风险。同时要求建立应急资本机制，如发行应急可转债等，使系统重要性银行具有较高质量的资本，具有更强的损失吸收能力，确保稳健持续发展。

4. 引入杠杆率要求。杠杆率指标是指核心资本与银行表内外总资产的比值，引入杠杆率旨在为银行体系杠杆累计确定风险底线，有助于缓释去杠杆化行为可能对金融体系和金融稳定带来的负面影响。巴塞尔协议Ⅲ于2013年起按照3%的标准进行平行测试，再根据平行期测试的结果，在2017年上半年对杠杆率指标进行最终调整，并将于2018年1月1日起将其纳入巴塞尔协议Ⅲ第一支柱框架。

5. 引入流动性监管指标。为强化银行的流动性管理，强调银行持有优质流动资产及使用紧急情况应变计划的重要性，巴塞尔协议Ⅲ引入加强流动性监管的两个计量指标：一是流动性覆盖率（LCR），二是净稳定资金比（NSFR）。其中流动性覆盖率指标衡量在设定的严重压力情景下，优质流动性资产（机构所持有的无变现障碍的、优质的流动性资产）能否满足短期（一个月）流动性需求，规定要求该指标不低于100%，该指标于2011年开始进行检测，将于2015年实施。净稳定资金比指标用于度量银行较长期限内可使用的稳定资金来源对其表内外资产业务发展的支持能力，规定必须大于100%，于2012年开始进行检测，将于2018年实施。

总体上看，巴塞尔协议Ⅲ体现了严格的资本监管要求，在资本监管方面重新细化资本分类，大幅度提高了商业银行资本监管要求，建立全球一致的流动性监管量化标准，并加强了银行业资本的质量要求，同时确立了微观审慎和宏观审慎相结合的银行监管新模式，以实现整体提高银行业资本的总体水平和质量，维护金融业的稳定和防范系统性风险的发生。

（二）宏观审慎监管更加强化，注重与微观审慎监管有机结合

本轮国际金融危机证明，传统的以维护微观机构稳健性为主要目标的微观审慎监管已经难以有效应对跨机构的、交叉性的系统性风险，而开展宏观的、逆周期的、以防范系统性风险为宗旨的宏观审慎管理已成必然趋势。纵使微观审慎监管发展得如何完善成熟，没有宏观审慎监管的补充和加强，整体金融系统的稳定性仍待检验。

微观审慎政策主要为实体经济稳定可持续的金融中介服务，宏观审慎管理政策和工具则是建立在微观审慎政策现有基础之上，良好的宏观和微观审慎监管可以相互促进，增强彼此的监管效果。在宏观审慎管理与微观审慎监管的协调监管下，整个金融体系应对系统性风险的能力将会得到大幅的改善。

宏观审慎管理和微观审慎监管的有机结合主要体现在两大方面，即监管主体的协调以及监管措施和工具的创新。在监管主体方面，各国将在原有微观监管主体的基础上组建起以防范和控制系统性金融风险、维护金融体系稳定的宏观审慎管理主体，目前欧美国家已取得阶段性进展，如美国建立了由财政部、美联储以及其他主要金融监管机构负责人构成的金融稳定监督委员会（FSOC），负责鉴别系统性风险并向其他监管机构进行风险提示；英国将原来的金融服务管理局（FSA）分拆，在英格兰银行下设金融政策委员会（FPC），全面负责监控金融业的风险和稳定，另外再由英格兰银行成立审慎监管局（PRA）负责金融机构监管；欧盟建立了欧洲金融监管的新框架，其中最重要的一部分就是组建由欧洲央行、欧洲监管当局以及各成员国的中央银行和监管部门负责人组成的欧洲系统风险委员会（ESRB），负责宏观审慎监管，监控和评估在宏观经济发展以及整个金融体系发展过程中出现的威胁金融稳定的各种风险。

在监管政策和工具方面，自巴塞尔协议 II 颁布以来微观监管理论体系和政策工具已经越来越完善和成熟，而宏观审慎管理政策和工具的开发应用也会迎来重大突破和快速发展期，重点研究方向在于逆周期的货币信贷动态调控机制设计和公允价值会计方法改革。在逆周期的货币信贷动态调控机制设计方面，如何实施差别准备金动态调整措施，如何计提动态资本缓冲和前瞻性拨备安排，如何加强与现有货币政策和财政政策工具的搭配和协调等都是各国有待于进一步探索实践的重要内容；在公允价值会计方法改革方面，针对使用公允价值计价存在较大难度、估值不确定性较高的金融工具，特别是市场流动性不足、需要使用不可观察的参数进行模型估值的金融工具，需要进一步考虑如何通过建立估值储备或估值调整方式，将估值过程与收入、利润确认联系适当弱化。毋庸置疑，宏观和微观审慎监管工具的有机结合将大大降低金融风险隐患，如对于银行的信用风险敞口监管，微观审慎监管措施加强关注该银行信贷资产的集中度和相关放贷政策，而宏观审慎监管措施则进一步关注银行业整体的信贷规模及其与有关资产价格的关系，并据以判断银行体系是否正在积累信用风险，两者相结合更有利于防范金融风险。

从趋势看，各国在微观和宏观审慎监管有效结合的基础上，将进一步扩大监管范围，加强对系统重要性金融机构、私募基金、影子银行、对冲基金、金融集团的风险监管，不断推动场外衍生品交易的标准化和透明化，提高对衍生产品业务、复杂结构化证券产品等表外工具的风险权重和资本要求，不断完善成熟宏观金融风险监测和预警机制，不断提高金融风险控制体系运行效率。

（三）监管范围更加扩大，限制更多

第一，监管范围更为全面。一是为避免监管套利，提高不同金融市场监管标准的一致性，2010年1月，联合论坛公布《金融监管范围和性质》，就推动银行、证券和保险业监管标准的实质性趋同提出明确的建议。二是加强对冲基金的监管，2009年6月，国际证监组织发布了《对冲基金监管原则》，包括强制注册要求、持续监管、提供系统性风险信息以及监管者之间信息披露和交换，2010年2月，又公布了对冲基金信息收集模板，目前正在对各国《对冲基金监管原则》的执行情况进行评估。三是加强评级机构的外部约束。国际证监组织修订了《信用评级构基本行为准则》，提高评级机构的透明度，降低利益冲突，采取合适举措确保信用评级的质量，对新产品的评级建立评审机制，对复杂的新金融产品或缺乏有力数据的产品谨慎评级；2010年10月，金融稳定理事会发布了降低信用评级机构依赖性的高级原则，对中央银行、审慎监管当局以及市场参与者提出了明确要求。

第二，一些较为严厉的限制性措施出台。2013年12月18日，英国正式颁布了《金融服务（银行改革）法》，新的银行业改革法案的主要内容包括：强行规定银行将零售业务和投资业务分离，将受保护业务（包括零售存款、个人透支、向中小企业提供贷款等业务）与银行从事的其他业务通过"围栏"（ring-fence）的方式圈护起来；通过新制度来让银行高层担负更多责任，甚至包括刑事制裁。另外，新的改革法案还确保银行从业人员的奖金在更长的期限内发放，从而杜绝了过度冒险的行为。2013年12月，美国通过"沃尔克规则"，主要包括三方面内容：一是禁止银行机构从事大多数自营交易，但代理客户买卖证券的做市交易和风险对冲交易可得到豁免；二是限制银行机构投资对冲基金和私募股权基金；三是要求银行机构设立确保遵守"沃尔克规则"的内部合规计划，并向监管机构提交相关计划和报告重大交易活动情况。欧盟委员会的利卡宁报告提出，如果银行的交易业务（包括自营交易和做市活动）超出一定门槛，则应在不同的附属子公司分别从事自营交易和做市活动。

第三，东道国监管机构的要求不断增加。母国和东道国监管机构之间的权力平衡正在向后者倾斜。在国际金融危机爆发前，监管机构主要侧重于综合的风险测量、管理和母国综合监管。然而，国际金融危机过后，监管机构开始要求银行在法人实体的基础上评估并报告风险，并开始更多地关注确保东道国国内的资本和流动性充足。这种趋势将继续。该趋势还将受到监管机构与银行如何成功实现跨境银行恢复和处置计划的全球协调举措的影响。

专栏7.2　在美外资银行将面临更严格监管

2014年2月，美联储通过了外资银行监管最终方案，外资行在美国的经营将面临更严格的监管环境。方案规定，对于在美资产超过500亿美元的外资行，必须在其美国各子公司之上，建立一家中间控股公司；成立美国风险委员会，并且雇佣一位美国首席风险管理官，确保该行对其在美国地区的风险有正确的理解并进行有效的管理；同时须执行美联储已经提高的流动性风险管理标准、流动性压力测试等。对于总资产在500亿美元之上的，但其在美国的资产额却不足500亿美元的，也需遵循以上原则，但在资本金、流动性、风险管理以及压力测试等方面的要求将低于在美资产达到500亿美元的外资银行。对于在美资产超过100亿美元的外资行，需接受美联储压力测试的要求；而资产额超过100亿美元且该公司股票在美国公开交易的外资行，需满足成立风险委员会的要求。

[资料来源：王亚娟.美国银行业监管环境趋紧.清华金融评论, 2014（5）.]

（四）行为监管更为受到重视

行为监管或者金融消费者保护是金融消费者保护部门为了保护消费者的财产安全权、公平交易权、自主选择权、信息知情权、人身安全权、获得尊重权等各项合法权益，制定公平交易、反欺诈误导、个人隐私信息保护、充分信息披露、消费争端解决、反不正当竞争、弱势群体保护、广告行为、合同规范、债务催收等方面的规定或指引，要求金融机构必须遵守，并对金融机构保护消费者的总体情况定期组织现场检查、评估、披露和处置。行为监管关注从维护整个金融市场有序竞争秩序角度监管金融机构的行为，关注金融机构的具体业务行为问题及其市场影响，其核心目标是保障并增强所有金融消费者的信心，维护金融市场有序竞争。

本轮国际金融危机以来，金融消费者保护作为国际金融监管改革的重要内容受到空前重视和强化，越来越多的国家和国际组织认识到金融消费者保护不仅直接关涉消费者的微观利益，更关乎整个金融体系的安全与稳定，将对金融市场的监管上升到了保护金融消费者的高度。很多国家都从法律框架、机构设置、监管工具等方面进行了改革和完善，强化行为监管。如英国设立了金融行为监管局（FCA），负责整个金融行业服务行为的监管；美国在美联储内部新设立了独立的消费者金融保护局（CFPA），负责对提供信用卡、抵押贷款和其他贷款等消费者金融产品及服务的金融机构实施监管，保护金融消费者权益。

纵观金融危机后金融消费者保护的发展，整体呈现强化的趋势：

1. 重要性不断增强，成为全球金融监管改革的三大重点领域之一。

国际金融危机爆发后，金融消费者保护成为各主要经济体金融监管改革的重点，体现了政府加强金融消费者保护的决心和力度。同时，也显著提升了金融消费者保护对于维护金融稳定的宏观意义。金融消费者保护与系统性风险监管、微观审慎监管共同构成了目前金融监管改革的三大核心。越来越多的国际组织也开始介入金融消费者保护领域，并积极制定该领域的基本准则，为各国立法提供参考和借鉴。

2.规范性不断增强，金融消费者保护方面的法制建设进一步完善。

危机后，各国纷纷着手修订原有法规或出台新的法规，进一步完善金融消费者保护法制建设。尽管各国在金融消费者保护方面的法律框架有所区别，但都在原有法律体系的基础上，针对国际金融危机暴露出的问题，尝试建立覆盖银行、证券、保险等主要金融消费领域的大一统的金融消费者保护法律，进一步提高金融消费的公信度和透明度，明确消费者权利义务，防止消费者受到不公平待遇和歧视，保护消费者隐私等。

3.独立性不断增强，有从传统审慎监管机构中逐渐分离的趋势。

危机后，泰勒的"双峰"理论再次引起关注，也为设立独立的金融消费者保护机构提供了理论依据。实践中，各国在金融消费者保护机构的设立方面呈现出多样性，主要是基于各国的监管架构和法律框架等。无论是否设立专门的机构或部门，无论职能如何分配，各国都普遍加强了金融消费者保护的机构和团队建设，监管技术和专业化水平也有所提升。同时，从发展趋势看，设立独立的金融消费者保护机构或作为审慎监管机构的一个部门已逐渐为多数国家所接受并采用。尽管对于行为监管和审慎监管的关系仍有争论，但设立独立于审慎监管机构的金融消费者保护机构的趋势已逐渐显现。

4.监管工具日益丰富，监管的统一性、系统性不断增强。

传统监管理论更强调风险为本的审慎监管，监管工具和监管技术也比较成熟。危机后，随着金融消费者保护工作的发展和加强，行为监管工具和技术的使用也日渐扩展和丰富，包括现场检查、非现场监管（评估）、约谈、投诉处理等。金融消费者保护的范围也不断扩大，体现出对各类金融产品、服务的全面覆盖趋势，如美国消费者金融保护局负有监管按揭、信用卡和其他消费者金融产品、服务职责。金融消费者保护的体系性不断增强，从传统的中间销售环节监管向两端延伸，事前、事中、事后环环相扣，既强调事后的纠纷救济机制、经济补偿机制，也强调事先的纠纷预防机制、金融知识教育机制，如英国财政部建议其金融行为监管局采取前瞻性监管方法，授予其对新产品的干预权力，对新产品设置要求或禁止某些产品交易。

二、国内银行业监管总体趋严

虽然在国际金融危机中我国的商业银行经受住了考验，但这并不表明我国商业银行没有问题和风险，也不能说明我国银行业监管完美无瑕，相反，其稳健运行还面临很多挑战。近年来，我国在认真总结国际银行监管改革经验和良好做法的基础上，采取多种措施进一步强化银行监管。

（一）强化商业银行资本监管

考虑到中国银行业的实际情况和经济可持续发展的要求，中国银监会于2012年6月7日发布了《商业银行资本管理办法（试行）》（以下简称《资本办法》），要求于2013年1月1日起实施监管新标准，2018年底前达标。《资本办法》统一整合了巴塞尔协议Ⅱ和巴塞尔协议Ⅲ的核心要素，按照巴塞尔协议Ⅱ的要求引入了三大监管支柱，明确了资本覆盖风险的范围和风险加权资产计量方法，并按照巴塞尔协议Ⅲ明确了监管资本的构成和资本充足率监管要求。《资本办法》亦充分考虑了我国经济发展的新特点和银行业的实际承受能力，合理设置了风险权重和过渡期安排。《资本办法》明确将系统性风险纳入资本监管框架，设定了最低资本要求、储备资本要求、逆周期资本要求、系统重要性银行附加资本要求、内部资本充足评估程序等监管要求。在兼顾监管标准的统一性与分类性的同时，上述监管要求也充分体现了微观审慎监管与宏观审慎监管有机统一的思路。《资本办法》主要包括以下几方面的内容：

一是建立统一配套的资本充足率监管体系。《资本办法》将商业银行资本充足率监管要求分为四个层次：第一层次为最低资本要求，第二层次为储备资本要求和逆周期资本要求，第三层次为系统重要性银行附加资本要求，第四层次为根据单家银行风险状况提出的针对性资本要求。《资本办法》实施后，我国系统重要性银行和其他银行的资本充足率监管要求分别为11.5%和10.5%，符合巴塞尔协议Ⅲ最低监管标准，并与国内现行监管要求保持一致。

二是严格明确资本定义。《资本办法》按照巴塞尔协议Ⅲ的最新要求，明确了各类资本工具的合格标准和资本调整项目，特别是提高了次级债券等二级资本工具的损失吸收能力，有利于国内银行稳定资本充足水平。

表7-1 巴塞尔协议Ⅲ与《资本办法》各自的资本充足率层次及监管要求对比

			核心一级资本		一级资本		总资本	
			巴塞尔协议Ⅲ	《资本办法》	巴塞尔协议Ⅲ	《资本办法》	巴塞尔协议Ⅲ	《资本办法》
第一层次	最低资本要求		4.5%	5%	6%	6%	8%	8%
第二层次	储备资本要求		2.5%	2.5%	—	—	—	—
	逆周期资本要求		0~2.5%	0~2.5%	—	—	—	—
第三层次	系统重要性银行附加资本要求		1%~3.5%	1%	—	—	—	—
小计	正常时期资本要求	系统重要性银行	8%~10.5%	8.5%	9.5%~12%	9.5%	11.5%~14%	11.5%
		其他银行	7%	7.5%	8.5%	8.5%	10.5%	10.5%
	极端条件资本要求	系统重要性银行	10.5%~13%	11%	12%~14.5%	12%	14%~16.5%	14%
		其他银行	9.5%	10%	11%	11%	13%	13%
第四层次	第二支柱资本要求（巴塞尔协议Ⅲ未作规定）		基于监管层灵活判断					
过渡期安排			2018年底前达标，《资本办法》鼓励有条件的银行提前达标					

资料来源：《中国银行业发展报告2012—2013》。

三是扩大资本覆盖风险范围。按照巴塞尔委员会的统一规定，《资本办法》扩大了资本覆盖风险的范围，不仅包括信用风险和市场风险，也将操作风险纳入资本监管框架。同时明确了资产证券化、场外衍生品等复杂交易性业务的资本监管规则，引导国内银行审慎开展金融创新。

四是审慎设计资产风险权重。《资本办法》结合国内相关政策，科学设计了各类资产的风险权重。风险权重体系调整坚持了审慎性原则，符合国际规则的要求，并且有助于引导商业银行扩大小微企业和个人贷款信贷投放，更有效地服务于实体经济。

总体上，《资本办法》比巴塞尔协议Ⅲ更严，其中普通股核心资本充足率最低标准比巴塞尔协议Ⅲ的最低标准高0.5个百分点，杠杆率指标比巴塞尔协议Ⅲ的最低标准高1%，《资本办法》还引入2.5%的拨备率和150%的拨备覆盖率监管标准，且《资本办法》有关指标的过渡期比巴塞尔协议Ⅲ缩短两年。

（二）加强商业银行流动性风险监管

在此次的国际金融危机中，许多银行尽管资本充足，但仍因缺乏流动性而陷入困境。金融市场也出现了从流动性过剩到紧缺的迅速逆转。危机后，国际社会对流动性风险管理和监管予以前所未有的重视。2013年1月，巴塞尔委员会发布《第三版巴塞尔协议：流动性覆盖率和流动性风险监测标准》，对2010年公布的流动性覆盖率标准进行了修订完善。

近年来，随着我国银行业经营环境、业务模式、资金来源的变化，部分商业银行出现资金来源稳定性下降、资产流动性降低、资产负债期限错配加大、流动性风险隐患增加等问题。在借鉴巴塞尔委员会流动性相关政策的基础上，2009年，中国银监会出台《商业银行流动性风险管理指引》，初步构建国内银行流动性风险管理框架。2011年6月起，中国银监会推行存贷比月度日均考核，并要求日均存贷比不得高于75%。2013年，在借鉴巴塞尔协议Ⅲ流动性标准的基础上，起草了《商业银行流动性风险管理办法（试行）》（以下简称《办法》），并征求意见。2014年2月，中国银监会正式发布《办法》，并自2014年3月1日起施行。

《办法》明确提出"流动性风险监管指标包括流动性覆盖率、存贷比和流动性比例"，将流动性监管口径由表内延伸至表内外。其中，流动性覆盖率指标是借鉴巴塞尔协议Ⅲ流动性标准新引入的指标，旨在确保商业银行具有充足的合格优质流动性资产，能够在压力情景下通过变现这些资产满足未来至少30天的流动性需求。同时，计算流动性覆盖率涉及的压力情景包括："为防范声誉风险，银行可能需要回购或履行非契约性义务"，这样一来，表内外理财业务对银行流动性的影响纳入了监管。

《办法》规定了与巴塞尔协议Ⅲ一致的过渡期，即商业银行流动性覆盖率应在2018年底前达到100%，在过渡期内，应当在2014年底、2015年底、2016年底及2017年底前分别达到60%、70%、80%、90%。另外，鉴于流动性覆盖率较为复杂，对银行组织架构、管理水平和信息系统等均提出了较高要求，对于规模较小、复杂程度较低的银行而言，合规成本较高。因此，农村合作银行、村镇银行、农村信用社、外国银行分行以及资产规模小于2000亿元人民币的商业银行，不适用流动性覆盖率监管要求。

表7-2　　　　　　　　我国商业银行流动性风险监管政策进展情况

年份	政策	核心内容
2009	《商业银行流动性风险管理指引》	初步构建国内银行流动性风险管理框架
2011	—	推行存贷比月度日均考核，日均存贷比不得高于75%
2013	《商业银行流动性风险管理办法（试行）》（征求意见稿）	在借鉴巴塞尔协议Ⅲ流动性标准的基础上，完善流动性风险管理指引
2014	《商业银行流动性风险管理办法（试行）》	借鉴巴塞尔协议Ⅲ标准，引入流动性覆盖率指标

资料来源：华宝证券研究报告，2014年2月25日。

（三）提高商业银行公司治理标准

近年来，商业银行逐步健全公司治理的组织架构和运作机制，强调董事会、首席风险官、内审部门和监事在风险管理中的作用，建立了对董事会、监事会和高级管理层履职情况进行监管评估的程序。但总体上看，我国商业银行公司化改革时间不长，公司治理还不完善，既有西方银行普遍存在的缺陷，也有国内银行业的特殊性，尚未形成确保银行长期稳健发展的有效制衡机制。中国银监会密切跟踪国际上公司治理改革的最新进展，并考虑国内银行特殊的产权结构，完善公司治理监管指引，持续加强公司治理有效性评估，发挥公司治理在银行发展战略和风险管控中的核心功能。2013年7月，中国银监会发布了最新的《商业银行公司治理指引》。同时，针对我国商业银行的薪酬机制一定程度上存在短期化、单向性、与风险约束脱节、容易诱发道德风险和短期行为等问题，2010年2月，中国银监会发布了《商业银行稳健薪酬监管指引》，从薪酬结构、薪酬支付、薪酬管理、薪酬监管等方面对商业银行的薪酬制度进行规范，引导商业银行建立薪酬激励与风险约束的平衡机制，真正确立长期可持续的薪酬理念。其中强调高管人员的绩效薪酬必须有40%以上采取延期支付方式，且延期时间不少于3年。如果高管人员和对风险有重要影响岗位上的员工不当履职而造成重大风险损失的，商业银行应将相应期限内已经发放的绩效薪酬全部追回，并止付未发放部分。

（四）强化重点风险监管

一是强化并表风险管理能力。本轮危机中，大型商业银行遭受重创的主要原因之一就是缺乏并表风险管理能力。总体而言，我国大型银行的并表风险管理尚存在明显缺陷，随着更加广泛地参与非银行金融业务，并在境外收购或设立子公司，并表风险管理和监管对银行和监管部门都提出了新挑战。为此，中国银监会发布了《银行并表监管指引》，积极引导银行通过实施新资本协议，全面改造风险治理、政策流程、大型工具方法和IT系统，对银行集团的资本、财务以及风险进行全面和持续的监管。

二是加强对重点领域的风险监管。针对经济金融的最新发展变化，近年来，监管部门一直非常关注房地产贷款风险、地方融资平台风险、影子银行风险、产能过剩行业信用风险等重点领域的风险，并陆续出台了一系列监管政策和办法。例如，2013年底，《国务院关于加强影子银行监管有关问题的通知》印发，全面规范影子银行相关业务的开展，降低由于影子银行业务不规范和监管套利而引发系统性风险的可能性。对商业银行而言，可能会限制银行与影子银行部分通道合作业务，短期内商业银行面临的压力会增大，但中长期看，对影子银行不规范业务的监管有利于趋利避害，降低经济发生系统性风险的可能，对商业银行的健康持续发展是有利的。

（五）宏观审慎政策框架初步建立

近年来，我国在建立宏观审慎政策框架方面有了初步进展。2010年9月，人民银行会同银监会、证监会、保监会和外汇管理局开始起草《金融业发展和改革"十二五"规划（2011—2015）》，并于两年后获国务院批准发布，建立健全金融宏观审慎政策框架是其中的重要内容之一。《规划》明确表示，"借鉴国际经验并结合我国国情，进一步构建和完善逆周期的宏观审慎政策框架，有效防范系统性金融风险，保持经济金融平稳较快发展。把货币信贷和流动性管理等总量调节与强化宏观审慎管理相结合，引导并激励金融机构稳健经营，主动调整信贷投放，提升金融机构风险防范能力。建立、完善逆周期缓冲资本和前瞻性拨备制度，更好地发挥杠杆率等工具的作用。完善系统性金融风险监测评估框架，建立具有前瞻性的风险预警体系。研究制定系统重要性金融机构的评估方法，针对系统重要性金融机构设定更为严格的资本化。构建层次清晰的系统性风险处置机制和清算安排。建立和完善宏观审慎政策与微观审慎监管协调配合、相互补充的体制机制。"

2009年初，中国开始按宏观审慎政策框架的原理设计新的逆周期政策。从2010年开始，人民银行逆周期宏观审慎政策的目标是限制信贷过快增长，降低通胀，具体做法就是监控并考核动态差别存款准备金率指标。

与此同时，银监会也开始动态管理信用风险拨备水平，要求商业银行在信贷扩张期，对各类信贷资产实际损失率进行测算，动态调整贷款损失准备，并将拨备覆盖率逐步从100%提高到130%再到150%，实现"以丰补歉"，提高风险抵御能力。

（六）金融消费者权益保护有所加强

近年来，我国也重视和加强了金融消费者保护工作，2011年以来，陆续在中国人民银行、中国保监会、中国证监会、中国银监会（"一行三会"）成立了消费者（投资者）权益保护部门。"一行三会"的消费者（投资者）权益保护部门积极按照各自的职责开展工作，金融消费者保护工作得到了明显的提升和加强。"一行三会"的消费者（投资者）保护机构陆续制定和发布了一些部门规章或规定，例如：人民银行发布了《中国人民银行金融消费权益保护工作管理办法》，银监会发布了《银行业消费者权益保护工作指引》，保监会发布了《关于做好保险消费者权益保护工作的通知》《保险消费投诉处理管理办法》等。同时，各机构利用各种监管工具，陆续开展了对金融机构消费者保护工作的监督检查、投诉调查，以及对某一地域开展金融消费者保护工作的情况进行环境评估等。

三、对我国商业银行的主要影响

总体上看，金融监管从严的趋势有利于宏观金融的稳定和抑制粗放型的信贷规模扩张，有利于引导和倒逼商业银行加快业务模式调整和经营转型，推动其可持续发展。但对于长期依赖传统经营方式的我国商业银行来说，还是面临较大的压力。

（一）资本和融资压力增大

《商业银行资本管理办法（试行）》（以下简称《办法》）实施后，短期来看会对我国银行业的资本、风险加权资产以及资本补充产生一定影响，但鉴于当前我国商业银行比较好的资本充足率水平，不会造成过大的直接冲击。但长期来看，会对我国银行业的资本补充、管理以及业务结构和盈利模式产生深远影响。根据银监会对主要商业银行开展的定量测算显示，实施《办法》后，商业银行的资本充足率平均下降约1个百分点。

表7-3　《商业银行资本管理办法（试行）》对我国商业银行资本充足率的影响

单位：%

银　行	对资本充足率的影响（下降值）
主要商业银行	1
五家大型商业银行	0.58～1.47
前五家股份制银行	1.06～1.74

资料来源：普华永道.新的监管标准新的挑战和契机.

具体来看：首先，资本监管标准的提高，增加了银行业金融机构的资本成本。据估计，国内银行的普通股年度成本在10%～13%，远高于发行次级债的成本，商业银行将面临更加高昂的资本成本。此外，目前在我国股票市场上，银行股占比较高（超过20%），如果出现银行类上市公司同时通过增发股票补充资本，可能对本已非常低迷的股票市场造成较大冲击。其次，风险权重的调整，扩大了银行金融机构风险资产的规模。《办法》扩大了风险覆盖范围，审慎计量风险加权资产，并对权重法下资产风险权重体系进行调整，取消了对境外和国内公共企业的优惠权重，小幅提高了对银行债权的风险权重，对银行业金融机构的风险加权资产规模产生了一定影响。最后，部分中小银行业金融机构面临较大的资本补充压力。总体来看，工行、农行、中行、建行、交行以及中信银行和招行等系统重要性金融机构由于资本充足率水平较高、融资渠道较多，达到11.5%的资本充足率问题不大，但部分中小型商业银行和农村信用社面临较大的资金压力。

长远来看：一是对银行业金融机构资本管理和资本规划水平提出了更高的要求。近年来，我国大型商业银行资本质量较好，资本充足率较高，主要是20世纪90年代末的不良资产剥离和2003年以来政府注资、财务重组、股份制改造和公开上市的过程中，经历了两轮周期性集中资本补充。资本补充的周期性和集中性说明资本监管约束确实对商业银行经营发挥了作用，也说明商业银行资本管理和资本规划水平还有待提高。《办法》的出台将要求商业银行建立资本约束机制，提高资本管理的能力和水平，制定与银行发展战略相适应的资本规划，不断完善内源和外源资本补充机制，切实提高资本质量和损失吸收能力。二是需要进一步推动资本工具创新。我国商业银行长期以来面临着资本结构过于单一、资本补充渠道狭窄等问题，银行资本补充主要依靠自身利润留存、发行普通股和少量次级债券，造成银行资本流动不畅，补充不足的问题日益凸显。借鉴国外先进经验，银行还可以开发创新核心资本工具，包括优先股、或有可转换资本工具、可减记次级债等，这些新型工具将对银行充实资本结构、资金安全流动和及时补充起到一定促进作用。目前，银监会在《办法》资本工具合格标准等相关规定的基础上，进一步明确了非普通股新型资本工具的触发条件和损失吸收机制，未来将通过市场化、商业化来推动商业银行更多地进行资本工具创新。

（二）经营成本和合规成本显著提高

国内外金融监管从严的大趋势，对于中国商业银行如何形成可持续发展的经营模式提出了更高要求。中国商业银行不仅要根据国内外监管新要求建立更加完备的制度和控制手段、承担比过去更高的管理成本，而且在增资、注资与资本利用过程中可能将受到更大的约束，使中国商业银行在境内外拓展面临的准入壁垒、合规门槛和运营成本显著提高。例如，巴塞尔协议Ⅲ对风险资产范围和权重要求提高，新兴市场银行业务经营成本压力增加。一是扩大了风险监管范围，增加了对影子银行、结构化投资实体、货币市场基金以及场外衍生产品的管理，并且强化了风险治理要求，商业银行将面临更加综合全面的监管。二是大幅提高了对再资产证券化风险暴露、交易对手风险的风险权重，这也将影响资产证券化、信用衍生品等工具的使用，增加银行风险对冲的成本。三是杠杆率要求除无条件可撤销的表外项目按照10%的信用风险转换系数（CCF）折算外，其余表外项目均按照100％的CCF转到表内，这将意味着银行的贸易金融业务成本将增加5倍左右。同时，杠杆率也将提高商业银行银信理财业务的成本，这类表外资产业务不得不纳入表内，进而影响该项业务的叙做规模及相应的手续费和佣金业务收入。再比如，银行贷款拨备比率不得低于2.5%，意味着商业银行对于任意一笔新增贷款，首先要计提2.5%的拨备，贷款规模越大，贷款拨备金额将同步增加，这将大大压缩我国银行业净息差收入水平，传统依靠净利差生存的中国银行业受到严峻挑战。拨备覆盖率不低于150%，意味着商业银行必须计提更多的贷款损失准备金，直接影响银行当期的利润规模。

第四节　金融脱媒与外部竞争压力

随着我国的金融改革和发展，以及市场化程度的深化，金融脱媒趋势明显，尤其是近年来金融脱媒不断加快，商业银行面临的挑战愈发明显。同时，第三方支付、互联网金融、民营银行等外部竞争压力进一步加速了金融脱媒，倒逼商业银行转型和金融改革。

一、金融脱媒：基本情况

传统上，金融是以商业银行为中心，银行作为资金供应方与资金需求方之间的媒介，实现社会闲散资金向实体经济的转移，而银行本身就是依靠存贷利差生存。金融脱媒是指资金的供应方不再通过银行中介，而是通过金融市场直接为资金需求方提供资金。金融脱媒导致银行等金融中介机构的角色和盈利模式均发生了重要的变化，从交易对手转变为经纪人，从利差收入转变成收费收入。1979年1月，美国圣路易斯联储局的一份研究报告记载，从20世纪70年代开始，随着美国货币市场的形成与发展，美国的短期国债的收益率一旦高于银行的定期存款的利率上限时，银行机构的存款资金就会大量流向货币市场工具，随着货币市场的发展以及各类资本市场工具的创新，银行的存款大量流失，出现了所谓的脱媒现象。

金融脱媒会对社会融资结构造成深刻变化：一方面，社会的融资体系趋向市场化，非金融企业越来越多地依赖市场（特别是资本市场）直接融资；另一方面，居民户的金融资产构成中，传统的银行存款所占比例越来越小，而持有的资本市场工具越来越多。尽管我国金融脱媒的程度与欧美发达国家相比仍有相当的差距，但过去十年来，随着资本市场的发展和融资模式趋于多元化，脱媒现象呈加快之势。

（一）商业银行资产方的脱媒

商业银行资产方的脱媒主要表现为银行贷款在企业融资结构中的占比持续下降。从我国近十年来的情况看，企业融资来源逐步多元化，直接融资占比持续提高。我们用新增人民币贷款占社会融资规模的比例变动情况来反映资产方的脱媒趋势。社会融资规模①主要包括人民币贷款、外币贷款、委托贷款、信托贷款、未贴现银行承兑汇票、企业债券、非金融企业境内股票融资等项目。之所以选择新增人民币贷款占比变化来反映资产方脱媒情况，主要是考虑：一是新增外币贷款占比很小（一般在3%～7%）且变动不大，对脱媒趋势分析基本不会产生影响；二是信托贷款、委托贷款、银行承兑汇票等属于表外贷款，主要反映了银行为了规避信贷规模控制、进行监管套利，通过与其他非银行金融机构进行合作推出的业务创新，在一定程度上已体现出对银行传统媒介功能的削弱。因此，用新增人民币贷款占比变化情况能够比较好地反映脱媒趋势。

如图7-7所示，2003年以来，新增人民币贷款在社会融资规模中的占比总

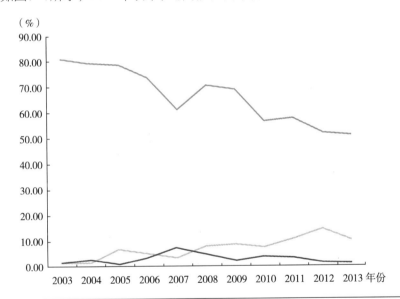

数据来源：Wind。

图7-7 我国社会融资规模中新增人民币贷款、企业债券融资、非金融企业境内股票融资占比情况（2003—2013年）

---

① 社会融资规模是指一定时期内实体经济从金融体系获得的资金总额，是增量概念。

体呈下降趋势，由2003年的81.1%下降到2013年的51.4%，累计下降了近30个百分点。与此同时，在金融脱媒的趋势下，直接融资市场尤其是债券市场得到了快速发展，企业债券融资占比由2003年的1.5%上升到2013年的10.4%，最高时的2012年更是达到14.3%。而由于受股票市场低迷的影响，非金融企业境内股票融资占比除了在2007年由于股市火暴上升至7.3%外，十年来一直没有起色，2013年更是跌到1.3%。总体来看，商业银行资产方的脱媒趋势比较明显，而且还在持续。

（二）商业银行负债方的脱媒

商业银行负债方的脱媒主要表现为存款来源的持续下降。从近年来的存款情况看，存款增长率呈下降趋势。如表7-4所示，除了2009年因"四万亿元"经济刺激计划存款增速较高外，2008年以来存款增速总体上呈下降趋势，金融机构各项存款增速由2008年的19.73%下降到2013年的13.8%，储蓄存款增速由2008年的26.29%下降到2013年的11.9%，为2008年以来的最低。

表7-4　　　　　　金融机构存款增长率情况表（2008—2012年）

单位：%

项目/年份	2008	2009	2010	2011	2012	2013
金融机构各项存款	19.73	28.21	20.2	13.5	13.4	13.8
储蓄存款	26.29	19.68	16.3	13.8	16.3	11.9
非金融企业存款	13.67	37.73	12.6	9.2	9.9	10.1

数据来源：《中国人民银行年报（2013）》。

由于储蓄存款是银行最稳定的存款来源，且在全部存款中的占比最高，因此，除了存款增速指标外，存款在居民金融资产配置结构中的占比变动可以较好地反映负债方的脱媒趋势。近年来，我国居民金融资产增长较快，从2004年的18万亿元增长到2010年的49.5万亿元。从居民金融资产结构看，随着收入水平的提高、财富规模的不断扩大，居民对金融资产保值增值与多元化配置有了更高的要求。2004年以来，存款占居民金融资产的份额持续下降，2010年末存款占比为63.8%，较2004年末下降8个百分点。证券、证券投资基金和证券客户保证金等金融资产价值随2007—2008年资本市场的波动变化较大，近几年比重趋于稳定，保持在15%左右。居民购买的理财产品和资金信托权益增长显著，2010年末代客理财资金和资金信托计划权益达1.8万亿元，占居民金融资产的3.7%（见表7-5）。

表7-5 我国居民金融资产结构情况表（2004—2010年）

单位：%

项目/年份	2004	2005	2006	2007	2008	2009	2010
本币通货	9.9	9.5	8.9	7.5	8.3	7.8	7.6
存款	71.8	72.0	68.3	54.2	66.6	65.4	63.8
证券	8.4	6.9	9.5	17.4	7.3	12.2	12.0
国债	3.5	3.1	2.8	2.0	1.5	0.6	0.5
股票	4.9	3.8	6.8	15.4	5.9	11.5	11.4
证券投资基金份额	1.1	1.2	2.2	8.9	5.0	2.0	1.5
证券客户保证金	0.7	0.7	1.2	3.0	1.4	1.4	0.9
保险技术准备金	7.8	8.8	9.0	8.1	11.0	11.3	10.6
代客理财资金	—	—	—	—	—	—	3.0
资金信托计划权益	—	—	—	—	—	—	0.6

数据来源：《中国金融稳定报告（2012）》。

二、外部竞争与金融脱媒

改革开放以来，商业银行在我国的金融体系中一直占据绝对的主导地位，与此相对应，我国也是以间接融资为主的融资结构。2002年，我国社会融资规模中新增人民币本外币贷款占比高达95.5%，随着金融脱媒趋势的加快，2013年这一比例下降为54.8%。同时，近年来以第三方支付、互联网金融为代表的外部新兴竞争力量的快速发展给商业银行带来了冲击，尽管这些外部力量还远远无法与商业银行相提并论，但已经并继续影响和改变着商业银行主导的金融格局，并加速金融脱媒趋势。

（一）第三方支付

第三方支付是指具备一定实力和信誉保障的第三方独立机构，与产品所在国家以及国外各大银行签约提供的一种交易支持平台。我国第三方支付行业始于1999年，在2005年以前尚处于初步发展阶段，公司数量不多，收入来源稳定；2005年之后，进入快速发展阶段，企业数量和交易规模迅速扩张。在"摊子"迅速铺大的过程中，行业出现恶性竞争，企业利润微薄，甚至处于零利润和负利润的状态。此外，大量在途资金的沉淀引发归属权和资金安全的问题，同时还存在信用卡套现、洗钱等风险。

为此，央行出台了一系列政策和管理办法，通过发放牌照将其纳入"正规军"。此后，第三方支付行业吸纳了更多的资金和人才，企业战略也开始出现分化。此前，第三方支付行业多以互联网线上支付为主营业务，但随着支付宝和财付通掌控了七成的市场，第三方支付企业的发展战略开始呈现多样化的趋势，除了以支付宝为首的在线支付企业，还有以银联为代表的银行卡收单企业、拉卡拉等便民支付企业和深圳壹卡会等预付卡企业等。经过十多年的发展，我国第三方支付行业已形成较完备的产业链结构，支付渠道、支付介质以及支付应用呈现多元化发展趋势。

近几年，第三方支付行业发展较为迅速，截至2013年末，获得央行颁发"支付业务许可证"的第三方支付机构已有250余家。2010年和2011年中国第三方支付行业市场整体交易规模同比增长率分别达到67.5%和65.6%。2012年中国第三方支付行业市场整体交易规模突破10万亿元，达到12.9万亿元，同比增长54.2%，其中线下收单市场占比最高，为68.8%；其次为互联网支付，占比28.3%[1]；移动支付市场尚处于起步阶段。2013年中国第三方支付机构各类支付业务的总体交易规模达到17.9万亿元，同比增长43.2%。其中线下POS收单和互联网收单分别占比59.8%和33.5%[2]，移动支付增长明显，线上线下进一步融合。

---

① 数据来源：艾瑞咨询集团.中国第三方支付行业发展研究报告.
② 数据来源：易观智库。

总体上看，第三方支付的规模还不足以对商业银行构成严重威胁，比如，2012年商业银行仅网上支付业务规模就达823万亿元，而第三方支付仅为12.9万亿元。第三方支付虽然规模不大，但是增速十分迅速。需要注意的是，第三方支付行业和银行的竞争不仅仅在利益分成上。除了跨行转账仍要收费外，目前，支付宝、财付通等第三方支付对跨行信用卡还款、缴费和支付等交易普遍实行免费模式，特别是拉卡拉、信付通和盒子支付等线下第三方支付公司及手机移动支付等，对目前各家银行特别是国有大行的网点优势造成了极大冲击，直接后果便是存款的巨额流失，加速了金融脱媒。

（二）互联网金融

互联网金融是指互联网企业开展的金融业务以及金融机构基于互联网平台开展的一些创新性业务，但不包括金融机构通过互联网从事的传统金融业务（如网银等）。其特征是：以大数据、云计算、社交网络和搜索引擎为基础的客户信息挖掘和信用风险管理；以点对点直接交易为基础的金融资源配置；以及以互联网、移动终端等第三方支付为基础的资金转移。2010年，互联网金融概念首次在国内提出，随后，以第三方支付、网络信贷、众筹融资等为代表的互联网金融模式以其便捷、低成本和强大的数据积累等优势得以迅速发展。我国互联网金融发展情况如下：

1. 第三方支付机构的互联网支付。

截至2013年8月底，在获得许可的250家第三方支付机构中，提供互联网支付服务的有97家。2012年全年，支付机构共处理互联网支付业务124亿笔，金额总计达到7万亿元。典型的互联网支付机构是"支付宝"。

2. P2P网络借贷机构。

我国的P2P借贷从2006年起步。截至2012年末，全国范围内活跃的P2P借贷平台超过200家，累计交易额超过100亿元。典型的P2P平台机构是"宜信"和"人人贷"。

3. 非P2P的网络小额贷款。

典型的网络小额贷款是阿里金融的"淘宝小贷"和"阿里小贷"。截至

2013年7月末，阿里金融旗下两家小额贷款公司累计发放贷款达1000亿元，累计客户数超过38万家，贷款余额超过60亿元，整体贷款不良率约为0.9%。

4. 众筹股权融资。

众筹融资在我国起步不久，截至2013年末，约有10余家众筹融资平台。典型的众筹融资平台有"天使汇"和"点名时间"。"天使汇"自创立以来累计已有6800个创业项目入驻，认证投资人达700人，已完成70个融资项目，融资总额超过2.5亿元；"点名时间"自2011年7月创立至今，累计筹集资金近500万元。

5. 金融机构创新型互联网平台。

2012年前后，金融机构创新型互联网平台得到了迅速发展，以建设银行"善融商务"、交通银行"交博汇"、招商银行"非常e购"以及华夏银行"电商快线"等为代表的第一类平台日渐成熟。以"善融商务"为例，运行半年即实现了商户数量过万，交易额超过35亿元，融资规模接近10亿元。一些证券公司如方正证券，也开始与电子商务企业合作，在网上开设"旗舰店"，提供多方面的投资类产品和服务。

6. 基于互联网的基金销售。

我国基于互联网的基金销售可以分为基于电子商务平台的基金销售和基于第三方支付平台的基金销售两类。基于电子商务平台的基金销售，主要是经监管部门批准取得基金销售资格的机构（基金公司等），通过自己的电子商务平台、合作网站或在淘宝等第三方电子商务平台开设"网店"销售基金，实质是传统基金销售渠道的互联网化。基于第三方支付平台的基金销售的典型代表是余额宝，截至2013年末，余额宝总规模1853亿元，半年时间增长了28倍，开户数超过4303万户，是市面上规模最大的基金。由于支付宝拥有超过8亿的注册用户，日交易额峰值超过200亿元，余额宝的快速发展对传统银行业务和互联网金融市场产生了深远影响。

互联网金融是信息化、电子商务和金融创新发展的必然结果，其并不是传统金融的替代，相反，两者之间具有很强的互补性。互联网金融对促进我国金融体系的包容性具有重要意义，在满足小微企业、中低收入阶层和农民的融资需求，提升金融服务的质量和效率，降低交易成本，以及发挥民间资本作用，引导民间金融走向规范化等方面能够发挥独特的功能和作用。当然，互联网金融需要规范和引导，需要通过适度监管、加强自律等途径，防范潜在风险，促进其健康发展，发挥其积极作用。同时，互联网金融的快速发展对商业银行也形成了一定的冲击。

三、商业银行面临的主要挑战

第三方支付和互联网金融的快速发展给商业银行带来了外部竞争压力，主要体现在以下几个方面。

（一）动摇商业银行的客户基础

近年来，支付宝、财付通这类基于电商平台和社交网络的第三方支付企业，凭借淘宝、腾讯等成熟的平台和庞大的客户资源，快速积累了大量客户。互联网金融从支付领域入手，逐渐拓展到缴费、理财等银行核心业务领域，其客户群与商业银行的重叠范围越来越大。客户信息是商业银行和互联网企业间的核心战略冲突。只有掌握更多信息，才能设计出对客户更有吸引力的金融服务方案。商业银行一旦失去客户基础，产品开发、市场营销、交叉销售都将成为无源之水，财富管理转型也将面临压力。当然，这种影响主要在以小微企业和个人客户为代表的零售端。

（二）分流商业银行存款，加速金融脱媒

如果说20世纪90年代资本市场的发展，证券资产分流了银行储蓄存款，形成了上一轮的金融脱媒，那么，随着利率市场化的深化、互联网金融的发展，催生出大量的直接融资模式，又加速了新一轮银行业的金融脱媒。对于商业银行来说，最大的影响和压力莫过于存款的流失。近年来，银行存款增长的压力主要来自于理财产品的快速扩张，但自2013年以来，随着以余额宝为代表的互联网金融的快速发展，银行存款分流现象更加明显。央行公布的数据显示，2013年10月人民币存款减少4027亿元，其中住户存款减少8967亿元，与此同

时，余额宝总规模从10月初开始，不到一个半月总规模增加了约450亿元。在余额宝规模不断做大的刺激下，"类余额宝"产品迭出。如百度和华夏基金联手推出针对个人的网络基金产品"百发"，最初宣称年化收益率高达8%；银联商务与光大保德信基金联手推出的"天天富"产品更将目标客户群扩展至银联收单的200多万家商户；新浪发布"微银行"；腾讯发布微信5.0与财付通打通；巨人网络推出了"全额宝"。

余额宝等互联网金融产品之所以能够吸引存款转移，重要原因之一是其既享有高于定期存款的收益率，又享有和活期存款一样的流动性（见表7-6）。

表7-6　　　　　　　几个典型互联网产品和银行产品比较

产品类别	利率	流动性	风险
余额宝	5.06%[①]	☆☆☆	☆☆
百赚	4.5%左右	☆☆☆	☆☆
人人贷	10%～20%	☆☆	☆☆☆
陆金所	8%	☆☆	☆☆☆
点名时间	无资金回报	☆	☆☆☆
银行理财产品	4%～5%	☆	☆
银行活期存款	0.35%	☆☆☆	☆

资料来源：互联网平台网站、银行网站。

除了分流商业银行存款外，互联网金融摊薄银行利润趋势明显，使得传统银行存贷利差收窄、手续费收入增速骤减，盈利水平也不可能像过去那样高速增长。以余额宝为例，从余额宝的资产配置情况可以看出，余额宝的主要投向是银行存款[②]（92.21%）、固定收益投资（6.7%）。由此不难看出，作为商业银行重要低成本负债来源的存款（尤其是活期存款），大部分经过余额宝等互联网金融产品再次回到了商业银行，区别在于存款利率已大幅提高，拉高了商业银行的负债成本，降低了其盈利空间。

第三方支付方面，支付宝作为国内最大的第三方支付平台，日均交易额超

---

① 2013年11月26日七日年化收益率。
② 余额宝的银行存款主要包括银行同业存款、大额存单和协议存款等。

表7-7   **余额宝资产配置比例（截至2013年末）**

单位：%

项 目	占基金总资产的比例
固定收益投资（债券）	6.70
买入返售金融资产	0.83
银行存款和结算备付金	92.21
其他资产	0.26
合计	100

资料来源：天弘增利宝货币市场基金2013年年报。

过45亿元，假设每笔交易的周转时间为5天，则平均沉淀在支付宝内资金规模就超过200亿元。从支付角度看，第三方支付平台已能为客户提供收付款、自动分账及转账汇款等结算和支付服务，与传统银行支付业务形成替代。

（三）颠覆传统金融模式，改变金融格局

互联网金融有三个核心部分，即支付方式、信息处理和资源配置。理论上，互联网的普及和大数据技术降低了交易成本和信息不对称，优化了金融资源匹配方式，颠覆了传统商业银行的盈利模式，将冲击商业银行一家独大的金融格局。一是互联网金融凭借旺盛的生命力和持续的创新能力，弱化了金融行业进入壁垒，加剧了跨界竞争；二是互联网金融凭借平台先发优势，削弱了银行在传统金融体系当中的渠道优势；三是社会走向数字化为互联网金融提供了基础，当实体经济企业积累了大量数据和风控工具后，可用于金融业务。

当然，互联网金融难以替代商业银行。一是互联网金融和商业银行存在比较优势，目前都无法深入对方优势领域，互联网金融的优势在于平台、客户资源和数据，商业银行的优势在于资本、信用和风控能力；二是从金融模式和金融需求的匹配来看，单纯的互联网解决不了所有的金融需求，特别是高端客户的面对面个性化服务仍不可替代；三是互联网金融的本质是金融，互联网是技术手段，银行可以通过技术升级更多地开展互联网金融业务，目前商业银行的症结在于和互联网金融文化理念上的冲突；四是从国际经验看，在欧美等成熟市场，金融覆盖面更广，互联网金融只是补充。

第八章 商业银行的转型与可持续发展

前面两章，我们阐述了近年来我国商业银行存在的问题、风险以及面临的外部压力和挑战，同时，我国经济总体上还处于新型工业化、信息化、城镇化和农业现代化同步推进的发展阶段，仍具有较大的增长潜力，经济转型升级和结构调整也孕育着业务新空间，银行业面临着新的机遇和业务增长点，关键是如何做好商业银行的转型和进一步改革，以实现可持续发展。可以说，我国商业银行在经历了一段时期的快速发展后来到了一个新的十字路口。

我国已进入全面改革的深水区，金融体系的改革是重要组成部分，如何在做好自身改革发展的同时，发挥好金融支持和服务实体经济改革发展的作用，也是需要深入思考和研究的问题，商业银行应该通过自身的改革和发展在其中更好地发挥作用。尽快推动商业银行的转型不仅是其自身发展过程中的形势所迫，也是我国经济全面深化改革所需。

第一节　改革再出发

党的十八届三中全会审议通过了《中共中央关于全面深化改革若干重大问题的决定》（以下简称《决定》），中国未来10年全面深化经济改革掀开新篇章。其中"要使市场在资源配置中起决定性作用和更好发挥政府作用"进一步明确了市场化改革的方向。我国商业银行已经历了几次重要的改革，取得了成效，但面对新时期新任务新情况，商业银行需要通过进一步的改革和转型，更好地适应经济市场化改革的要求，进一步发挥好自身的作用。因此，2013年以来，在全面深化改革的背景下，应更好地把握商业银行与实体经济的关系，做好顶层设计，找准定位，进一步推进商业银行新的改革和转型。

一、商业银行与实体经济

经济决定金融，金融为经济服务，这已经被世界经济发展史证实为一个基本规律，也是经济学家们的共识。经济的不同发展阶段对金融服务的需求不同，由此决定了金融发展的结构、阶段和层次。1969年戈德·史密斯在《金融结构和金融发展》一书中指出，经济快速增长的时期往往是金融高速发展的时期。卢卡斯（1995）也指出，金融业的发展实际上是跟随实体经济需求的引导，当实体经济有需求时，金融业就自然而然地发展起来。因此，只有实体经济的发展基础牢固，金融业的发展方可持久稳健；缺乏实体经济支撑的金融业非理性扩张，可能会使金融业一时兴旺发达，但从长期来看则会贻害无穷。反过来，金融业的发展需以实体经济发展为基础，始终应辅助或服务于实体经济，在促进经济发展中获得自身的健康发展。

商业银行与实体经济的关系更是唇齿相依。银行发展的根本动力是实体经济的投融资需求和相关服务需求，基本功能是优化资金资源配置，即吸收社会闲散资金并通过贷款将其转化为投资，进而促进经济增长、优化经济结构。实体经济一旦萧条甚至衰退，银行将面临巨大的系统性风险、较大的信用风险和流动性风险。同样，经济发展更离不开银行业提供的金融服务，经济的较快增长，形成巨大的融资需求，从而对金融业，尤其是银行信贷产生了较大依赖。

实体经济的转型与发展，也需要银行业的配合、支持才能得以推动和完成。

从金融发展史看，发达国家在20世纪70年代以前，金融是深根于实体经济的，特别是对战后经济复苏与现代工业体系的成熟起到了很大的作用。随着布雷顿森林体系的瓦解、货币金融市场的深化，金融的虚拟成分逐步扩大，逐步脱离实体经济自我增值，比如大量投机交易或过度衍生等，最终超出实体经济可以支持的能力，出现系统性风险。发生的经济危机皆因金融泡沫而起，如发端于美国次贷的本轮国际金融危机，在危机前的2007年，美国实体经济占国内生产总值的比重从1950年的41.25%下降到18.07%，制造业占比更是下降到11.2%。对于新兴国家，从工业起飞到成熟阶段之间有一个相当长时间的经济转型、产业升级、服务业和消费承接的调整过程，即所谓起飞萧条时期。这一时期，传统实业投资风险逐步加大，新兴产业尚不成熟，往往是以金融业为主的虚拟经济负效应开始占上风的起点。拉美国家、东亚各国大都经历过这个过程。

从我国的情况看，改革开放30多年来，中国实体经济和金融体系基本上同步经历了从极低水平到中等发达水平的演进过程，实体经济的快速发展为金融尤其是银行业创造了条件，金融体系（银行业）也很好地发挥了支持实体经济发展的作用，如本书前面篇幅讲到的渐进转轨中的金融支持，以及21世纪以来商业银行在以投资和出口为拉动的经济发展中的信贷支持作用。但从本轮国际金融危机发生后，尤其是2011年以来，国内外经济金融情况发生了深刻变化，中国金融与实体经济的发展也到了一个新的转折点。首先，实体经济发展进入转折期。欧美受危机冲击经济不振，希望重振制造业或"再工业化"，中国出口导向策略面临挑战。同时，从中国工业体系本身来说，在高端及新兴产业难以通过简单的引进实现突破、经济结构性矛盾突出、人口红利逐渐衰竭及全球经济危机等因素的共同推动下，中国经济正在进入战略转型期。其次，金融改革进入攻坚阶段。利率市场化、汇率形成机制、资本项目开放等方面正待突破，金融衍生品的发展正在起步。其中任何一项改革的推进，都将对资源配置、资产增值和国际资本流动等重要问题产生系统性影响。

当前中国经济金融的发展大致相当于20世纪六七十年代的日本、七八十年代的拉美和八九十年代的韩国。金融改革和实体经济都进入深化的转折点，原有各自明确的发展方向相对变得模糊，此时虚拟经济容易出现自我繁荣。这不仅会挤占对实体经济的金融支持，也会侵蚀实体经济的创业精神，金融与实体经济互动中的负面效应增大。日本通过国际化、促内需、鼓励兼并等措施成功实现实体经济转型，但20世纪80年代后由于金融过度自由化及国际化，最终在房地产泡沫破裂及广场协议等因素的影响下步入失去的10年；拉美在出口导向战略下实现脱贫，但受20世纪70年代金融繁荣的诱导，热衷于发展虚拟经济，最终导致危机，至今难脱"陷阱"；韩国通过政府较强的资源动用能力，实体经济有所回升，但由于金融国际化过快，在东亚经济危机冲击下实体经济发展受到相当大的冲击。从这些国家的经验看，当实体经济增长减速时，在宽松货币政策及外资涌入等因素下容易出现虚拟经济泡沫或超前发展，最终因金融危机导致实体经济发展进程中断。根本原因还是金融发展脱离了实体经济的发展阶段。与这些国家相比，中国当前面临的形势更为复杂，风险更大。一是实体经济转型难度较大。我国主要以低端制造业在世界产业链上参与分工，转型方向还不够明确，且要承受全球经济周期性下行和转型的叠加效应。同时，低端高投入、高消耗、高增长的模式已经达到极致，在资源、劳动力等因素制约下，即使向中西部复制也难以再有过去"四两拨千斤"的成效，新的经济发展模式需要艰难地探索。二是"脱实向虚"趋势明显。外向型产业利润下降，房价等资产价格飙升，资本脱实向虚的倾向明显，制造业固定资产投资增长与ROE背离。全国热搞金融，出现实业空心化，部分地区民间融资和高利贷盛行，虚拟经济对实体经济的侵蚀已经显现。

对我国来说，银行业仍然在金融体系中占据主导地位，因此，要确保经济转型成功，有效规避风险，银行业的转型和稳健发展非常关键，这样才能为实体经济的转型发展创造稳定的金融环境，提供持续有效的金融支持。但目前商业银行自身也面临很多问题和风险，如何才能做好自身的改革和转型并服务好实体经济呢？有几个问题需要重点关注。

第一，要充分认识和重视商业银行与实体经济的关系。近些年来我国金融和实体经济出现了背离，金融火热，经济低迷，值得我们认真反思。金融是经济的缩影，金融与实体经济如影随形，共荣共衰，如果实体经济不能健康发展，金融业经营必然不会稳健，银行发展就会成为无源之水。如果脱离实体经济进行所谓的金融创新和自我循环，不仅对实体经济有百害而无一利，其自身发展也注定不能长久。

第二，市场化改革是商业银行转型和可持续发展的基础和条件。市场化改革既包括整个经济的市场化改革，也包括金融和商业银行自身的市场化改革。金融是现代经济的核心，但只有在高度发达的现代化市场经济体系中，金融才能成为核心。这种核心主要体现为金融在现代经济运行的资源配置中的枢纽地位，以及在现代经济运行和调控中的枢纽地位，同时还体现在金融安全在现代经济运行中的重要、敏感地位。从金融业来看，市场化改革如果得不到有力推进，就没有激烈竞争，就无法提高服务水平，也难以转变服务方式。由于实体经济是多元化的、多层次的，这就要求金融机构也要是多元的，金融市场是多层次的。因此，只有推进全面的市场化改革，商业银行才能拥有转型的动力和外部条件，实现可持续发展。

第三，做好顶层设计，银行业的结构和发展模式要适合我国的实体经济。关于最优金融结构问题，已经有很多理论和实证研究，现实中各国的银行业模式也各不相同。银行业不是越集中越好，也不是越分散越好，重要的是每个国家的经济模式和国情都不相同，相匹配和适合是关键。例如，在经济和金融都非常发达的加拿大，其银行业资产占金融业资产70%以上，且银行业高度集中，前六大银行占银行业总资产90%以上（与美国形成鲜明对比）。在本轮国际金融危机中，加拿大金融业受到的冲击较轻，几乎安然无恙，银行业也没有出现倒闭，并在危机期间保持持续盈利，是八国集团（G8）中唯一没有接受政府援助的银行系统。加拿大的金融体系也被世界经济论坛誉为"全球最稳健的金融体系"。事实上，加拿大的金融体系结构与其国情和实体经济是密切相关的。加拿大是资源型经济，主要依靠大宗商品出口，是小型而简单的经济体，且地广人稀，人口集中，客观上几家大型商业银行即可以满足其金融服务和对实体经济的支持需求。而我国人口众多且分散，经济结构复杂，城乡差距大、问题多，对金融服务和金融支持的需求广泛、要求高，需要多层次且灵活的银行业体系。

二、再论市场化改革

市场在资源配置中起决定性作用是市场经济的本质要求。所谓"决定性作用"，是指市场在所有社会生产领域的资源配置中处于主体地位，对于生产、流通、消费等各环节的商品价格拥有直接决定权。市场决定资源配置的机制，主要包括价格机制、供求机制、竞争机制以及激励和约束机制。其作用主要体现在，以利润为导向引导生产要素流向，以竞争为手段决定商品价格，以价格为杠杆调节供求关系，使社会总供给和总需求达到总体平衡，生产要素的价格、生产要素的投向、产品消费、利润实现、利益分配主要依靠市场交换来完成。实践证明，迄今为止，在市场经济条件下，尚未发现任何力量比市场的作用更广泛、更有效率、更可持续。因此，只要实行市场经济体制，就必须尊重市场在资源配置中的主体地位和决定性作用，其他任何力量都不能代替市场的作用。同时，由于存在市场失灵，市场在资源配置中起决定性作用也要求更好地发挥政府的作用，发挥好保持宏观经济稳定、弥补市场失灵、熨平经济波动的作用，通过以国家发展战略和规划为导向、以财政政策和货币政策为主要手段的宏观调控体系对经济进行宏观调控。当然，更好地发挥政府作用，不等于政府可以更多地直接参与资源配置、干预微观经济活动，更不等于代替市场在资源配置中的决定性作用。

金融改革方面，20世纪90年代以来，我国先后实施和启动了资本市场改革、金融监管体制改革、国有商业银行股份制改革、利率汇率市场化改革以及人民币可兑换改革等多项重大改革，一直是沿着市场化的方向在推进。以市场化为导向的金融改革将进一步提高社会资金配置效率和劳动生产率，促进经济转型发展和可持续增长。针对新一轮的全面改革，中国人民银行行长周小川在2013年底[①]曾表示：

能不能在金融领域取得改革突破有三个核心范畴非常重要：

---

① 详见：金改市场化攻坚——专访中国人民银行行长周小川.财经，总第378期，2013（12）.

一是准入开放，包括对民营经济开放、对外开放，提法是"坚持权利平等、机会平等、规则平等，废除对非公有制经济的各种形式不合理规定，消除各种隐性壁垒，制定非公有制企业进入特许经营领域"。在对外开放上，突出特点是按照准入前国民待遇和负面清单的新规则在上海自由贸易试验区进行改革。

二是生产要素价格改革。就金融来说，资源配置主要是通过资金价格来实现优化，这体现在《决定》中提出，完善人民币汇率市场化形成机制，加快推进利率市场化，健全反映市场供求关系的国债收益率曲线。

三是强调市场主体的作用。市场主体的自主性，始终是市场化改革的重要内容。这次在《决定》中有关"加快完善现代市场体系"的部分被提及，继续明确要落实企业自主权，同时又提出了消费者的主权，并指出要在这个市场体系中，"形成企业自主经营、公平竞争，消费者自由选择、自主消费，商品和要素自由流动、平等交换的现代市场体系"。

而这三方面的改革是相辅相成，彼此关联的。竞争不充分肯定与准入有关，只有准入放宽以后，市场竞争才能更加充分，然后才能形成合理的价格。而价格理顺以后，才能体现资源配置优化。这些方面相互关联，只有协同推进，才能真正做到"市场在资源配置中起决定性作用"。

如果说2003年的那一轮商业银行改革更多是着眼于原则性、方向性、制度性，那么新一轮的商业银行转型则是市场化改革的延续和深化，应更多地集中于上述的三个方面，推动集约化、差异化、专业化。商业银行市场化改革是一个系统工程，也会经历一个过程，既涉及自身的体制机制、经营管理和业务模式，也涉及外部相关制度和环境。当前，一方面应做好利率市场化等市场基础设施的建设和改革，并进一步完善监管机制，通过差异化监管和准入开放，优化银行业组织体系，推动银行业的多层次和差异化发展，促进市场竞争，为商业银行转型提供良好的制度环境和市场化机制，发挥好外部推动力量；另一方面，商业银行自身要主动适应外部条件和环境的变化，积极进行治理体系改革，做好自身的改革和业务转型，做好与实体经济的协调和服务。

第二节 金融改革的核心——利率市场化

价格机制是市场机制的核心。利率市场化改革实质上就是充分发挥资金的价格——利率在资金配置中的关键作用，从而实现资金流向和金融资源配置的不断优化。因此，利率市场化改革是新一轮金融改革的重中之重，同时也是商业银行改革和转型的重要条件和推动力量。

一、利率市场化的重要性

按照经典理论，经济发展中的要素主要包括劳动力（L）、资本（K）和技术（A），劳动力的价格是工资（w），资本主要包括资金和资源，资金的价格是利率（i），而技术的作用是充分发挥劳动力和资本的协同优势，实现全要素生产率的提高。利率这一要素价格的市场化与金融体制改革密切相关。利率市场化包括利率水平决定、利率期限结构、利率政策传导和利率政策管理，核心是商业银行等市场主体根据资金市场供求变化和资产负债结构要求自主调节存贷款利率，最终形成以央行基准利率为主导，以货币市场利率为基础，利差水平适度、期限结构合理、政策传导有效的利率体系。从世界范围来看，无论是发达经济体还是转型经济体，利率市场化改革都是完善市场经济体系的一项不可或缺的改革历程。

随着我国经济的改革和发展，金融资源有效配置的重要性日益显现。由于我国利率还没有完全市场化，利率管制带来的市场割裂和价格扭曲严重抑制了市场对金融资源的有效配置。对金融体系而言，利率市场化有利于发挥市场的主导地位和驱动力，主要表现在：

一是利率市场化对金融资源配置有非常重要积极的意义。利率市场化能进一步提高市场效率，促进经济良好转型。发展中国家普遍存在低利率管制带来的金融抑制现象，在此经济结构中，金融市场往往被分割为两个市场：一个是政府利率管制的市场，其资金主要流向低效的国有企业及政府机构；另一个是非官方的自由市场，其利率远高于前者。中小企业或通过内部积累或通过这一市场进行融资，成本高昂。在这种价格歧视和市场割裂的状态下，直接导致市场资金配置效率低下，市场行为扭曲，最终必将影响经济的可持续发展。近年来，由于金融抑制造成国内信贷资源紧张，而民间信贷市场需求旺盛，亟待通过形成合理的利率价格机制，引导信贷资金流向，遏制低效的信贷需求，将有限的信贷资金流配置到有利于实体经济发展的企业和行业。

二是长期严格的利率管制致使中国商业银行形成了依靠规模增长和利差为主的盈利模式，需要通过利率市场化使商业银行探索新的发展方式，转变传统的盈利模式，真正成为市场竞争主体。利率市场化后，银行的竞争力将更多地体现在综合化和国际化服务提供方面，大企业在资本市场或国际化经营时需要大型银行的支持和服务，中小银行将在社区金融和中小企业服务方面与大型银行展开争夺，在服务便利性、审批快捷性方面突出优势。

三是阶段性的通胀预期走高使得银行体系资金分流显著，基于逃避利率管制的一系列金融创新更加剧了这一过程，表现为存款理财化倾向明显，从特定意义上说，可以说是市场的力量在推进存款利率市场化。利率市场化有利于统一金融市场的形成，减少监管套利，更好地管理和防范影子银行风险。

四是有利于货币政策顺利传导尤其是价格型货币政策传导体系的形成，使货币政策更加有效。在市场经济条件下，国家对国民经济的宏观调控是以经济手段为主的间接调控，其中又是主要依靠财政和货币政策的运作来实现。而金融机构参照中央银行基准利率掌握一定的存款利率浮动权，是货币政策顺利传导的重要条件之一。利率作为货币政策的主要经济杠杆，对国家有效行使宏观调控职能具有不可替代的作用。目前，世界上越来越多的国家，包括西方发达国家均以价格利率调控为货币政策框架的核心。在我国金融体制改革不断推进的情况下，利率市场化将有助于使货币政策框架逐渐转向以价格利率调控为主要手段。因此，利率市场化是充分发挥利率杠杆作用，有效利用货币政策工具，实现国家宏观调控方式转变的重要条件。

五是有利于资本市场的发展，也有利于引导企业更好地利用融资渠道，避免过度扩张和乱投资。

另外，人民币的国际化以及资本项目逐步开放也要求利率和汇率的市场化进程加速。

二、对商业银行改革转型的推动作用

利率市场化对商业银行经营转型和健康发展具有很好的促进作用，也是商业银行实现可持续发展的重要外部条件之一。

一是有利于扩大商业银行的经营自主权。利率市场化条件下，银行可以根据市场和资金情况决定存贷款利率，优化资产负债结构和资源配置。资产方面，银行可以根据自身的发展战略，综合考虑目标收益、经营成本、同业竞争、客户风险差异、合作前景等因素，确定不同的利率水平，实行优质、优价与风险相匹配和有差别化的价格战略；负债方面，银行可以实施主动的负债管理，优化负债结构，降低经营成本。

二是有利于商业银行开展金融创新。利率市场化导致利差收窄，商业银行传统的存贷利差收入下降，为了实现利润最大化，商业银行必然会在竞争环境下寻求创新突破，研发新的金融产品，拓展新的服务领域，不断寻找新的利润增长点。同时，利率风险加大商业银行面临的竞争压力，也推动企业和个人客户提升风险管理水平，客观上要求商业银行加快金融创新，以达到规避风险、赚取利润及满足客户需求的目的。在利率的差别和波动更加剧烈的情况下，商业银行应根据不同的政策环境、信贷资金供求关系、信贷需求主体风险状况等设计不同的信贷产品，创新不同的利率定价方式，以更好地涵盖风险溢价。金融创新也必然会带来收入结构的变化，促进银行非利差收入的增长。

三是有利于商业银行的经营转型。随着利率市场化程度的加快，商业银行原来"重规模、轻质量，重存款、轻贷款"的粗放式的经营模式将不可持续，转而会更加关注市场变化，增强风险意识和成本意识，更加注重开展低资本依赖性业务，提高中间业务的收入占比，确保经营效益不因利率市场化产生太大的波动。同时，利率市场化有利于商业银行找准自身市场定位，发挥自身优势，形成自有特色和核心竞争力，寻求"专业、特色、精品"的商业化发展道路，有助于解决同质化经营和不当竞争等问题。

四是有利于商业银行的稳定和可持续发展。利率市场化促进了银行的规范化经营，能够创造一个比较规范的经营环境，有利于银行的长期稳健发展。

利率管制时期，银行缺乏有效的外部监督，商业银行间为了增加存款的市场份额，往往通过不正当的竞争行为来争夺市场。利率市场化以后，商业银行与个人、企业之间交易的利率水平也取决于其他市场力量的强弱。在这种情况下，银行必须更加注重经营效益，其经营行为也更加透明化。同时，利率市场化可以打击地下金融活动，为商业银行增加资金运用和来源的渠道。利率市场化以后，商业银行可以按照风险收益匹配的原则，扩大其存款贷款的范围，增加了自身资金运用和来源，同时也使得金融市场朝着更加规范的方向发展。

三、推进利率市场化改革建议

利率市场化是市场化改革的题中应有之义。目前，从形式上看，利率市场化仅剩存款利率上限没有取消。但事实上，利率市场化改革是一个系统工程，不仅是实现存款利率的浮动和减小利差这些形式上的标志，还要改革和完善支撑利率市场化的一系列背后的经济条件、市场条件、监管条件和体制条件。

第一，做好利率市场化进程和方式的总体设计。我国的利率市场化改革是按照先贷款、后存款，先短期、后长期的路径进行的。不仅如此，由于利率市场化改革涉及方方面面，必须做好进程和方式的总体设计。如产权清晰和所有制多元化、打破垄断、有序退出、预算硬约束等，都是利率市场化深层次上的必要条件。首先，应进一步推进多层次、多所有制、多样化的银行体系建设，提高存贷款市场的竞争性；其次，实施面向所有银行业金融机构的存款保险机制建设，提供利率市场化改革必要的基础设施；再次，梳理影子银行，给予必要的监管安排；最后才应是存款利率的放开。

第二，要注意与宏观经济形势相结合，降低利率波动带来的影响。我国仍是银行占主导地位的融资结构，银行在支持经济发展方面发挥着至关重要、难以替代的作用，未来很长一段时期内还将延续这一状况。利率市场化改革的前提和基础是，能够更好地支持我国国民经济的增长，减少因为金融改革对经济发展可能造成的风险。由于利率的风险定价具有顺周期性，在经济上行阶段，不良率低前景看好，风险溢价低，贷款利率可能走低；反之，在经济减速期，不良率高前景不明，风险溢价高，贷款利率可能走高。因此，利率市场化需要考虑某一时期的宏观经济形势，防范资金价格过快上涨对宏观经济的伤害。

第三，做好利率市场化的基础设施建设。一是继续完善市场化利率形成机制，强化金融市场基准利率体系建设，改进上海银行间同业拆借利率（Shibor）报价生成机制。二是进一步提高中央银行市场利率调控水平，完善中央银行利率调控体系，强化价格型传导和调控机制，增强中央银行运用货币政策工具引导和调控市场利率的能力。三是引导市场主体进一步增强自主定价能力和风险管理能力，强化定价自律，维护竞争秩序，防止过度竞争或恶意竞争，同时，积极促进债券市场等金融市场发展和产品创新，为市场主体管理和分散利率风险提供丰富的市场工具。四是加强存款保险制度等配套制度建设。要建立存款保险制度，保护存款人的利益；完善破产清算退出机制以及兼并重组制度安排，打破"大而不倒"甚至"小而不倒"的"传统"，强化优胜劣汰的市场纪律，选择适合我国国情的银行业金融机构市场退出模式，建立与《破产法》相衔接的、对有问题金融机构实施接管、重组、撤销、关闭清算的制度；完善支付、征信体系建设。

第三节　差异化监管、差异化发展与准入开放

监管机制安排对商业银行的改革转型具有重要作用。差异化、专业化是商业银行由粗放式发展向集约式发展转型的重要内容之一，但整体来看，在目前的制度环境下，商业银行差异化发展的内部动力不足，需要通过差异化监管的制度安排进一步推动差异化发展。另外，市场化改革要求推进准入开放，强化充分和公平竞争，完善银行业市场机制，发挥好商业银行的市场主体作用。

一、以差异化监管推动差异化发展

本书第六章曾讨论过我国商业银行的同质化和服务不足等问题。从形式上看，我国已基本形成由政策性银行、大型商业银行、股份制商业银行、城商行、农信社、村镇银行等不同规模、不同定位、不同功能、不同特色的多层次、多样化的银行体系，而且银行数量持续增多。正常情况下，这样的银行体系和银行数量应已基本可以满足不同市场主体对金融服务的差异化需求，但我国金融服务缺位矛盾却在持续激化，已成为制约我国经济发展的瓶颈。其实，这种矛盾的出现并不是因为银行种类少、数量少，而是缺乏良好的金融制度安排，所有银行在发展路径上都是"专转全、小转大或小而全"模式，走的是"去差异化、求同质化"路径，不断偏离原有定位和特色。而在金融服务上，则存在着较为明显的城市化、国有化和规模化倾向，对农村和中小企业的金融服务供给严重排斥，导致金融服务缺位矛盾不断激化。银行自身也因同质化发展导致了问题和风险的不断积聚。

产生这些问题的原因是多方面的，既有商业银行自身的原因，也有利率市场化不到位、金融市场发展不足、公司治理不完善、监管制度不合理等因素。我国在银行监管导向上存在着较强的趋同性，虽然监管部门对大小银行实施了差异化的资本充足率，出台了对支持小微企业和民营银行的差别化监管政策，央行也开始强调差别化存款准备金，但这种差异化还是基于银行的规模而异，尚没有特别针对定位于服务农村金融和中小企业的专业性、特色性银行给予明确支持的差异化监管机制，制度性、长期性、区域性的差异化金融监管政策相

对较少。面对当前诸多压力和挑战，差异化、特色化无疑是我国银行业转型的重要内容之一。不同类型的银行可以结合各自特点和优势，制定差异化、特色化的发展策略。大型银行可以凭借其庞大的资产负债规模、广阔的网点布局、巨大的客户资源和全方位的渠道，全面协调发展各项业务，努力打造经营特色，向综合化经营的多元化银行迈进。中型银行经营管理机制比较灵活，创新意识和能力较强，可以走与自身状况相匹配的专业化发展道路，不求"做大、做全"，注重"做精、做细"，做出特色。小型银行则可以凭借其更为灵活的经营机制，聚焦小微企业，立足社区和本地发展，以提供快捷灵活、特色化的金融服务为主要目标。

为鼓励和支持银行的差异化发展，监管上应加强规范和引导。一是以《商业银行法》修改为契机，应规范市场准入，实行分类持牌制度。中国银行业金融机构众多，大型银行、中小银行和农村信用合作机构适用一部无差别商业银行组织、业务规则并不利于银行业健康发展。从国际银行业监管实践看，规范银行市场准入制度，实行分类持牌已经是成功经验。不同银行业金融机构适用不同准入标准、业务范围和差别化监管要求，更有利于解决当前银行业严重的同质化竞争问题，有利于解决银行业经营管理风险。[1]二是进一步建立和完善差异化监管机制，推动银行的异质化发展和经营，保持市场空间和金融业务的合理分割。对大型银行，应注意防范系统性风险，引导其加大金融创新力度，深入推进综合化经营和国际化经营；对中型银行，应在风险可控的情况下，对精细化、专业化、特色化银行的资本充足率、存贷比、不良贷款率、存款准备金和业务资格及市场准入等方面给予一定优惠，鼓励中型银行选择合理的市场定位；对小型银行，对其服务科技型小企业、农村金融、社区银行等在资本充足率、存款准备金率、市场准入等方面予以适当照顾，加快社区金融服务组织体系建设，促进地方小型银行更加专注于本地社区居民和小微企业的金融服务。三是在加强单个银行风险控制水平的基础上，降低开展新兴业务的门槛，

---

① 商业银行法修订启动. 经济观察报，2014年8月18日，第3版。

鼓励金融创新；同时，对非传统银行业务的金融创新进行区别和细分，针对不同的风险特征实施差别化监管。首先，基于对当前金融发展阶段和金融结构的评估，审慎判断金融创新的合理性和功能；其次，针对不同金融创新工具的特点对其进行分类，主要包括是否具有信用创造功能、是否具有高杠杆和大规模期限错配等可能引发单体风险的特征、是否具有引发系统性风险的可能等要素；最后，有针对性地实施差别化监管，既要关注其可能带来的风险，特别是区域性风险和系统性风险，又要避免因"一刀切"阻碍金融创新，制约银行差异化发展战略。另外，监管部门也要关注和规范商业银行的市场竞争行为。目前，有些银行为了追求短期利益，不惜采取不规范甚至是违法的行为，严重扰乱了市场秩序，削弱了其他银行进行合理竞争的动力。监管部门要严厉打击这些行为，才能使单个银行能够集中精力、积极地开展合理竞争，包括进行差异化竞争。

除了外部制度和政策的推动和引导外，商业银行自身也要利用好当前的转型机遇，突破传统发展观念，树立差异化经营理念，充分发挥自身的比较优势，走出一条差异化、特色化的新型发展道路。一是明确经营战略定位，实现差异化业务经营。商业银行应根据自身的资源禀赋、行业专长、技术水平和网点覆盖等比较优势，结合已有的经营特色，确立差异化战略定位和特色化战略布局。"十二五"期间我国将进一步加快经济结构调整，商业银行可抓住机遇，在经济结构调整中找准自己的位置，在农村金融、消费金融、绿色金融、贸易融资、中小企业金融服务等方面形成自己的特色，结合地域优势、特色产业和产业价值链开展金融服务。二是做好市场细分，实现差异化营销。任何一家商业银行的资源都是有限的，所提供的产品和服务也只能满足市场总体中相对有限的部分，不可能满足所有客户的整体需求。因此，必须先结合实际，加强对客户市场的研究和细分，再针对细分市场客户的不同需求以及自身的战略定位，最终确认市场中最具有吸引力、最能有效提供服务的区隔市场，分析研究出该目标市场的特定需求。在对具体目标区隔市场进行透彻分析的前提下，每家银行都可以在市场上寻找一个合适的位置，把资源集中于最擅长的领域，向选定的目标客户群体提供独特的金融产品和服务，从而做到营销的准确定位，和其他竞争对手区分开来。三是增强产品创新能力，在动态竞争中保持差异化特色。由于银行产品的易复制性，其差异性难以长期保持，因此，差异化经营是一个动态过程，在于不断创新。一方面，商业银行应在体制上建立可行的长效创新体制，将自主创新融入银行的日常管理和运营过程中；另一方面，要及时把握客户需求新动向，多渠道、多角度、多领域开展灵活创新。四是加强特色化品牌建设，打造差异化经营的高级化形态。随着银行业的发展，银行产品、服务和管理模式上的效能已经越来越弱化，而品牌具有强烈的个性化特征，代表了银行的整体形象，在差异化方面具有相对稳定和难以模仿的特征。商业银行应高度重视品牌发展和品牌管理，通过对银行、市场、服务、理念、视觉、行为等一系列整体的定位和统一，树立银行差异化品牌，建立自身的产品和企业形象，提高服务的路径依存度，增强银行的可持续发展能力和市场竞争力。

二、推进准入开放

竞争性行业的进入大多都比较自由，这样可以实现公平和充分竞争，当然，不少行业对人才、管理者都有技能上的要求。从全球实践看，金融业也是竞争性服务业，不需要垄断经营，也不需要对投资者的身份来源有过多的限制。但金融业尤其是商业银行业确实有其特殊性，主要在于杠杆率较高、外部性较强，这也是各国都对银行业进行严格监管的重要原因。不过，严格监管主要是风险为本的审慎监管，并不等同于限制准入。放宽市场准入有助于提高实体经济的活力，降低不必要的交易成本，使更多的民间资本进入金融领域，促进不同所有制的市场主体各展所长，提高市场竞争性，从而形成合理的价格。公平和充分的竞争对于商业银行经营转型、实现差异化和专业化、转变粗放式的发展方式、提升金融服务具有重要作用。

中小金融机构是小微企业资金供给的重要渠道。我国中小银行数量较少，占比较低，对小微企业的支持力度也较弱。应适度放宽金融机构的市场准入要求，在风险可控的前提下，探索建立中小金融机构的监管体制和标准，稳妥发展面向小微企业的中小金融机构。

近来，社会各界普遍关注民间资本进入银行业问题。据银监会的数据，民间资本已经在银行业资本构成中占显著比例。如股份制银行和城商行总股本中，民间资本占比分别由2002年的11%和19%提高到2013年的45%和56%，已有100多家中小银行的民资占比超过50%，部分中小银行为100%民资。全国农村中小金融机构民资占比已超过90%，村镇银行民资占比达73%。国有银行上市后，也有民营机构和公众持股。但这并不说明民间资本与其他资本在进入银行业方面具有同等条件，也不说明已经实现了准入开放。因此，为了进一步完善银行业市场机制，推动商业银行改革转型，应拆除非审慎性准入限制，尤其是拆除所有制成分或对民营经济成分的歧视性限制，让符合审慎性要求的机构或个人同等条件进入银行业，以形成动态竞争、充分竞争的银行业市场。

2013年7月，《国务院办公厅关于金融支持经济结构调整和转型升级的指导意见》（即"金十条"）提出"尝试由民间资本发起设立自担风险的民营银行"；11月，党的十八届三中全会《中共中央关于全面深化改革若干重大问题的决定》提出"在加强监管的前提下，允许具备条件的民间资本依法发起设立中小型银行等金融机构"。应该说，允许设立民营银行是我国金融业对内开放的重要举措，将进一步激发民间资本金融创新潜力，激活金融市场活力，强化市场竞争，推动商业银行改革和转型。2014年初，国务院最终确定了首批五家民营银行试点方案，2014年7月，银监会正式批准三家民营银行的筹建申请[①]。

当然，银行是高风险行业，任何一家新设银行都面临风险如何管控，特别是经营失败后风险由谁承担、存款人利益怎样保护的问题。因此，准入开放不是一放了之，同时需要进一步加强和完善监管，尽快建立存款保险制度，完善破产清算退出机制等。

---

① 这三家民营银行分别是：腾讯、百业源、立业为主发起人，在广东省深圳市设立深圳前海微众银行；正泰、华峰为主发起人，在浙江省温州市设立温州民商银行；以及华北、麦购为主发起人，在天津市设立天津金城银行。

第四节　银行业治理体系改革

从商业银行自身来说，其治理体系的建设是实现转型发展的基础和手段，通过推进治理能力的改革和现代化，实现转型升级和可持续发展。

一、公司治理体系改革

鉴于银行在一国经济中的重要金融中介功能，以及银行对于失效的公司治理引发潜在困难的高度敏感性和保障存款人资金安全的需要，银行公司治理对于金融体系具有极其重要的意义。有效的公司治理是获得和维持公众对银行体系信任和信心的基础，是银行业乃至整个经济体系稳健运行的关键。不健全的银行公司治理会导致银行破产，进而会对存款保险体系造成潜在影响，并可能对宏观经济产生广泛影响，如风险扩散和对支付体系的影响等，因此银行破产会造成巨大的公共成本和严重后果。不健全的银行公司治理也会导致市场对银行妥善管理资产与负债（包括存款）的能力失去信心，由此触发银行挤兑或流动性危机。因此，必须高度重视银行公司治理结构的完善。

在第六章中，我们讨论了我国商业银行公司治理的"形似"与"神似"问题，指出了目前存在的主要问题。应该说，近些年来我国一直很重视商业银行的公司治理工作，也在积极加以改革和完善，银监会在2014年初也再次提出要进一步推进公司治理体系改革："重点是在巩固近十年来股份制改革成果的基础上，进一步完善三会一层的治理结构和制衡有效、激励兼容的运行机制，促进各治理主体规范、充分、高效行使权利履行义务。注重发挥绩效考核的指挥棒作用，树立正确的发展观，改进绩效考评体系，抑制盲目冲动，加快扭转以规模、排名论英雄的粗放发展模式。"但是，我国商业银行的公司治理有几个关键难题亟须解决，否则，只是技术层面的修修补补，无论表面架构多么完善，深层次的问题仍然难以解决，距离现代商业银行制度仍然很远。

（一）如何协调党管干部与公司治理的关系

我国的商业银行基本上按照现代企业制度建立了公司治理架构。与现代公司治理机制不同的是，我国商业银行设有党组织，其组织关系隶属于各级组织部门或由有关部门代管，在党管干部的原则下，党组织享有商业银行的人事权。具体表现为：商业银行的党委成员（一般都是董事会或高管层成员）由上级组织部门考察和任命，商业银行的中层及以下干部由其党委组织考察和任命。这实际上增加了一个管理主体，多了一个层次，客观上分解了法人治理结构的人事权力。按照现代公司治理机制，董事会是决策机构，董事长是法人代表，公司高级管理人员应由董事会讨论聘任，中层管理人员经董事会讨论后由主管经理聘任。因此，党组织的人事权力和法人治理结构的人事权力如何配置，是需要认真研究和解决的问题。

党管干部原则是我国的政治优势，必须很好地坚持。问题在于，如果协调不好党管干部与公司治理的关系，就会使公司治理在实际中走样，极大地影响治理结构作用的发挥。整体上看，我国商业银行的公司治理应该在根据现代公司治理理论、先进经验的基础上，充分考虑和结合我国的实际，建立符合我国国情、具有中国特色、切实有效的治理机制，而不仅仅是依据理论和先进经验建立架构。根据我国的实际情况，应将党组织和党管干部原则内置于公司治理机制，作为其一部分，而不是割裂开来，在此基础上协调完善我国商业银行的公司治理体系。

首先，在党管干部的工作范围上，实现由微观到宏观的转变。党管干部原则落实到具体工作上，涉及方方面面，如果事无巨细样样都管，既不现实，也难以保证其效果。党管干部是党对加强干部工作的一个总的概括，是一级党组织和班子整体的意图，是通过发挥一级党组织集体领导的作用和智慧去管，是从政治方向、路线上去管。应本着"党委只管大事，只管政治方向问题和重大原则问题"的原则，将党管干部工作的重点放在宏观管理上，实现以个人为对象的、具体的、事务性的传统微观管理向宏观管理的转变。

其次，应改进和完善党管干部的方式和程序。一是应解决所有者"缺位"问题，保证所有者"在位"，以产权关系为纽带确立党管干部的主体，把党管干部原则同"出资人选择管理者"有机结合起来，将银行领导人的管理与资产管理结合起来，按照谁出资、谁派人、谁控股、谁管理的原则，逐步按产权关系确定隶属关系，打破按行政级别确定隶属关系的做法。二是赋予董事会应有的人事权。目前，董事长一般都是党委书记，从表面上看解决了党委和董事会"两张皮"的问题，但问题在于，党委成员大部分是高管人员，而非董事会成员，造成了董事会人事管理作用的弱化，董事也没有动力去发挥作用。虽然对于管理层的任命可能也履行董事会批准的程序，但这种批准只是对组织任命的确认，对经营班子成员，尤其是行长这样的管理团队的"一把手"，董事会并无提名的权力。因此，应在坚持党管干部的原则下，充分发挥董事会的作用，高管层应主要由董事会提名和选任，中层及以下干部重点由分管经理会同董事会提名和选任，最后提交党委或上级组织部门研究。

再次，应逐步运用市场机制配置人才。目前，商业银行的经营管理者主要由组织部门或主管部门直接任命，这种方式已经实行了多年。这导致了商业银行的经营管理者更加偏向"政治型"而非"效益型"，"官员化"趋向明显，这也是我国经理人市场迟迟难以发展的主要原因。随着市场化改革的推进，经营管理者的选任也应逐渐由上级任命为主向市场配置方式等多种方式相结合进行转变，主要由董事会通过人才市场选聘经营管理者。

（二）如何最大限度地减少政府的内置干预

目前，我国银行业金融机构基本上实现了股权多元化，为实现有效的公司治理奠定了基础。但问题在于，在我国的金融体系中，不仅存在中央或地方政府控股、参股、经营银行业金融机构的情况，即国有国营或政有政营，而且也存在民有国营或民有政营的情况，国家或政府直接经营或干预银行业金融机构。这就难免产生政府关联交易，借贷主体是与政府相关的机构，同时形成隐性政府担保，助长道德风险，形成预算软约束，地方政府融资平台很大程度上就是这一规律作用的结果。国有国营或政有政营，以及民有国营或民有政营，国家或政府直接经营或干预银行业金融机构，是我国银行业金融机构治理结构的软肋和风险隐患。

在这种情况下，商业银行的公司治理机制难以有效地发挥作用，商业银行的很多行为也不是按照市场化和商业化的原则行事，而是兼顾了政策性职能①。国家或政府控股、参股商业银行在国外也比较常见，但国家或政府对国有资本的管理责任是建立在所有权（股权）之上，国有股份与其他股份并无二致，都是按照市场化的原则和现代公司制度运行，国家或政府无法进行干预。如果国家或政府直接干预管理和经营，则完全背离现代公司治理和市场化的原则。因此，问题不在于国有股权的比重，也不在于是否控股，而在于国有股东是否与其他股东一样在现代企业制度和市场化的框架内行使股东权利。以新加坡淡马锡公司为例，该公司为新加坡财政部全资控股，但财政部对该公司的影响主要在委派董事、审查财务报表及重大事项的审批，这与一般的股东权利基本一致。根据淡马锡的公司章程，该公司董事会10名成员中政府仅委派4名（财政部提名，其中现任官员一般仅1名），其他均为专业人士出任的独立董事（一般由董事会提名）。虽然按照该公司章程，公司董事、董事长、CEO的任命须经财政部复审、报总统批准，但董事长和CEO的人选必须经董事会讨论通过而不是政府直接委派。

因此，应理清金融与政府的关系，使国有股东成为一般意义上的股东，实现从资产管理到资本管理的转变；同时加快推进增加市场约束、降低道德风险的各方面改革，最大限度地减少政府的内置干预，转变商业银行的基础行为，使其成为真正的市场主体。无论是控股、参股，中央及地方政府都要以股东身份按市场原则行事，遵守市场纪律，按现代公司制度参与治理。

（三）如何发挥好董事会的职能

在现代公司治理中，当董事被股东委任后，即同股东形成委托代理关系。对公司的生产经营成果，董事会向股东承担责任，股东对公司的经营成果有考核、评价权，对董事有选举和罢免权，董事会为完成股东的委托

---

① 例如：2008年11月9日，4万亿元经济刺激计划通过官方媒体对外发布。商业银行贷款随之猛增，2009年第一季度人民币新增贷款已达4.58万亿元，超过往年全年新增贷款金额，达到全年计划贷款量的90%，为历年所罕见。2009年全年，按照官方的资料，新增贷款量接近10万亿元，而业内人士估计的实际数字有13万亿元之巨。如此庞大的贷款量，在已经逐渐建立起较为严密甚至烦琐的审贷制度的银行系统如此迅速地实现，很难认为商业银行是按市场化原则行事。

及投资回报的期望而选择合格的管理者。因此，董事会的职能和作用非常重要。

在一些公司治理良好实践的国家，董事会的职能和作用都受到足够的重视和发挥。在加拿大金融业的公司治理中，董事会由股东选举产生，负责审议公司战略，选聘和解聘CEO，但不能参与公司的日常经营；董事会不仅要对股东负责，还应对所有利益相关者负责；董事会下设治理与提名、审计、薪酬等委员会。高级管理层负责公司的日常业务运营，对董事会负责，必须在董事会授权的范围内行事。加拿大非常强调董事会的监督职责，如CEO不能担任董事会主席，（真正）独立董事占董事会成员的大多数，董事要具备相应的品质和能力，要确保重要的委员会完全独立；公司法要求股东任命外部审计师，董事会建立独立的审计委员会；要求CEO签字确认所有披露财务数据以保证财务报表的真实和完整；等等。这种成熟和完善的公司治理结构充分发挥了董事会在公司治理中的作用，较好地解决了委托代理问题。

但在我国的银行业公司治理体系中，党委会和高级管理层主要发挥作用，董事会的职能出现了虚化和弱化，成为我国公司治理的一个显著缺陷，各种问题也由此产生。因此，完善我国银行业的公司治理，应切实发挥好董事会应有的作用。

首先，董事会应在管理层选聘和考核方面发挥核心作用，这也是董事会最重要的职能。前面已经讲过，即使在党管干部的原则下，也应通过方式和程序的设计，赋予董事会相应的人事权。当管理层的选聘权及考核权在董事会的情况下，董事会整体和董事个人对所做出的决定要承担责任，因为董事会是法定的对投资者承担责任的主体。投资者要求或期望的资本回报目标，对董事会是一种压力，促使其寻找高水平管理者，并给管理者制定相应的业绩目标。研究各国的公司制度可以看出，将责任落实到自然人正是董事会制度的意义所在，法律上，每个董事均要对公司及所有股东承担个人责任。另外，董事会作为公司战略和日常重大事项的决策机构，对公司需要什么样的管理层应是最清楚的，如董事会真正拥有选择和考核管理层的实际权力，寻找合格的"职业经理人"根本不会成为一个问题。

其次，董事会还应在内控和风险管理方面发挥核心作用。作为对股东承担责任的主体的董事会，本身也是日常重大决策的主体和责任人，应对内控和风险管理承担不可推卸的责任，应在日常监管方面发挥重要作用。出于对资本回报的考量，董事会一般会在监管手段与监管成本及保护企业家精神方面做出合理的平衡。但在目前，我国商业银行的董事会在内控和风险管理方面的履责大多流于形式，缺少一种真正有效的日常监管机制。例如，银行的内审和内控部门作为监管日常经营活动的职能部门，应直接向董事会负责并报告工作，并且其负责人通常应由董事会任命，使董事会及时掌握准确的风控信息。但在我国，银行的内审部门一般是由管理层任命并主要向管理层报告，这就使董事会无法对管理层尤其是对经营班子的"一把手"实施有效监管，这是一个明显的公司治理缺陷。

二、业务治理体系改革

银行业务治理包括宏观、微观两个层面。从宏观层面加强治理，核心是完善监管政策、制度和法律建设的整体规划、协调，全面提升银行业治理能力，优化银行业业务布局和结构，提高银行业的国际竞争力，促进银行业可持续发展；微观上，业务治理着重规范银行业务，控制业务风险，优化业务结构和管理架构，完善以市场为导向的经营管理机制和流程，增强银行业金融机构的自我发展能力。深入推进银行业改革开放，确保银行业稳健发展是重点方向，在此背景下，业务治理作为实现"完善现代银行业治理体系、市场体系和监管体系，推进治理能力现代化"的重要手段被提出。

（一）整体上看，应推动业务结构和经营方式转型

首先，业务发展方式应走向集约化。随着经济增速放缓、同业竞争加剧、资本约束增强，商业银行应加大发展方式转变的力度，逐渐改变过去拼规模、拼速度、争份额的外延式业务发展方式，更加注重资本约束、成本约束和风险约束，转向质量效益型的集约发展方式，提高银行的价值创造能力和可持续发展能力。

其次，客户服务方式应走向综合化。为了适应利率市场化改革、金融脱媒趋势和客户金融需求的多样化，商业银行在给客户提供服务时，不再仅限于传统的存、贷、汇业务，要更加注重提供多样化的综合金融服务。一些大中型银行已经加快建立和完善综合化经营服务平台，加快银行业务与非银行金融业务的整合，提升全功能、全渠道综合化服务能力，争取成为功能齐全的综合金融服务提供商。

再次，业务经营模式应走向差异化和专业化。随着增量市场的日趋变小和同业竞争的加剧，商业银行应从原来的同质化发展走向差异化发展。无论是大型银行的全能化战略，还是中小银行的特色化经营，都要积极寻找与自身资源禀赋相匹配的差异化发展战略。同时，为适应市场的快速变化和客户越来越高的服务需求，一些银行对其重要的战略性业务纷纷采用事业部制的模式进行专业化经营，加大了事业部制改革的力度。

（二）根据业务特点分类改革，规范业务经营行为，控制业务风险

根据不同业务的特点，商业银行应分别实行子公司制、条线事业部制、专营部门制和分支机构制改革，规范业务经营行为。

信用卡、理财、私人银行等业务推行条线事业部制，由总行事业部统一设计产品，其他部门和分支行只负责产品销售。以理财业务为例，我国银行理财业务在近年来发展迅速，满足了投融资客户多样化金融需求，也成为银行转型及发展的重要业务。我国银行目前的理财业务以向客户销售理财计划的形式为主，一定程度上是利率市场化、信贷资产证券化的替代品，受到监管套利、影子银行等诟病，银行理财的业务模式、管理模式都需要转型。理财业务治理的关键是建立风险防范隔离墙，实现理财业务机构与存贷业务机构和运营的分离。2014年初，银监会要求对于理财业务，银行要进行独立核算，每只理财产品作为独立的会计主体单独建立明细账，单独核算，并应覆盖表内外的所有理财产品。同时，要做到理财业务与信贷业务相分离，自营业务与代客业务相分离，银行理财产品与银行代销的第三方机构理财产品相分离，银行理财产品之间相分离，理财业务操作与银行其他业务操作相分离。并要求银行业金融机构

对理财业务在架构管理上进行条线事业部改革，由银行总行设立专营事业部，统一设计产品、核算成本、控制风险。

同业、投资等业务实行专营部门制，由总行专营部门单独经营，其他部门和分支机构不再经营。以同业业务为例，2014年5月，人民银行、银监会、证监会、保监会、外汇局联合发布《关于规范金融机构同业业务的通知》，界定并规范了同业拆借、同业存款、同业借款、同业代付、买入返售（卖出回购）等同业投融资业务，提出"堵邪路、开正门、强管理、促发展"的总体思路，规范同业业务发展。同时要求有效控制同业业务的规模和比重，使同业业务回归流动性管理手段的本质，有序推进同业业务专营部门制改革，由法人总部建立专营部门单独经营，其他部门和分支机构不再经营，已开展的存量同业业务到期后结清、销户。

信托、租赁、基金等非银行金融业务，实行子公司制，独立经营，建立"防火墙"。以信托公司为例，2014年4月，银监会印发《关于信托公司风险监管的指导意见》，要求推动信托公司业务转型发展，回归本业务，对信托公司提出加强风险评估，做好资金池清理，优惠业务管理等要求。并提出对信托业务实行子公司制，独立经营，严格建立"防火墙"。在防范和化解风险方面，要回归信托主业，运用净资本管理约束信贷类业务，不能开展非标资金池业务，及时披露产品信息。

（三）在规范业务经营的基础上完善管理架构

除了出于规范业务、防范风险的目的，商业银行自身对于业务的治理以及管理架构的调整也有来自内部的动力与压力。利率市场化、金融脱媒、综合化经营、海外分支机构的不断增长以及互联网金融等都对银行的传统业务构成了挑战，目前的业务模式和管理架构与银行转型和发展的需要之间出现了不匹配和不协调。

2014年以来，很多金融机构进行了内部组织架构的调整，比较引人瞩目的是我国五大行的机构调整。工商银行通过合并、精简、裁撤等改革，形成了营销管理、风险管理、综合管理和支付保障四大板块，而总行部门的总数为45

个，其中包括26个一级部、5个二级部，以及3个部门管理中心，利润中心将增至11个。农业银行撤并重组了5个一级部、8个二级部，增设了4个一级部门，被认为是农行自2008年股改以来规模最大的一次组织架构变革。"大运营、大后台"的管理格局是此次农业银行变革的核心。变革后，农行总行部门的职能定位分为直接经营部门、营销及产品部门、风险与内控部门、战略资源管理部门、运营与保障部门、公司治理支持部门六大类。城镇化、小微企业、互联网金融等新兴业务部门也在此次变革中首次露面。中国银行撤销了公司金融总部、个人金融总部、金融市场总部、风险管理总部、运营服务总部五大总部，调整为36个一级部门，6个直属机构。另外，一些中型银行，如民生银行、兴业银行、中信银行等也进行了事业部制改革。

专栏8.1　银行业务治理的国际比较

业务治理的出现不是偶然的，必定是随着经济形势的波动以及银行业发展的转型升级而提上日程。国际上也是如此，20世纪70年代，美国政府对银行业经营范围和地理区域的管制逐步放松，大型银行得以迅速发展，随着企业规模的扩张，直线职能制僵化的弊端逐渐显示出来，生产导向型的直线职能制不得不转向以客户为中心、开发新产品为宗旨的市场导向型的事业部制组织结构。事业部制的采用有助于解决银行规模过大、市场跨度过广、经营范围过宽等因素所引发的管理效率低下、市场响应缓慢、风险控制弱化等管理问题，也有助于调动员工的积极性，解决商业银行在追求综合化、标准化的同时与实现专业化和个性化之间的矛盾。20世纪70年代中后期以后，事业部制逐渐取代直线职能型结构，从80年代开始成为西方商业银行普遍采用的组织架构形式。此后，在追求综合化和专业化、标准化和个性化的同时，大型国际商业银行的管理模式普遍经历了从区域型事业部制向条线型事业部制演进，又逐渐向区域型结构和条线型结构相结合的矩阵式事业部制方向转变。

美国商业银行多采用内部制衡、清晰明确的直线汇报模式和派驻制的后台支持保障的事业部制模式。其中，花旗银行设有全球消费者集团、公司及投资银行集团、全球财富管理集团、另类投资等四大事业部；美联银行设置了普通银行部、公司和投资银行部、资本管理部和财富管理部等四个事业部。

在组织架构的演变趋势上欧洲商业银行紧随美国之后进行了事业部改革。比如，德国的德累斯顿银行将其内部分为事业部和功能部两大板块，事业部设为个人银行、私人银行、公司银行、投资银行和机构重组等五个部门；英国渣打银行将业务部门分为批发银行、个人银行和资金业务三大事业部；劳埃德银行、巴黎银行、兴业银行等商业银行对这些主流模式加以了效仿。

此外，荷兰银行为了增强对全球市场的应对能力，将全行业务按地区、客户和产品维度划分为10个事业部。其中地区事业部有5个，分别是荷兰事业部、亚洲事业部、北美事业部、拉美事业部和欧洲事业部，每个事业部负责为本区域的所有客户提供适合需要的荷兰银行产品和服务；按客户标准划分的事业部有2个，分别是跨国客户事业部和私人客户事业部；按产品划分的有环球市场事业部、交易事业部和资产管理事业部3个。荷兰银行金融产品众多，各地区事业部和各产品事业部对这些产品均可提供，但比较典型的产品则成立专门的事业部，主要体现荷兰银行此类产品的优势。比如环球市场事业部，主要负责对金融衍生产品、外汇交易等业务；交易结算事业部主要向客户提供结算产品和清算服务；资产管理事业部主要负责为客户提供基金等产品。

亚洲地区的商业银行也采取了很多尝试。新加坡大华银行总行将客户部门分为中小企业银行部、企业银行部、个人银行部；韩国韩亚银行的内设机构分为业务、计划、支持三大板块，具体划分成20个事业部；中国香港的汇丰银行设有个人金融服务、投资银行及金融市场、商业银行、私人银行四大事业单位；中国台湾地区的中国信托商业银行和台新国际商业银行也采用了这一体制。

[资料来源：安嘉理.银行业转型升级中的业务治理体系建设.中国银行业，2014（5）.]

三、风险治理体系改革

银行业转型升级的关键在于防御风险能力的提升。我们通常将银行业金融机构的资本充足率、拨备覆盖率等说成防御风险的能力，其实那只是防御风险的实力或家底，能力属于主观能动性范畴，取决于关键性体制机制的进一步完善。

（一）强化并表风险管理

目前，我国商业银行自身并表管理能力还相对落后，存在思想认识不足、风险管理停留在法人银行层面、信息系统支持不够、内审监督不足等问题。商业银行应进一步加强并表管理，不断提高并表管理水平。

一是强化并表管理观念。成立专门的并表管理机构，切实将并表管理各项要素落实到执行层面，使整个集团的风险及抵补状况得到持续的监控。

二是建立全面风险管理框架。将境内外附属机构纳入风险管理范畴，对信用风险、市场风险、流动性风险、合规风险、声誉风险等各类风险进行有效的识别、计量、监测和控制。

三是建立有效的管理信息系统。建立和完善符合并表管理要求的管理信息系统，确保将银行、非银行类附属机构纳入并表管理，使银行集团能够及时、准确、全面获取附属机构的相关信息。

四是完善审计机制。加强对附属机构的内部审计工作，将并表管理的各项要素纳入内部审计项目，安排一定的审计资源定期对并表管理信息进行检查核实，对附属机构风险状况进行检查评估。

（二）健全全面风险管理架构和流程

应建立基于整个机构的全面风险管理架构，并配备相应的数据和信息系统基础，整合各类风险管理而形成统一的全面风险管理流程。此外，应将战略风险管理纳入全面风险管理体系。

要注重风险识别、计量的前瞻性、准确性，应对未来潜在风险进行前瞻性关注识别，同时在贷款五级分类的准确性上进一步下工夫。

一些国家在全面风险管理方面的先进经验值得借鉴。加拿大的金融机构有非常全面的风险管理体系和框架。风险管理共有三道防线：第一道防线是风险的拥有者，即业务部门和业务支持部门，遵循风险政策，负责风险的识别、测定、应对和报告；第二道防线是风险监督部门，包括风险部、资金部和合规部等，负责建立相应的风险管理框架，指导风险管理实施，对于风险管理现状有独立的发言权，可以向公司最高层进行独立报告；第三道防线是内部和外部审计，负责独立确认风险管理的有效实施（对于高管和董事会），可以独立报告重大风险事务。

（三）加强风险管理文化建设

应自上而下强化全员风险意识，在业务增长与风险管控之间、收益业绩与风控业绩之间、业务条线及人员与风控条线及人员之间寻求平衡，同时将关键人员的薪酬与风险密切挂钩，形成有利于风险管理的科学的激励机制。要明确风险管理战略，设定自身风险管理目标，并经董事会批准明确定量风险偏好。要有与风险管理战略配套的风险管理指标及其评估体系，有与风险管理战略对应的经济资本配置。

加拿大在这方面的经验同样值得借鉴。加拿大的金融机构非常重视对风险文化的阐释，自我设定风险偏好，并要把风险偏好具体转化为一系列可执行的声明和限制，以此来指导公司的业务活动。风险偏好由董事负责审核、监督。风险管理的另外一个重点是交易额度框架，整个机构的交易额度由董事会来确定，并由首席风险官来监督执行，并逐层细分下放。一般来说，管理人员不应该允许风险量超出提前设定的风险额度，但如果遇到重大风险事件或业务机会，董事会可以允许超额情形的发生，但监管硬性规则不能违背。

第五节 小 结

中国经济已进入"新常态"。在当前各种矛盾叠加、各种红利和改革的边际效用大幅下降的情况下，经济和金融需要全面改革，商业银行需要新一轮的改革和转型，走可持续发展之路。其实，商业银行转型的目标已很清晰，就是建立可持续发展的市场化体系，使商业银行在其中真正转型为市场化的现代金融中介，与实体经济实现和谐联动，发挥好作用，成为真正的"百年老店"。

专栏索引

图表索引

参考文献

[1] A·布兰查德、S·费希尔.宏观经济学（高级教程）.经济科学出版社，1998.

[2] 安嘉理.银行业转型升级中的业务治理体系建设.中国银行业，2014（5）.

[3] 安永报告.金融监管改革对银行商业模式将产生影响.2012年12月6日.

[4] 奥利佛·威廉姆斯，本杰明·克莱因，奥利佛·哈特.企业制度与市场组织.上
  海三联书店、上海人民出版社，1996.

[5] 巴里·约翰斯，V·桑德拉拉加.金融部门改革的次序——国别经验与问题.中
  国金融出版社.

[6] 巴曙松.从改善金融结构角度评估"影子银行".新金融评论，2013（2）.

[7] 巴曙松，吕国亮.股份制改革后国有银行的治理结构缺陷.中国审计，2004
  （22）.

[8] 巴曙松.利率市场化对中小商业银行的挑战.商，2012（14）.

[9] 巴曙松.利率市场化会对银行业的市场结构形成显著影响——基于美日等国的
  国际比较与借鉴.江淮论坛，2012（4）.

[10] 巴曙松.应从金融结构演进角度客观评估影子银行.经济纵横，2013（4）.

[11] 白积洋.我国上市商业银行治理结构市场竞争与经营绩效的实证检验.金融发
  展研究，2012（4）.

[12] 白世春.对国有商业银行进行股份制改革的初步设想.金融研究，2000（11）.

[13] 北京奥尔多投资中心.金融系统演变考.中国财政经济出版社，2001.

[14] 蔡可健.国有专业银行商业化改革的困境与突破.数量经济技术经济研究，
  1997（1）.

[15] 蔡卫星，曾诚.境外战略投资者改变了国有商业银行的贷款行为吗——基于动态面板数据模型的经验分析.当代经济科学，2011（1）.

[16] 蔡卫星，曾诚.市场竞争、产权改革与商业银行贷款行为转变.金融研究，2012（2）.

[17] 曹廷求，王裕瑾.商业银行治理结构与治理绩效关系相关研究进展.理论学刊，2011（5）.

[18] 曹啸.不良资产、资本金约束与国有银行改革路径.财贸经济，2007（3）.

[19] CBRC Working Paper.我国商业银行引进境外战略投资者研究，2006（4）.

[20] 陈炳才.利率市场化改革的利益影响.财经，2014（384）.

[21] 陈红梅，栾光远."十二五"时期我国投资、消费、净出口与经济增长的实证分析.宏观经济研究，2011（7）.

[22] 陈华，尹苑生.国有银行改革：传统观点和一个全新视角.经济体制改革，2006（1）.

[23] 陈华，刘宁.银行业顺周期形成机理与逆周期监管工具研究.金融教学与研究，2011（1）.

[24] 陈虎城.国有银行治理结构改造的逻辑起点与模式选择.河南金融管理干部学院学报，2005（4）.

[25] 陈建.关于深化我国利率市场化改革的几点思考.生产力研究，2013（1）.

[26] 陈婷等.银行国有产权与金融发展的实证分析.国际金融研究，2003（9）.

[27] 陈小宪.重塑商业银行长期发展模式——追求长期稳定盈利，彻底摒弃单纯规模扩张.金融研究，2003（12）.

[28] 陈新平.关于国有银行改革过度依赖境外资本及其市场的反思.财经理论与实践，2006（143）.

[29] 成都银行课题组.直接融资发展背景下商业银行作用的理论解释及功能演进.西南金融，2012（7）.

[30] 成家军.警惕经济的金融过度化现象.清华金融评论，2014年3月.

[31] 城市金融研究所课题组.国有企业——银行债务重组的基本思路与主要设想.

经济研究，1997（8）.

[32] 储海燕.信贷过快增长对不良贷款影响的研究.金融纵横，2011（5）.

[33] 储著贞等.宏观调控、所有权结构与商业银行信贷扩张行为.国际金融研究，2012（3）.

[34] 戴本忠.国有银行改革逻辑分析.沿海企业与科技，2007（7）.

[35] 戴斌.提升商业银行定价能力.中国金融，2014（4）.

[36] 戴根有.中国金融改革与发展若干重要问题研究提纲.金融研究，2001（9）.

[37] 戴璐等.国外商业银行改革研究综述及其启示.金融论坛，2012（4）.

[38] 戴天柱.国有商业银行改革的探索.财经论丛，1996（4）.

[39] 道格拉斯·C.诺斯.经济史中的结构与变迁.上海三联书店，1991.

[40] 道格拉斯·C.诺斯.经济史中的结构与变迁.上海三联书店、上海人民出版社，1999.

[41] 丁宁宁.进一步深化国有商业银行改革的探讨.金融研究，1999（9）.

[42] 丁志杰等.金融体系重组中国有银行产权改革的国际经验.国际金融研究，2002（4）.

[43] 董玉华.国有商业银行激励约束机制重塑.农村金融研究，2005（8）.

[44] 段炳德.中国经济结构调整的进展问题与对策.发展研究，2013（4）.

[45] 段卫平.国有商业银行与股份制商业银行竞争力比较分析——兼论中国商业银行的增量改革.中央财经大学学报，2002（7）.

[46] 段银弟.论中国金融制度变迁的效用函数.金融研究，2003（11）.

[47] 思拉恩·埃格特森.经济行为与制度，吴经邦等译，商务印书馆，1990.

[48] 保罗·萨缪尔森，威廉·诺德豪斯著，萧琛主译.经济学.第19版.商务印书馆，2013.

[49] 方芳，刘鹏.中国金融顺周期效应的经济学分析.国际贸易问题，2010（8）.

[50] 冯颖.我国商业银行治理结构的缺陷及对策.生产力研究，2007（22）.

[51] 冯兴元.德国地方储蓄银行的运作经验——如何规范政府与国有银行的关系.德国研究，2001（1）.

[52] 富兰克林·艾伦、道格拉斯·盖尔. 比较金融系统. 中国人民大学出版社，2002.

[53] 傅晓霞，吴利学. 产权改革是经营改革的基础——论我国国有商业银行改革的关键. 中央财经大学学报，2002（3）.

[54] 高民. 议商业银行房地产贷款面临的潜在风险. 中国房地产金融，2012（7）.

[55] 高培勇. 宏观经济政策格局的若干重要变化. 群言，2013（4）.

[56] 高文军，章颖薇. 我国商业银行产权结构与管理效率之间的实证分析. 商业会计，2012（12）.

[57] 高晓红. 低效率均衡及其改进——对我国国有商业银行改革现实困境与突破的一种描述. 财经问题研究，2000（11）.

[58] 高晓红. 外资银行进入与中国国有商业银行改革困境的解除. 金融研究，2000（6）.

[59] 高自强. 关于地方融资平台贷款风险的认识与思考. 中国金融，2010（16）.

[60] G. J. 斯蒂格勒. 产业组织与政府管制. 上海三联书店、上海人民出版社，1998.

[61] 葛兆强. 国有银行商业化改革性质的再定位. 金融教学与研究，1998（4）.

[62] 葛兆强. 商业银行经营转型的动因与国际经验. 金融教学与研究，2011（2）.

[63] 耿同劲. 公司治理国家退出及其约束弱化国有商业银行改革的一个解释框架. 云南社会科学，2009（5）.

[64] 龚明华. 发展中国家的金融制度设计：一个分析框架. 金融研究，2003（5）.

[65] 谷秀军. 影子银行的表现形式与监管. 中国金融，2013（8）.

[66] 官兵. 国有银行制度的政府退出行为：一个国家能力视角的分析. 中央财经大学学报，2006（3）.

[67] 广东金融学院中国金融转型与发展研究中心银行改革组. 中国国有银行改革的理论与实践问题. 金融研究，2006（9）.

[68] 郭建伟. 国外国有银行改革模式及其启示. 中国金融，2005（12）.

[69] 郭江山. 调控转型与银行风险管理应对. 银行家，2014（2）.

[70] H·瓦里安. 微观经济学（高级教程），经济科学出版社，1998.

[71] 韩忠伟，刘好洵.市场里的企业和效率最大化企业：中国国有商业银行改革的两个目标原则.财政理论与实践，2006（1）.

[72] 何光辉.民营化、国有化与中国国有银行改革.财贸经济，2005（12）.

[73] 洪崎.转型期的实体经济发展与商业银行的金融支持.商，2012（14）.

[74] 洪燕琴.国有商业银行改革的路径选择.经济师，2005（12）.

[75] 侯剑平等.最优金融结构理论与中国经济结构、银行业结构演变.西安电子科技大学学报，2009（6）.

[76] 侯晓辉，张国平.政策性负担、战略引资与国有商业银行的公司治理.当代经济科学，2009（2）.

[77] 胡美军等.组织租金与国有银行治理结构变迁.河南金融管理干部学院学报，2002（1）.

[78] 胡怀邦.进一步深化国有商业银行股份制改革的战略思考.上海金融，2005（3）.

[79] 胡佳，李娟.我国国有商业银行股份制改革后面临的问题及几点思考.江西金融职工大学学报，2007（6）.

[80] 胡立刚.流动性监管升级，同业、理财业务均"中枪".华宝证券研究报告，2014年2月25日.

[81] 胡小平等.认识和思考国有商业银行的结构改革.软科学，2006（1）.

[82] 胡延平.国有银行改革观点评述与对比.南方金融，2007（5）.

[83] 黄飚.建立监管体系明确监管规则，风险承担明确化阳光化.长城证券研究报告，2014年1月7日.

[84] 黄红艺，谭庆华.银行业低不良贷款率可持续吗——关于当前银行资产质量的若干思考.金融发展研究，2011（8）.

[85] 黄金老.金融自由化的最优安排.国际金融研究，2002（1）.

[86] 黄隽，张春林.什么决定了中国商业银行的高盈利.经济理论与经济管理，2012（6）.

[87] 黄君慈，刘二斌.软预算约束竞争和信贷"公地悲剧"：国有银行系统性风险生

成的制度解释. 南方金融，2006（3）.

[88] 黄树青. 国有银行产权改革与效率：国外经验研究及启示. 财经科学，2006（6）.

[89] 纪玉山，张跃文. 中国金融制度变迁滞后性的利益集团因素. 新经济，2005（2）.

[90] 贾康，孟艳. 政策性金融演化的国际潮流及中国面临的抉择. 当代财经，2010（12）.

[91] 贾明琪，李成青. 新银行监管模式下的商业银行经营转型思考. 西南金融，2011（12）.

[92] 姜桂珍. 金融脱媒背景下的商业银行经营转型. 经济导刊，2010（8）.

[93] 姜建清. 全球银行百年兴衰镜鉴. 财经，2014（398）.

[94] 蒋丽君. 论金融开放条件下的国有商业银行改革. 财经理论与实践，2002（116）.

[95] 蒋满霖. 中国国有银行的外在化与产权效率. 审计与经济研究，2004（1）.

[96] 江其务. 中国金融组织结构合理化问题探讨. 金融信息参考，2002（5）.

[97] 江其务. 关于中国金融系统存差的金融分析. 金融研究，2003（4）.

[98] 江曙霞，罗杰. 国有商业银行改革中政府效用函数的动态优化. 财经研究，2004（11）.

[99] 江西省城市金融学会课题组. 国际主流商业银行业务经营转型的主要特征及发展趋势. 金融研究参考，2010（48）.

[100] 交通银行金融研究中心. 银行流动性：总体趋紧，风险可控. 银行家，2014（2）.

[101] 交通银行金融研究中心. 互联网金融促银行业转型. 银行家，2014（3）.

[102] 交通银行金融研究中心. 国内商业银行：告别高盈利时代. 银行家，2014（2）.

[103] 杰拉德·克里根. 银行体系改革：中国应选择哪种模式. 国际金融研究，2002（5）.

[104] L·波塔，L·德-西拉内斯，A·施莱佛. 政府对银行的所有权. 比较，中信出版社.

[105] 蓝虹，穆争社. 中国企业融资风险生成与转嫁的博弈分析. 财经科学，2004（4）.

[106] 雷蒙德·W. 戈德史密斯. 金融结构与金融发展. 上海三联书店、上海人民出版社，1999.

[107] 雷曜等. 客观看待影子银行体系的风险. 中国金融，2013（4）.

[108] 李国疆. 中国的M2/GDP：理论、问题、对策. 经济问题探索，2001（12）.

[109] 李国民. 国有商业银行股份制改造的两难处境及出路. 河南金融管理干部学院学报，2005（4）.

[110] 李贡敏. 国有商业银行股份制改革困境：一个新视角. 当代财经，2005（5）.

[111] 李华芳. 利率改革符合长远利益. 财经，2013（363）.

[112] 李宏坤. 外汇储备注资国有银行效应分析. 山西财经大学学报，2005（6）.

[113] 李华民. 软约束、国家退出与经营目标转换. 当代经济科学，2005（3）.

[114] 李华民. 寡头均衡、绩效改善与金融稳定———中国银行业结构变迁的政策取向. 金融研究，2005（8）.

[115] 李健. 中国金融发展中的结构问题. 中国人民大学出版社，2004.

[116] 李健. 国有银行改革宏观视角分析. 经济科学出版社，2004.

[117] 李健. 论国有商业银行的双重功能与不良资产的双重成因. 财贸经济，2005（1）.

[118] 李静. 金融脱媒与商业银行经营管理. 南昌教育学院学报，2013（3）.

[119] 李黎，张羽. 渐进转轨、国家与银行制度变迁：两个视角. 财经问题研究，2007（7）.

[120] 李丽丽. 金融功能观下商业银行服务实体经济的主导作用分析. 海南金融，2010（1）.

[121] 李胜军，张兰. 渐进改革的逻辑产物. 商业研究，2005（2）.

[122] 李维安. 我国银行治理改革与发展. 中国金融，2014（6）.

[123] 李文泓，徐洁勤. 完善流动性风险治理. 中国金融，2014（5）.

[124] 李迅雷. 中国金融危机的触发点正不断增多. 和讯网，2014年1月.

[125] 李艳虹等. 国有商业银行股份制改革成效评析. 上海金融，2010（7）.

[126] 李玉吉. 效率视角的公司治理与国有银行改革. 商业研究，2005（319）.

[127] 李泽广，王博. 投资与信贷配置的关联机制———来自中国数据的经验事实. 经济评论，2009（6）.

[128] 厉以宁. 对当前我国金融的一些看法. 湖南商学院学报，2002（5）.

[129] 连平. 协同推进利率市场化. 中国金融，2012（15）.

[130] 连平. 以差异化监管引导差异化发展. 中国农村金融，2013（19）.

[131] 连育青. 关于商业银行加快业务战略转型问题的研究. 金融理论与实践，2010（9）.

[132] 梁彩虹等. 利率市场化改革任重而道远. 银行家，2014（3）.

[133] 梁宏光. 现代企业制度与党管干部原则. 先锋队，2009（20）.

[134] 廖国民，袁仕陈. 我国软预算约束的治理：理论与政策. 财经问题研究，2005（4）.

[135] 廖国民. 银行业的软预算约束：一个文献综述. 经济社会体制比较，2004（6）.

[136] 林建华. 论国有商业银行制度创新. 金融研究，1999（12）.

[137] 林毅夫. 关于制度变迁的经济学理论：诱致性变迁与强制性变迁. 卡托杂志，1989年春季号.

[138] 林毅夫，李志赟. 政策性负担、道德风险与预算软约束. 经济研究，2004（2）.

[139] 林毅夫等. 政策性负担与企业的预算软约束：来自中国的实证研究. 管理科学，2004（8）.

[140] 林毅夫，姜烨. 发展战略、经济结构与银行业结构：来自中国的经验. 管理世界，2006（1）.

[141] 林毅夫，孙希芳. 银行业结构与经济增长. 经济研究，2008（9）.

[142] 林宇灵. 利率市场化对商业银行的挑战. 中国金融，2012（24）.

[143] 刘春志，李斐. 地方政府融资平台不良贷款内生机制及解决策略. 统计与决策，2012（12）.

[144] 刘峰. 国际银行监管改革及其对中国银行业的影响. 经济研究参考，2011（56）.

[145] 刘桂平. 关于加入世界贸易组织后国有商业银行改革与发展的策略性思考. 南方经济，2001（12）.

[146] 刘静，刘铮. 我国体制转轨中金融中介与经济发展关系. 现代经济探讨，2005（8）.

[147] 刘利刚. 利率市场化对商业银行的挑战和压力. 陆家嘴，2013年6月.

[148] 刘鹏，温斌. 国有商业银行股份制改革：一个制度经济学视角. 南开金融研究，2007（3）.

[149] 刘鹏. 并表监管的实践与思考. 中国金融，2013（14）.

[150] 刘鹏. 加快推动商业银行经营转型和结构调整. 金融理论与实践，2013（9）.

[151] 刘鹏. 金融消费权益保护：危机后行为监管的发展与加强. 上海金融，2014（4）.

[152] 刘世锦等. 金融危机后世界经济格局调整与变化趋势. 新民网，2014年2月19日.

[153] 刘士余. 影子银行的规模测算与监管重点. 中国金融四十人论坛月报，2013（12）.

[154] 刘锡良，王正耀. 对国有商业银行股份制改革有关问题的思考. 中国金融，2004（11）.

[155] 刘晓辉，张璟. 产权、竞争与国有商业银行改革逻辑. 财经科学，2005（3）.

[156] 刘伟. 经济失衡的变化与宏观政策的调控. 经济学动态，2011（2）.

[157] 刘伟，黄桂田. 中国银行业改革的侧重点：产权结构还是市场结构. 经济研究，2002（8）.

[158] 刘屹. 信贷政策对固定资产投资的调控机理与调控措施研究. 交通财会，2008（2）.

[159] 刘勇，李琪琦. 国家经济伦理与国有商业银行改革. 财经科学，2005（1）.

[160] 刘煜辉. 中国式影子银行. 中国金融，2013（4）.

[161] 刘煜辉. 理解中国金融改革逻辑. 财经，2014（398）.

[162] 刘元，王亮亮. 银行差异化发展与差异化监管. 中国金融，2012（10）.

[163] 刘元，王亮亮. 商业银行改革问题与对策. 中国金融家，2012（4）.

[164] 楼文龙. 城市商业银行的改革与发展. 银行家，2007（5）.

[165] 鲁迪·多恩布什，佛朗西思科·吉瓦齐. 化解中国的不良债权与防范金融风险. 金融研究，1999（5）.

[166] 卢芹. 我国银行业结构与经济增长的实证研究. 特区经济，2005（2）.

[167] 陆磊. 国有银行改革共性与个性：一行一策式改革的可行性研究. 武汉金融，2005（5）.

[168] 陆磊，李世宏. 中央—地方—国有银行—公众博弈：国有独资商业银行改革的基本逻辑. 经济研究，2004（10）.

[169] 陆磊. 多元博弈与国有银行改革的基本逻辑. 金融观察，2004（8）.

[170] 陆磊. 从金融支持到金融资源市场化配置. 金融观察，2005（3）.

[171] 陆磊. 外资入股中资商业银行：银行治理与国家金融安全. 武汉金融，2006（1）.

[172] 陆磊. 未来中国利率市场化的顺序. 南方金融，2012（12）.

[173] 陆岷峰，张玉洁. 关于中小商业银行"规模扩张论"的评析与思考. 成都行政学院学报，2013（3）.

[174] 卢现祥，朱巧玲. 新制度经济学. 北京大学出版社，2007.

[175] 路易斯·普特曼，兰德尔·克罗范纳. 企业的经济性质，上海财经大学出版社，2003.

[176] 罗纳德·麦金农. 经济市场化的次序——向市场经济过渡时期的金融控制. 第二版. 周庭煜，尹翔硕，陈中亚等译，上海人民出版社，1993.

[177] 马德伦，张显球. 中国国有银行制度演进的逻辑及其当代经济学论证. 金融研究，2000（6）.

[178] 马君潞，高明生. 融资选择权约束、银行机构效率与金融制度结构演进. 南开经济研究，2004（6）.

[179] 马迁. 基于国际视角的利率市场化经验启示及我国商业银行应对策略. 金融理论与实践，2012（11）.

[180] 米什金. 货币金融学. 中国人民大学出版社，1998.

[181] 南京市农村金融学会课题组. 商业银行实现差异化竞争的策略思考. 现代金融，2011（12）.

[182] 尼尔斯·赫密斯，罗伯特·伦辛克. 金融发展与经济增长. 经济科学出版社，2001.

[183] 尼古拉斯·R. 拉迪，隆国强等译. 中国未完成的经济改革. 中国发展出版社，1999.

[184] 农业银行无锡太湖支行课题组. 利率市场化对我国商业银行的影响. 现代金融，2013（2）.

[185] 诺思. 制度变迁理论纲要. 1995年3月10日在北京大学的演讲稿.

[186] 欧阳日辉，徐光东. 新制度经济学：发展历程、方法论和研究纲领. 南开经济研究，2004（6）.

[187] 裴平，卢授永. 产权结构调整：新时期我国银行业改革的取向. 当代财经，2004（10）.

[188] 皮特·鲍泰利. 中国转轨债务管理：持续发展的挑战. 数量经济技术经济研究，2004（1）.

[189] 齐美东. 国有商业银行民营化探析. 当代经济研究，2003（11）.

[190] 祁邵斌. 经济下行期银行业风险暴露与逆周期监管. 新金融，2012（8）.

[191] 祁永忠，栾彦. 地方政府融资平台风险及其治理. 理论探索，2012（2）.

[192] 钱颖一. 现代经济学与中国经济改革. 中国人民大学出版社，2004.

[193] 乔桂明，吴刘杰. 多维视角下我国商业银行盈利模式转型思考. 财经问题研究，2013（1）.

[194] 乔海曙. 制度创新：国有银行改革的新阶段. 中央财经大学学报，1998（4）.

[195] 秦凤鸣. 中国银行业结构的合意性. 金融研究，2004（11）.

[196] 青木昌彦. 比较制度分析. 上海远东出版社，2001.

[197] 青木昌彦. 比较制度分析——起因和一些初步的结论. 载孙宽平主编《转轨、规则与制度选择》，社会科学文献出版社2004年版.

[198] 邱福提，谢芳俊. 市场竞争监管改革与银行效益. 金融经济学研究，2013（2）.

[199] 邱家洪. 中国国有商业银行改革历程与发展趋势. 商业研究，2005（21）.

[200] 邱兆祥. 民营银行登堂入室的时候到了. 现代商业银行，2002（10）.

[201] 渠海雷，邓琪. 转轨时期国有银行与企业关系非均衡的制度分析. 投资研究，2001（1）.

[202] R·科斯，A·阿尔钦，D·诺斯. 财产权利与制度变迁. 上海三联书店、上海人民出版社，2002.

[203] 银行业暴利是否存在：数据说话 服务还是打劫？人民网—中国经济周刊，2012年4月1日.

[204] 瑞信报告. 中国的影子银行：通向高风险之路. 2013年2月.

[205] 尚福林. 科学设计民营银行准入制度. 银监会官网，2014年4月.

[206] 商瑾，王海涛. 各国政策性金融的基本运作模式及若干启示. 商业时代，2013（11）.

[207] 沈晓晖，邵智宾. 国有商业银行股份制改革进展和建议. 中国金融，2007（8）.

[208] 盛洪. 关于中国市场化改革的过渡过程的研究. 经济研究，1996（1）.

[209] 盛洪. 现代制度经济学. 北京大学出版社，2003.

[210] 盛松成，王维强. 对我国股份制中小银行发展若干问题的思考. 金融研究，2000（10）.

[211] 施华强，彭兴韵. 商业银行软预算约束与中国银行业改革. 金融研究，2003（10）.

[212] 史建平. 国有商业银行改革应慎重引进外国战略投资者. 财经科学，2006（1）.

[213] 史建平，官兵. 垄断、政府控制与金融制度演进. 国际金融研究，2004（6）.

[214] 世界银行. 世界银行发展报告. 中国财政经济出版社，1996、1997、1998、2002、2003.

[215] 施磊. 互联网金融快速发展需理性看待. 银行家，2014（3）.

[216] 四川银监局课题组. 银行的房地产贷款风险传导机制及对策研究. 西南金融，2013（4）.

[217] 宋玮. 论国有商业银行的产权制度改革与治理机制. 南开经济研究，2003（4）.

[218] 苏国强. 我国商业银行产权、治理结构与效率实证研究. 生产力研究，2006（11）.

[219] 孙含越.同业业务快速发展的潜在风险及走向.银行家，2014（2）.

[220] 孙建林.防范地方融资平台贷款风险.中国金融，2013（9）.

[221] 索彦峰等.资本约束、宏观调控与商业银行战略转型.广东金融学院院报，
      2008（5）.

[222] 索彦峰.金融脱媒的量化分析及其对商业银行的启示.华北金融，2013（1）.

[223] 谭政勋，王聪.商业银行贷款竞争行为的比较研究——基于人力成本差异的
      分析.山西财经大学学报，2007（4）.

[224] 唐国储.风险管理、内部控制与国有商业银行海外上市.金融论坛，2005（3）.

[225] 汤向俊，任保平.信贷偏好与中国低消费、高投资的经济增长结构——基于
      中美两国数据的比较分析.经济评论，2011（1）.

[226] 田光宁，王晗.共有产权、金融风险与组织效率——对中国国有商业银行改
      革问题的思考.华北电力大学学报，2003（4）.

[227] 天津银监局课题组.我国股份制银行同质化竞争及业务转型路径研究.华北金
      融，2013（2）.

[228] 王浡力，李建军.中国影子银行的规模、风险评估与监管对策.中央财经大学
      学报，2013（5）.

[229] 王方宏.关于国有商业银行改革从政府主导转向市场主导的思索.海南金融，
      2002（7）.

[230] 王国红.论中国银行业改革的侧重点：产权抑或市场结构.经济纵横，2003（6）.

[231] 王国红，何德旭.外资银行进入中国市场的竞争效应研究.财经问题研究，
      2010（6）.

[232] 王华庆.金融创新——理性的思考.上海远东出版社，2011年8月.

[233] 王华庆.监管之路——危机后的思考.上海远东出版社，2014年3月.

[234] 王建清.国有商业银行如何推进产权重组.经济体制改革，2001（4）.

[235] 王锦虹.国有商业银行产权制度与公司治理结构架构改革.南开经济研究，
      2003（5）.

[236] 王菁.我国商业银行的同质化表现.经济研究参考，2009（48）.

[237] 王柯敬等. 推进股份制：中国有商业银行改革的实现选择. 财贸经济，1998（4）.

[238] 王力等. 对国有商业银行股份制改革的跟踪与评价. 市场营销导刊，2006（6）.

[239] 王培成. 定义影子银行. 财经，2014（382）.

[240] 王庆彬. 差异化与商业银行可持续发展. 中国金融，2011（20）.

[241] 王森. 国有商业银行改革：改善治理结构还是拓展市场业务. 金融研究，2005（6）.

[242] 王熙逸. 从产权理论看国有商业银行股份制改造. 同济大学学报，2003（6）.

[243] 王秀芳. 扭曲制度下的制度扭曲：国有商业银行不良资产剥离案例研究. 金融研究，2001（3）.

[244] 王雅娟. 全球银行业2014年发展趋势与展望. 清华金融评论，2014（3）.

[245] 王元龙. 中国国有商业银行股份制改革研究. 金融研究，2001（1）.

[246] 魏国雄. 关注宏观流动性收紧后的商业银行流动性风险. 银行家，2012（3）.

[247] 韦森. 全球金融动荡下中国宏观经济走势及合宜的政策选择. 东岳论丛，2009（1）.

[248] 温信祥. 利率市场化临门一脚. 财经，2014（399）.

[249] 吴宏，俞涛. 论我国国有银行商业化改革的外部环境. 世界经济文汇，1998（1）.

[250] 吴敬琏. 中国的财政金融改革. 中国工业经济，1994（7）.

[251] 吴伟. "十二五"时期我国商业银行转型发展路径初探. 金融会计，2012（1）.

[252] 吴晓灵，谢平. 中国国有企业——银行债务重组问题. 经济社会体制比较，1995（3）.

[253] 吴正光. 金融风险顺周期效应的实证研究. 金融理论与实践，2009（9）.

[254] 夏秋. 发展中国家国有银行的产权改革. 上海金融，2006（1）.

[255] 肖珂. 金融脱媒对我国商业银行的影响. 企业导报，2012（13）.

[256] 肖崎. 现代金融体系顺周期效应成因分析. 国际商务——对外经济贸易大学学

报，2011（5）.

[257] 谢平. 中国专业银行改革. 金融研究，1994（3）.

[258] 谢平. 对我国进一步金融体系改革的理论探讨. 国际金融研究，1997（5）.

[259] 谢平. 中国金融体制改革跟踪研究. 改革，1997（3）、（4）.

[260] 谢平. 金融理论研究的六个新命题. 金融信息参考，2002（7）.

[261] 谢平. 警惕中国影子银行风险. 中国金融四十人论坛月报，2013（12）.

[262] 谢平，焦瑾璞. 中国商业银行改革. 经济科学出版社，2002.

[263] 许安拓. 地方融资平台风险：总量可控　局地凸显. 中央财经大学学报，2011（10）.

[264] 许道文. 我国商业银行盈利高增长的可持续性分析. 海南金融，2012（8）.

[265] 许国平等. 论国有银行股权转让的均衡价格——对"贱卖论"的理论回应. 金融研究，2006（3）.

[266] 徐冰若，陈柳钦. 对国有专业银行商业化改革的探索. 商业研究，1997（4）.

[267] 徐策. 信贷政策视角下的固定资产投资增长. 中国金融，2010（18）.

[268] 徐杰华. 浅析我国商业银行房地产贷款信用风险. 金融经济，2010（18）.

[269] 徐子尧等. 民营银行是否是银行业改革的"灵丹妙药". 经济论坛，2003（24）.

[270] 徐璋勇，赵育宏. 股份化：四大国有商业银行改革的现实选择. 财经科学，2000（2）.

[271] 亚诺什·科奈尔. 短缺经济学. 经济科学出版社，1986.

[272] 闫海燕. 后金融危机时代中国商业银行的挑战与机遇. 中国市场，2011（40）.

[273] 颜婧宇. 商业银行盈利模式探析. 经济师，2011（8）.

[274] 阎庆民. 银行业公司治理与外部监管. 金融研究，2005（9）.

[275] 阎庆民. 影子银行研究. 中国金融四十人论坛月报，2013（12）.

[276] 阎庆民. 金融改革：推动经济可持续发展的重要举措. 21世纪经济报道，2014年5月26日.

[277] 严玉华. 我国国有垄断金融制度安排与改革——国家模型. 投资金融，2005（12）.

[278] 杨达远. 国有商业银行公司治理中党组织作用问题研究. 福建金融，2009（12）.

[279] 杨德勇. 金融产业组织研究. 中国金融出版社，2004.

[280] 杨贵宾，李燕妮. 金融发展理论的最新演进动态. 上海金融，2005（3）.

[281] 杨海江. 真正建立现代企业制度. 财经，总第385期，2014年2月24日.

[282] 杨军，姜彦福. 国有商业银行改革的关键：完善银行治理结构. 清华大学学报，2003（3）.

[283] 杨瑞龙. 面对制度之规. 中国发展出版社，2000.

[284] 杨伟，黄亭亭. 我国地方政府投融资平台风险分析. 中国金融，2010（6）.

[285] 杨再平. 中国银行业转型升级进行时. 中国银行业，2014（5）.

[286] 姚萍，李长青. 外贸、内需、收入分配对我国经济影响的动态分析——基于后凯恩斯主义的理论框架. 宏观经济研究，2013（3）.

[287] 易纲，林明. 理解中国经济增长. 中国社会科学，2003（2）.

[288] 易纲，赵先信. 中国的银行竞争：机构扩张、工具创新与产权改革. 经济研究，2001（8）.

[289] 易会满. 我国商业银行经营转型的动因、目标与实施途径. 金融论坛，2006（9）.

[290] 易宪容. 国有商业银行改革的新思路. 中国经济导刊，2002（14）.

[291] 易宪容. 金融：中国的瓶颈与突围方略. 银行家，2002年6月.

[292] 尹纪秀. 利率市场化下商业银行转型分析. 商业经济，2011（3）.

[293] 尹继志. 后危机时代商业银行流动性风险监管研究. 金融与经济，2013（1）.

[294] 尹继志. 影子银行体系的业务运作风险特征与金融监管. 金融与经济，2013（4）.

[295] 尹兆君. 当前地方政府融资平台贷款的风险及化解对策. 新金融，2012（8）.

[296] 银监会利率市场化改革研究工作小组. 利率市场化改革与商业银行转型研究. 金融监管研究，2012（11）.

[297] 于学臻. 银行产业组织演变趋势与国有银行改革的路径选择. 财经理论与实践，第131期，2004年9月.

[298] 于亚利. 顺时而动 谋远而变——利率市场化趋势下中国商业银行的转型发展策略. 金融会计，2012（8）.

[299] 于洋. 经济转轨：中国的理论与实践. 中国财政经济出版社，2002.

[300] 袁昌菊，余澳. 国有商业银行市场化改革的背景分析. 经济体制改革，2007（1）.

[301] 郧会梅. 经济改革中的国有商业银行：金融支持及成本分析. 中央财经大学学报，2004（2）.

[302] 云凌志，曹雯. 国有股权重、政策性负担与绩效——国有银行战略引资方案探析. 当代经济科学，2007（4）.

[303] 曾康霖. 进一步深化国有商业银行改革的探讨. 金融研究，1999（9）.

[304] 曾康霖. 商业银行：选择何种金融制度. 金融信息参考，2000（1）.

[305] 曾莉华. 从产权理论看国有商业银行股份制改革. 经济师，2004（12）.

[306] 占硕. 国有银行引资过程中的控制权租金研究. 上海金融，2002（10）.

[307] 占硕. 国有银行战略引资后的控股权研究——社会性负担对国有银行控股比例的影响及解决. 当代经济科学，2006（5）.

[308] 詹向阳等. 未来10年世界经济金融走势分析. 中国工商银行城市金融研究所报告，第103期，2013年8月15日.

[309] 詹向勇. 中外国有商业银行产权制度比较与借鉴. 农金纵横，2002（1）.

[310] 张长弓. 商业银行社会责任：价值性与路径选择. 华南师范大学学报，2010（1）.

[311] 张福海. 国有商业银行股份制改革成效解析. 金融理论与实践，2005（12）.

[312] 张光华. 地方政府融资平台贷款风险调查与思考. 新金融，2012（12）.

[313] 张海，万红. 中国银行制度变迁的历史考察. 上海金融，2002（10）.

[314] 张慧莲，周晓乔. 利率市场化影响初现. 银行家，2014（2）.

[315] 张建君. 市场经济制度的层次性及改革次序. 经济理论与经济管理，2007（5）.

[316] 张杰. 国有银行的不良债权与清债博弈. 金融研究，1997（6）.

[317] 张杰. 中国金融制度的结构与变迁. 山西经济出版社，1998.

[318] 张杰. 制度、渐进转轨与中国金融改革. 中国金融出版社，2000.

[319] 张杰. 中国国有银行的资本金谜团. 经济研究，2003（1）.

[320] 张杰. 国有银行上市改革：怎一个"上市"了得？银行家，2004（7）.

[321] 张杰. 中国的货币化进程与金融改革的逻辑. 中国农业银行武汉管理干部学院学报，1998（1）.

[322] 张杰. 国家的意愿、能力与区域发展政策选择——兼论西部大开发的背景及其中的政治经济学. 经济研究，2001（3）.

[323] 张杰. 金融中介理论发展述评. 中国社会科学，2001（6）.

[324] 张杰. 经济变迁中的金融中介与国有银行. 中国人民大学出版社，2003.

[325] 张杰. 究竟是什么决定一国银行制度的选择. 经济研究，2005（9）.

[326] 张杰. 注资与国有商业银行改革：一个金融政治经济学的视角. 经济研究，2004（6）.

[327] 张杰. 解析国有银行改革"幻觉". 经济研究参考，2007（30）.

[328] 张杰. 中国金融制度选择的经济学. 中国人民大学出版社，2007.

[329] 张军. 社会主义的政府与企业：从"退出"角度的分析. 经济研究，1994（9）.

[330] 张立军. 商业银行盈利能力决定因素研究的新进展. 兰州商学院学报，2010（6）.

[331] 张明. 未完成的利率市场化. 财经，第363期，2013年7月29日.

[332] 张端民. 国有银行市场化改革的经验、教训和借鉴. 经济研究参考，2006（81）.

[333] 张世春. 国有商业银行股份制改革研究综述. 现代管理科学，2006（4）.

[334] 张伟等. 国有商业银行产权制度变迁的动因. 农村金融研究，2004（3）.

[335] 张维迎. 企业理论与中国企业改革. 北京大学出版社，2000.

[336] 张文武. 理性评估商业银行盈利水平. 中国金融，2012（7）.

[337] 张艳忠，吴滢滢. 服务实体经济与商业银行战略转型研究. 南方金融，2012（11）.

[338] 张一民. 国有银行产权改革再思考——国家退出步伐应放缓. 社会主义研究，2006（5）.

[339] 张羽，李黎. 国有商业银行股份制改革：一个新制度经济学的视角. 重庆社会科学，2005（2）.

[340] 张羽，李黎. 论中国国有银行的渐进改革. 投资研究，2005（8）.

[341] 张振兴. 我国大型商业银行公司治理改革评价和问题剖析. 投资研究，2009（7）.

[342] 张志华，陆逊. 两次国企改革争论的比较与反思. 财经科学，2005（1）.

[343] 张智威，陈家瑶. 关注中国金融风险. 财经，第354期，2013年4月22日.

[344] 赵保国等. 中国银行业混业经营趋势研究：金融制度变迁的视角. 中央财经大学学报，2004（2）.

[345] 赵宏栋. 转轨时期金融中介功能的风险解读. 金融理论与实践，2006（5）.

[346] 赵连友. 商业银行战略转型的路径选择. 现代金融，2011（9）.

[347] 郑良芳. 国有商业银行股份制改造探讨. 农村金融研究，2004（1）.

[348] 郑晓玲. 从同质化到差异化发展：优化银行业市场结构的视角. 金融教育研究，2012（6）.

[349] 中国银监会网站. 危机以来国际金融监管改革综述. 2011年2月12日.

[350] 周景彤，张旭. 银行业如何更好地服务实体经济. 国际金融，2012（8）.

[351] 周军. 论市场化理论研究及其在发展经济学中的意义. 湖北行政学院学报，2002年创刊号.

[352] 周立. 改革期间中国国家财政能力和金融能力的变化. 财贸经济，2003（4）.

[353] 周立. 国家能力与金融功能财政化研究. 华南金融研究，2003（3）.

[354] 周孟亮. 产权激励、市场竞争与超产权论——我国国有银行改革的演进逻辑和展望分析. 华东经济管理，2008（7）.

[355] 周慕冰. 金融危机背景下的银行业监管改革. 中国金融，2012（23）.

[356] 周万阜. 商业银行转型之路. 中国金融，2014（13）.

[357] 周文，孙懿. 中国经济模式与中国经济学. 经济学动态，2010（11）.

[358] 周小川. 大型商业银行改革的回顾与展望. 中国金融，2012（6）.

[359] 周业安. 政府在金融发展中的作用——兼评"金融约束论". 中国人民大学学报，2000（2）.

[360] 赵鹏.论国有商业银行改革的次序.财经理论与实践，2000（104）.

[361] 赵怡.金融与经济发展理论综述.经济问题，2006（2）.

[362] 邹波.银行业结构、金融深化及经济增长——基于中国省级面板数据的实证研究.延边党校学报，2012（2）.

[363] 邹浩.德国商业银行治理结构分析及其对我国商业银行的启示.现代农业科学，2008（4）.

[364] 邹朋飞.我国城市商业银行规模扩张的动机与效应研究.南方金融，2008（10）.

[365] 邹薇，蒋泽敏.银行业结构与经济增长研究述评.经济评论，2009（3）.

[366] 朱安东，[美] 大卫·科茨著，周亚霆译.中国的经济增长对出口和投资的依赖.国外理论动态，2012（3）.

[367] 朱宏春.国有股份制商业银行内部管理体制改革的思考：基于公司治理结构的视角.南方金融，2010（1）.

[368] 褚伟.垄断结构：国有银行的改革研究.当代经济，2001（9）.

[369] 朱文忠.国外商业银行社会责任的良好表现与借鉴.国际金融，2006（4）.

[370] 朱彦姝.现代企业制度下党管干部工作研究.哈尔滨市委党校学报，2010（6）.

[371] Alejandro Micco, Ugo Panizza and Monica Yañez, "Bank Ownership and Performance: Does Politics Matter?", Department of Public Policy and Public Choice – POLIS, Working paper No. 68, 2006.

[372] Alfredo Thorne, "Eastern Europe's Experience with Banking Reform: Is There a Role for Banks in the Transition?", The World Bank, Working Paper, 1993.

[373] A] Michael Andrews, "State-Owned Banks, Stability, Privatization, and Growth: Practical Policy Decisions in a World Without Empirical Proof ", IMF Working Paper, 2005.

[374] Alicia García-Herrero, Sergio Gavilá and Daniel Santabárbara, "China's Banking Reform: an Assessment of Its Evolution and Possible Impact", Documents Ocoasionales] No. 0502, 2005.

[375] Anna Meyendorff and Edward A.Snyder, "Transactional Structures of Bank Privatizations in Central Europe and Russia", William Davidson Institute Working Paper Number 2B, 1997.

[376] Aslh Demirgiiu-Kunt Ross Levine, "Bank-Based and Market- Financial systems", The World Bank Development Research Group Finance, 1999.

[377] Assar Lindbeck, "An Essay on Economic Reforms and Social Change in China", The World Bank, Working Paper, 2006.

[378] Boris Pleskovic, "Financial Policies in Socialist Countries in Transition", The World Bank, Working Paper, 1994.

[379] Chi_fu Huang&Lit-zenberger, "Foundation for Finance Economics", North Holland, 1988.

[380] Ettore Andreani, "Corporate Control and the Financial System in Germany: Recent Changes in the Role of Banks", Universität Rostock, 2003.

[381] Fama,E.F "Banking in the Theory of Finance", Oxford University Press, 1973.

[382] Fry, M.J. "Money, Interest, and Banking in Economic Development", The Johns Hopkins University Press, 1988.

[383] Genevieve Boyreau-Debray, "Financial Intermediation and Growth: Chinese Style", The World Bank, Working Paper, 2003.

[384] Gerard Caprio, Jr.Dimitri Vittas, "Financial History: Lessons of the Past for Reformers of the Present", The World Bank, Working Paper, 1995.

[385] Iftekhar Hasan, Paul Wachtel and Mingming Zhou, "Institutional development, financial deepening and economic growth: Evidence from China", BOFIT Discussion Papers, 2006.

[386] Jaime Ros, "Development Theory and the Economics of Growth", The University of Michigan Press, 2003.

[387] Levine,R. "Financial Development and Economic Growth: Views and Agenda", Journal of economics Literature, 1997.

[388] Mayer,C. "Financial Intermediation and Economic development", Cambridge University press, 1992.

[389] Mayer,C. "Financial Systems, Corporate Finance and economic Development", University of Chicago Press, 1990.

[390] Marek Dabrowski, "Different Strategies of Transition to a Market Economy: How Do They Work in Practice?", The World Bank, Working Paper, 1996.

[391] Richard Podpiera, "Progress in China's Banking Sector Reform: Has Bank Behavior Changed?", IMF Working Paper, 2006.

[392] Rodolfo APREDA, "Dual Governance in State-owned Banks", University of CEMA, Working Paper, 2006.

[393] Scholtens,B "A Critique on the Theory of Financial Intermediation", Journal of Banking & Finance, 2000,24.

[394] Stijn Claessens, "Banking Reform in Transition Countries", The World Bank, Working Paper, 1996.

[395] Thorsten Beck and Luc Laeven, "Institution Building and Growthin Transition Economies", The World Bank, Working Paper, 2005.

[396] Wai Chung Lo, "China's Gradualism in Banking Reform", The Open University of Hong Kong, 2001.

[397] Yongil Jeon, Stephen M. Miller, Paul A. Natke, "Do Foreign Bank Operations Provide a Stabilizing Influence in Korea?", University of Connecticut, Working Paper, 2003.

后 记

2014年10月23日，为期4天的党的十八届四中全会闭幕。会议审议通过了《中共中央关于全面推进依法治国若干重大问题的决定》，这是继十八届三中全会启动全面深化改革后又一重要的里程碑。就目前中国的市场化改革来讲，有两个基本问题非常重要：一是理顺政府和市场的关系及边界，第二个便是建立法治的市场经济。市场经济本质上是法治经济，没有任何一个国家可以在法治长期缺乏的情况下，实现经济的可持续发展。当然，从历史发展过程来看，市场经济与法治的出现并不完全同步。以英国为代表的早发国家，因为各种历史条件，其法治发展远远早于市场经济制度的确立，并因此促进了市场经济的形成；而后发国家一般是市场经济体制改革先行，法制建设跟随发展的变革方式。我国属于后一种方式，当然这种模式也面临更大的发展风险。因此，进一步推进市场化改革，一定是要建立法治的市场经济。

全面深化改革和建设法治的市场经济，对于商业银行的改革和发展具有重要影响和意义。从我国改革开放以来的进程看，商业银行改革不仅诠释着金融与实体经济发展的关系，同时也是政府和市场关系及边界的一个缩影。因此，在我国，商业银行改革和转型的效果并不仅仅在于商业银行本身，市场经济环境、体制机制等也是重要因素。只有建立起完善的以法治为基础的市场经济体制机制，作为市场中的一个主体，商业银行才能转变为和建立起真正意义上的现代商业银行制度；反过来，也只有建立起现代商业银行制度，商业银行才能适应市场经济的需要，发挥好现代金融中介的作用，促进实体经济的发展。

　　本书以改革开放以来我国商业银行发展的若干阶段为主线，主要从制度角度对我国商业银行的发展和转型略作分析，以期对经济市场化改革以来商业银行的作用、存在的问题、改革转型等进行一些浅显的探索。关于我国商业银行改革和发展的研究和文献可谓浩如烟海，本书只是笔者本人一点粗浅的见解，不足之处还请读者批评指正。

　　感谢中国金融出版社陈翎主任和她的同事，为本书的出版付出了辛勤的努力！

　　感谢一直以来关心和帮助我的领导、同事和朋友们，他们在工作和学习上给了我很多指导，使我受益匪浅！

　　谨将此书献给我的家人！

刘　鹏

2014年12月